C.H. Spurgeon

„Fürchtet nicht Tod und Grab. Der Wurm wird ebenso wenig ein Ende mit euch machen wie mit Ihm!“

Predigten über die Auferstehung

3L Verlag

Impressum

Erstmalig erschienen im Oncken Verlag,
Hamburg 1898, unter dem Titel:
„Zwölf Predigten über die Auferstehung unseres
Herrn und Heilandes Jesus Christus“

ISBN 3-935188-39-0

Umschlaggestaltung: Hans Peter Theilig
Korrektur: Manfred Schwierk
Lektorat: Dorothea Bernick
Satz: an:huth werbeagentur
Druck: Ueberreuter Buchproduktion

Vorwort des Herausgebers

Die in diesem Band veröffentlichten Predigten von Charles Haddon Spurgeon erschienen erstmals in deutscher Übersetzung beim Oncken Verlag im Jahre 1898 unter dem Titel: *Zwölf Predigten über die Auferstehung unseres Herrn und Heilandes Jesus Christus*.

Diese Übersetzung liegt dem vorliegenden Band zugrunde. Die für eine neue Herausgabe dieser Predigten notwendige Überarbeitung umfasst neben der Anpassung an die heutige Schreibweise und ein Ersetzen altertümlicher Worte auch die Korrektur von Übersetzungsfehlern. Wo es hilfreich erschien, wurden erklärende Fußnoten beigefügt.

Es kam dem Herausgeber bei der Bearbeitung auf zwei Dinge an: Zum einen sollte erkennbar bleiben, dass es sich nicht um Aufsätze oder Traktate handelt, sondern um Predigten. Der Herausgeber hofft, dass der Leser „den Fürsten aller Prediger" zu hören bekommt – seine lebendige, ausdrucksstarke und direkte Art. Zum Zweiten sollte der Inhalt nicht durch bewusste oder willkürliche Kürzungen verfälscht werden. Dem Herausgeber geht es um den authentischen Spurgeon. Es wurde dabei bewusst in Kauf genommen, dass einige Abschnitte für unser heutiges Empfinden etwas blumig erscheinen.

Der Herausgeber

Inhalt

Der weggerollte Stein	7
Ein Besuch am Grab	23
Der Herr ist wahrhaftig auferstanden	37
Die Gewalt des auferstandenen Heilandes	55
Dem auferstandenen Heiland nach	73
Die Auferstehung unseres Herrn Jesus	91
Ich weiß, dass mein Erlöser lebt	109
Mit Christus auferstehen	125
Die Glaubwürdigkeit der Auferstehung	141
Die in der Auferstehung veranschaulichte Macht Christi	159
Die kommende Auferstehung	177
Der zuletzt vernichtete Feind	195

Der weggerollte Stein[1]

„Der Engel des Herrn kam vom Himmel herab, trat hinzu und wälzte den Stein weg und setzte sich darauf."

Matthäus 28,2

Als die heiligen Frauen in der Morgendämmerung zum Grab gingen mit dem Wunsch, den Leib des Herrn zu salben, fiel ihnen ein, dass ihnen der schwere Stein vor dem Grabeingang ein großes Hindernis sein würde, und sie sagten zueinander: „Wer wälzt uns den Stein von des Grabes Tür?"(Mk 16,3). Diese Frage fasst das traurige Fragen des ganzen Weltalls zusammen. Es ist, als hätten sie in Worte gefasst, was der große Seufzer der ganzen Menschheit ist: „Wer wälzt uns den Stein von des Grabes Tür?"

Auf dem Weg des Menschen zum Glück liegt ein mächtiger Felsblock, der ihm völlig den Weg versperrt. Wer unter den Mächtigen wird das Hindernis hinwegschaffen? Die Philosophie versuchte diese Aufgabe zu lösen, was ihr aber völlig misslungen ist. Der Stein des Zweifels, der Ungewissheit und des Unglaubens war dem Menschen beim Vorankommen in seinem Aufstieg zur Unsterblichkeit ein großes Hindernis. Wer könnte schon die furchtbare Masse aufheben und Leben und Unsterblichkeit ans Licht bringen? Die Menschen haben, Generation für Generation, ihresgleichen begraben; das alles verschlingende Grab verschlang unzählige Millionen. Wer hätte das sich täglich wiederholende Sterben aufhalten oder irgendeine Hoffnung über das Grab hinaus geben können? Es wurde zwar von einer Auferstehung geflüstert, aber die Menschen konnten nicht daran glauben. Manche träumten von einem jenseitigen Dasein und sprachen in geheimnisvoller Dichtung davon, als ob alles Phantasie wäre und sonst nichts. In Finsternis und Morgengrauen, mit vielen Ängsten und nur einigen Mutmaßungen über die Wahrheit, fragte der Mensch weiter: „Wer wälzt uns den Stein von des Grabes Tür?" Man hatte ein unbestimmtes Gefühl, dass diese Welt nicht alles

---

[1] Gehalten am Sonntagmorgen, den 28. März 1869, im Metropolitan Tabernacle, Newington.

sein könne, dass es ein anderes Leben geben müsse, dass vernünftige Geschöpfe nicht nur in diese Welt gekommen seien, um zu vergehen; man hoffte um jeden Preis, dass es jenseits des verhängnisvollen Stromes etwas gebe. Es konnte doch kaum sein, dass keiner vom Avernus[2] zurückkehrte; es musste doch ein Weg aus dem Grab vorhanden sein. Wie schwierig auch der Weg sein mochte, man hoffte doch, dass es eine Rückkehr von dem Land der Todesschatten gebe und ständig erhob sich, wenn auch nicht über die Lippen, so doch im Herzen die Frage: „Wo ist der kommende Mann? Wo ist der erwählte Befreier? Wo ist er und wer ist er? Wer wälzt uns den Stein von des Grabes Tür?"

Für die Frauen gab es drei Schwierigkeiten. Nicht nur war der Stein selbst sehr groß, sondern er war auch mit dem gesetzlichen Siegel versiegelt und wurde von Vertretern des Gesetzes bewacht.

Der Menschheit standen dieselben drei Schwierigkeiten im Weg: Der Tod selbst war wie ein mächtiger Stein, den keine Kraft der Sterblichen hinwegzuschaffen imstande war: Der Tod war offensichtlich von Gott gesandt als Strafe für die Übertretung des Gesetzes – wie hätte man ihm denn aus dem Weg gehen, wie ihn fortschaffen können? Das rote Siegel von Gottes Zorn war auf die Öffnung zum Grab gedrückt – wie hätte dieses Siegel gebrochen werden können? Wer hätte vermocht, den Stein abzuwälzen? Darüber hinaus bewachten teuflische Mächte und höllische Gewalten das Grab, um jede Flucht zu verhindern – wer hätte diese angreifen können, um die abgeschiedenen Seelen wie eine Beute den Zähnen des Löwen zu entreißen? Es war eine trostlose Frage: „Wer wälzt uns den Stein von des Grabes Tür? Können diese trockenen Totengebeine leben? Werden unsere Verstorbenen uns dereinst zurückgegeben? Können die Unzähligen unseres Geschlechtes, die in das Totenreich gekommen sind, je von dem Land der Mitternacht und Verwirrung zurückkehren?"

So fragte das ganze Heidentum: „Wer?", und das Echo antwortete nur: „Wer?" Weder die Klugen noch Könige erhielten Antwort auf diese Frage, die Frauen hingegen, die den Heiland lieb hatten, fanden eine Antwort. Sie kamen an sein Grab, aber es war leer – denn Jesus war auferstanden!

Hier ist die Antwort auf das Fragen in der Welt. Es gibt ein anderes Leben; die Toten werden wieder leben, weil Jesus lebt! O, du trauernde Rahel, die du dich nicht trösten lassen willst: „Lass dein Schreien und Weinen und die Tränen deiner Augen; denn deine Mühe wird noch

---

[2] Der Avernus war ein See bei Cumae in Italien, dessen pestartige Ausdünstung die darüber hinfliegenden Vögel tötete, daher dachte man sich in seiner Nähe den Eingang zur Unterwelt, wonach die Dichter diese bezeichneten.

belohnt werden, spricht der Herr. Sie sollen wiederkommen aus dem Lande des Feindes" (Jer 31,16). Ihr Betrübten, trauert nicht länger um das Grab wie die, die keine Hoffnung haben; denn weil Jesus Christus von den Toten auferstanden ist, werden auch die in ihm Entschlafenen wieder auferstehen. Trocknet eure Tränen; ist doch das Grab des Christen kein Ort für Klagelieder, sondern der Durchgang zur Unsterblichkeit; es ist nur der Umkleideraum, in den der Geist für einige Zeit seine auf der Erdenreise abgetragenen Gewänder niederlegt, um sie an einem hellen Morgen wieder anzulegen, wenn sie so weiß und schön sein werden, wie kein Färber auf Erden sie machen könnte.

Ich möchte an diesem Morgen zu euch ein wenig über die Auferstehung unseres erhöhten Herrn Jesus reden, und damit euch das Thema noch mehr interessiert, werde ich zuerst den *Stein, der abgewälzt wurde, bitten zu euch zu reden*, und dann werde ich euch einladen, *die Predigt des Engels von seiner steinernen Kanzel zu hören.*

Lasst den Stein predigen.

Es ist gar nichts Ungewöhnliches, dass in der Schrift von Steinen gesprochen wird, die reden. Große Steine wurden als Zeugen wider das Volk gerollt; Steine und Balken der Mauern haben dienen müssen, wider die Sünde zu zeugen. Ich werde diesen Stein als einen Zeugen der köstlichen Wahrheit rufen, für die er Sinnbild war. Der Strom unserer Gedanken teilt sich in sechs Arme.

1. Der abgewälzte Stein muss ganz klar als *die Beseitigung der Tür des Grabes* angesehen werden. Das Haus des Todes war durch einen sehr großen Stein fest gesichert. Der Engel beseitigte ihn und der lebendige Christus kam heraus. Die massive Tür war, wie ihr bemerkt, fortgeschafft vom Grab – es war nicht nur geöffnet, sondern die Tür war aus ihren Angeln gehoben und beiseite geworfen, fortgeschafft, und somit ist in Zukunft das uralte Gefängnis des Todes ohne Tür. Die Christen werden wohl hineingelegt, sind aber nicht darin eingeschlossen. Sie werden im Grab verweilen wie in einer offenen Höhle; aber es gibt nichts, was sie hindern könnte, zur rechten Zeit daraus hervorzutreten.

Wie Simson[3], als er, von Feinden umlagert, in Gaza übernachtete, morgens früh aufstand und beide Türen der Stadttore samt den beiden

[3] Richter 16,3.

Pfosten aus den Angeln hob, sie auf die Schultern legte, und indem er alles forttrug, die Festung der Philister offen stehen ließ, so ist es durch unseren Herrn dem Grab ergangen. Nachdem er der göttlichen Verordnung gemäß drei Tage und drei Nächte in demselben geschlafen hatte, stand er auf in der Größe seiner Kraft, trug die eisernen Tore des Grabes hinweg und riss jeden Riegel von seinem Platz. Das Hinwegwälzen des einkerkernden Steines war das äußere Sinnbild dafür, dass unser Herr die Tore des Grabes, Pfosten, Riegel und alles aufgehoben und so die alte Festung des Todes und der Hölle aufgetan und bloßgestellt hat, dass er sie als eine erstürmte, überwundene Stadt verließ, die von jetzt an ihrer Macht beraubt war.

Vergesst nicht, dass unser Herr als Geisel, *als Pfand*, dem Grab übergeben war. Er starb für unsere Sünden, die ihm wie eine eigene Schuld zugerechnet wurden. Er bezahlte am Kreuz für uns, was wir Gott schuldig sind. Er erlitt als unser Stellvertreter ganz und gar, was *wir* hätten leiden sollen und ruhte dann als Geisel im Grab, bis sein Werk vollkommen von Gott angenommen und bestätigt war. Diese Annahme wurde durch ein unverwesliches Hervorkommen aus dem Grab versiegelt, durch diese seine Auferstehung wurde unsere Gerechtigkeit, unsere Rechtfertigung, gleichfalls bestätigt, denn er ist „um unsrer Rechtfertigung willen auferweckt“ (Röm 4,25). Hätte er nicht die Schuld vollkommen bezahlt, so wäre er im Grab geblieben. Hätte Jesus nicht das einzige, volle, vollkommene Versöhnungsopfer dargebracht, so hätte er ein Gefangener bleiben müssen. Aber er hat *alles* vollbracht. Das „Es ist vollbracht!“, was von seinen Lippen kam, wurde durch das Urteil Jehovahs bestätigt, und der Herr Jesus wurde freigelassen.

Beachtet, *wie* er aus dem Grab kommt: Er bricht nicht wie ein Verbrecher das Gefängnis auf, um der Gerechtigkeit zu entgehen, sondern er tritt in aller Ruhe auf, wie einer, der weiß, dass die Zeit seiner Freilassung gekommen ist. Es ist ja wahr, dass er in eigener Kraft auferstanden ist, andererseits hat er nicht ohne heilige Erlaubnis das Grab verlassen. Ein himmlischer Beamter wird vom himmlischen Hof beauftragt, ihm die Tür zu öffnen, indem er den Stein fortwälzt, und Jesus Christus, völlig gerechtfertigt, stand auf, um zu bestätigen, dass all die Seinen in ihm vollkommen gerecht sind und das Heilswerk auf ewig vollkommen in ihnen ist. Der Stein wird von dem Grab gewälzt, als ob uns damit gesagt werden sollte, dass Jesus das Werk so erfolgreich vollbracht hat, dass uns nichts wieder im Grab einschließen kann. Die eigentliche Bestimmung des Grabes wurde verändert, es ist völlig vernichtet und als Gefängnis zerstört, sodass in Zukunft der Tod den Kindern Gottes nicht mehr eine Strafe für die Sünde, sondern der Eingang zur Ruhe ist.

Kommt, Brüder, wir wollen uns darüber freuen! Im leeren Grab Christi sehen wir die Sünde auf ewig hinweggetan und deshalb den Tod überwunden. Unsere Sünden waren der große Stein, der das Grab verschlossen und uns als Gefangene in Tod, Finsternis und Verzweiflung hielt. Unsere Sünden sind jetzt auf ewig hinweggetan, deshalb ist der Tod nicht mehr ein finsterer, öder Kerker, das Vorzimmer der Hölle, sondern er ist vielmehr eine wohlriechende Schlafkammer, ein Rückzugsort, der Vorhof des Himmels. Denn so gewiss Jesus von den Toten auferstanden ist, so gewiss werden die Seinen die Todesstätte verlassen – nichts wird ihrer Auferstehung hinderlich sein. Der Stein, der uns im Gefängnis hätte halten können, ist abgewälzt. Wer kann uns noch einschließen, wenn die Tür weg ist? Wer kann uns noch gefangen halten, wenn jede Schranke weggenommen ist?

Jesus ist kommen, der starke Erlöser,
bricht dem Gewappneten, Starken ins Haus,
sprenget des Feindes befestigte Schlösser,
führt die Gefangenen siegend heraus.
Fühlst du den Stärkeren, Satan, du Böser?
Jesus ist kommen, der starke Erlöser.

2. Lasst uns ferner den Stein als *ein aufgerichtetes Siegeszeichen* betrachten.

Genauso wie früher Gedenksteine aufgestellt wurden, machen wir es heutzutage: Wir richten zu Ehren großer Heldentaten Säulen auf. So wurde an jenem Tag sozusagen vor den Augen unseres Glaubens jener abgewälzte Stein zu einem Denkmal für Christi ewigen Sieg über die Mächte des Todes und der Hölle erhoben. Die Feinde glaubten, sie hätten ihn vernichtet, sie glaubten, der Gekreuzigte sei besiegt. Mit schadenfrohem Lächeln hatten sie seinen regungslosen Leib in Tücher gewickelt und in Josef von Arimathäas neues Grab tragen sehen. Doch wie flüchtig war ihre Freude! Ihr Prahlen war nur von kurzer Dauer. Denn zu der festgesetzten Zeit kam er, der die Verwesung nicht sehen konnte, aus dem Grab hervor, ihrem Zugriff entrissen. Wohl war seine Ferse durch die alte Schlange zerstochen, aber am Auferstehungsmorgen zertrat der Siegesfürst dem alten Drachen den Kopf.

Brüder, Geliebte im Herrn, wenn wir auf jenen Stein blicken, auf dem der Engel saß, so erhebt er sich vor uns zu einem Denkmal des Sieges Christi über Tod und Hölle, und er wird für uns eine Erinnerung daran, dass er *für uns* diesen Sieg errungen hat, und dass alle Früchte dieses Sieges unser sind. Wir haben zu kämpfen mit der Sünde – aber Jesus hat sie überwunden. Wir werden vom Teufel versucht – aber Christus hat unserem Erzfeind eine völlige Niederlage bereitet. Über kurz oder lang werden wir unseren Körper verlassen; wenn nicht der Herr bald kommt, haben wir zu erwarten, dass wir wie unsere Väter die Füße zusammenlegen, um unserem Gott zu begegnen. Weil aber der Tod für uns überwunden ist, haben wir keinen Grund, uns zu fürchten.

Nur mutig voran, christlicher Streiter! Du hast es mit einem überwundenen Feind zu tun! Bedenke, dass der Sieg deines Herrn eine Garantie für deinen ist. Wenn das Haupt siegt, werden seine Glieder keine Niederlage erleiden. Lass deshalb keinen Schmerz dein Auge trüben, keine Furcht deinen Geist beunruhigen! Weil Christus überwunden hat, wirst auch du siegen. Gebrauche all deine Kräfte zum Kampf und stärke sie durch die Hoffnung des Sieges. Hättest du deinen Meister unterliegen sehen, so könntest du vielleicht für dich erwarten, hinweggefegt zu werden wie Spreu vor dem Wind; doch die Kraft, durch die er überwunden hat, gibt er auch dir. Der Heilige Geist wohnt in dir; der Herr Jesus hat verheißen, dass er bei dir sein will alle Tage bis an der Welt Ende, und der allmächtige Gott ist deine Zuflucht. Du wirst durch das Blut des Lammes ohne Zweifel überwinden. So stelle denn heute Morgen diesen Stein vor dein Glaubensauge und sprich: „Hier hat mein Herr und Meister Hölle und Tod besiegt, in seinem Namen und durch seine Kraft werde auch ich die Siegeskrone erlangen, wenn der letzte Feind überwunden ist."

3. Beachtet, dass durch diesen Stein *ein Fundament gelegt wurde*. Jener abgewälzte Stein, der die Auferstehung des Herrn Jesus Christus darstellt und bestätigt, ist ein Grund-Stein des christlichen Glaubens. Die Tatsache der Auferstehung ist der Schlüssel-Stein des Christentums. Ohne sie wäre unser Glaube eine bloße Fabel; es würde nichts vorhanden sein, worauf der Glaube ruhen könnte, wenn nicht er, der am Kreuz gestorben ist, von den Toten auferstanden wäre. „Ist Christus aber nicht auferstanden, so ist euer Glaube nichtig, so seid ihr noch in euren Sünden; so sind auch die, die in Christus entschlafen sind, verloren" (1.Kor 15,17.18). Alle großen Wahrheiten unseres herrlichen Glaubens werden zu Trümmern wie die Steine eines Bogens, wenn der Eckstein seinem Platz entnommen ist und alles zusammenstürzt zu einer Ruine, denn all unsere Hoffnung hängt an dieser großen Tatsache. Ist er auferstanden, so ist sein Evangelium wirklich das, was es zu sein behauptet; wäre er *nicht* auferstanden, so wäre alles Betrug und Täuschung.

Aber, Brüder, die Auferstehung Jesu ist eine so fest begründete und bestätigte Tatsache, wie kaum eine andere in der Geschichte. Es gab viele Zeugen: Leute aus allen Klassen und Stellungen. Keiner von allen hat hinterher bekannt, dass er sich geirrt oder getäuschte habe. Sie waren so sehr von der großen Wirklichkeit überzeugt, dass die meisten um dieses Zeugnisses willen den Tod erduldeten. Sie hatten durch ein solches Zeugnis nichts zu gewinnen; sie gewannen dadurch weder Macht, noch brachte es ihnen Ehre und Reichtum ein. Sie waren ehrliche, einfache Männer, die zeugten von dem, was sie gesehen und gehört hatten. Hier ist der Glaube der Heiligen. Unser Herr Jesus Christus, der vor Pontius Pilatus ein glaubwürdiges Bekenntnis ablegte, der gekreuzigt, gestorben und begraben war, stand wieder auf von den Toten, fuhr nach vierzig Tagen auf in den Himmel und sitzt jetzt auf dem Thron Gottes. In ihm ruhen wir; an ihn glauben wir. Wäre er nicht auferstanden, so wären seine Anhänger die elendesten unter allen Menschen. Wäre er nicht auferstanden, so hätte sich sein Versöhnungsopfer als ungenügend erwiesen. Wäre er nicht auferstanden, so hätte sein Blut sich nicht als wirkungsvoll zur Hinwegnahme der Sünde bewährt. Weil er aber auferstanden ist, bauen wir auf diese Wahrheit und setzen unsere volle Zuversicht darauf.

Herr, du willst mich ganz befreien
von der Sünde Todesmacht.
Ich vertraue deiner Gnade,
die mich rein und frei gemacht.
Ich vertraue dir, Herr Jesus,
mein Erlöser und mein Hort,
ich vertraue dir, Herr Jesus,
ja, ich stütz mich auf dein Wort.

Meine lieben Zuhörer, ist auch eure Hoffnung für die Ewigkeit auf der Auferstehung des Herrn Jesus von den Toten gegründet? Vertraut ihr ihm in dem Glauben, dass er für euch gestorben und wieder auferstanden ist? Setzt ihr euer ganzes Vertrauen auf das Verdienst seines, durch seine Auferstehung bestätigten, seines kräftigen, Sünden tilgenden Blutes? Wenn das der Fall ist, so habt ihr ein Fundament der Wirklichkeit und Wahrheit, ein Fundament, gegen das die Tore der Hölle nichts vermögen. Wenn ihr hingegen auf irgendetwas baut, was ihr selbst getan habt oder was priesterliche Hände für euch verrichten können, so baut ihr auf Sand, der euch in der alles verschlingenden Flut versinken lassen und euch mit euren Hoffnungen in den bodenlosen Abgrund, in die Finsternis der

Verzweiflung, reißen wird. O, was ist es, auf den lebendigen Eckstein Jesus Christus zu bauen! O, wie köstlich ist es, in ihm, dem bewährten, köstlichen Eckstein, zu ruhen! Das ist ein sicheres, gesegnetes Bauen, ein Bauen für die Ewigkeit.

4. Eine vierte Aussage von dem Stein ist dies: *„Hier ist Ruhe vorhanden.“* Das will uns der Engel, wie es scheint, sagen, als er dort auf dem Stein saß. Wie ruhig ging bei der Auferstehung alles zu! Wie geräuschlos, ohne Pomp und Schaustellung! Der Engel kam vom Himmel herab, der Stein wurde abgewälzt, Christus stand auf und der Engel setzte sich auf den Stein. Er saß da, schweigend und majestätisch, den Juden und dem hohepriesterlichen Siegel, den römischen Kriegsknechten und ihren Speeren, ja, Tod, Erde und Hölle zum Trotz. War es nicht, als forderte er alle mit den Worten heraus: „Kommt nur, ihr Feinde des Auferstandenen und rollt den Stein wieder vor das Grab! Ihr höllischen Mächte, die ihr unseren ewig lebenden Fürsten zu überwinden glaubtet, wälzt diesen Stein wieder zurück, wenn ihr es wagt oder vermögt!“ Der Engel sprach dies zwar nicht in hörbaren Worten aus, aber sein ruhiges Sitzen auf dem Stein, sein majestätisches Schweigen sagte dies ohne Worte und noch viel mehr. Das Werk des himmlischen Meisters war vollbracht, auf ewig vollbracht; dieser Stein, der nun nicht mehr benutzt werden wird, diese aus ihren Angeln gehobene Tür, die nicht mehr zum Verschließen des Grabes dienen soll, ist ein Bild davon, dass alles vollbracht, *so* vollbracht ist, dass es nie ungeschehen gemacht werden kann, vollbracht für alle Ewigkeit.

Der ruhende Engel flüstert dir zu: „Komm hierher, ruhe auch du!“ Es gibt keine vollständigere, bessere, sicherere Ruhe für die Seele, als die Tatsache, dass der Heiland, an den wir glauben, von den Toten auferstanden ist. Trauerst du heute um heimgegangene Lieben? O, so komm und setze dich auf diesen Stein, der dir sagt, dass sie wieder auferstehen! Oder hast du einen baldigen Tod zu erwarten? Nagt der Wurm an deiner Lebenswurzel? Blühen die verdächtigen Rosen der Tuberkulose auf deiner Wange? O, komm, setze dich nieder auf diesen Stein und bedenke, dass der Tod seine Schrecken verloren hat, denn Jesus ist von den Toten auferstanden.

Kommt auch ihr her, ihr Schwachen und Verzagten, und atmet hier Kraft ein zum Widerstand gegen Tod und Hölle. Der Engel wird euch gerne seinen Platz überlassen, damit ihr euch angesichts der Feinde niedersetzen könnt. Magst du auch nur eine einfache Frau oder ein gebrochener Mann sein, erschöpft von langjähriger Krankheit, wenn du auf der köstlichen Wahrheit ruhst: „Er ist nicht hier, er ist auferstanden; er hat die Todesstätte verlassen, um nie wieder zu sterben!“, magst du wohl allen Höllenheeren widerstehen.

Beim Nachdenken über diese Predigt wurde ich an Jakob erinnert, als er auf der Reise zu seinem Onkel Laban war. Wie es heißt, kam er an einen Ort, wo ein Brunnen war, auf dem ein großer Stein lag. Die Herden pflegten sich um den Brunnen zu sammeln, hatten aber kein Wasser, solange nicht jemand den großen Stein weggehoben hatte. Erst nachdem dies geschehen war, konnten sie getränkt werden. Genauso ist es mit dem Grab Jesu, aus dem die reinste, göttliche Erquickung entspringt; aber bis der große Stein abgewälzt war, hätte keine der mit Blut erkauften Herden dort getränkt werden können. Jetzt aber versammeln wir uns an jedem Sonntag, am Auferstehungsmorgen, am ersten Tage der Woche um das offene Grab unseres Herrn und schöpfen aus diesem heiligen Brunnquell lebendiges Wasser. O, ihr müden Schafe der Herde, ihr, die ihr todesmatt seid, kommt hierher! Hier ist köstliche Erfrischung! Jesus Christus ist auferstanden – deshalb seid getrost!

5. Der fünfte Punkt: Dieser Stein war eine ganz *bestimmte Trennungslinie.* Seht ihr nicht, wie er daliegt und der Engel obendrauf sitzt? Was seht ihr an der einen Seite? Sind es nicht die entsetzten Hüter, erstarrt vor Furcht wie Tote? Und was seht ihr auf der anderen Seite? Sind es nicht die zitternden Frauen, zu denen der Engel mit sanfter Stimme spricht: „Fürchtet euch nicht; ich weiß, ihr sucht Jesus, den Gekreuzigten!" Ihr seht also, dass der Stein die Grenze zwischen den Lebendigen und den Toten, zwischen den Suchenden und den Hassenden, zwischen den Freunden und den Feinden Christi wurde. Für seine Feinde ist seine Auferstehung „ein Stein des Anstoßes, ein Fels des Ärgernisses", wie vor Zeiten auf dem Areopag die Weltweisen spotteten. Für die Seinen hingegen ist die Auferstehung des Herrn der Eckstein; sie ist unser Triumph der Freude. Sie wirkt in mancher Hinsicht auf dieselbe Weise, wie die Feuersäule, die Jehovah zwischen die Kinder Israel und die Ägypter stellte. Den Ägyptern bereitete sie Finsternis, während sie Israel Licht spendete. Während unter den ägyptischen Heeren alles finster war, gab sie den Stämmen Israels lauter Licht und Trost.

So ist denen, die Christus nicht kennen und nicht an ihn glauben, die Lehre von der Auferstehung eine Lehre voller Schrecken. Was haben sie bei der Auferstehung zu erwarten? Wie würden sie sich freuen, wenn sie in ewigem Nichtsein schlafen könnten! Was aber haben sie durch die Auferstehung Christi zu erwarten? Wird etwa der kommen, den sie verachtet haben? Lebt er, den sie gehasst und verabscheut haben? Wird er sie zur Auferstehung rufen? Werden sie vor ihm als vor ihrem Richter vor dem Thron stehen müssen? Allein schon der Gedanke daran genügt, die Gebeine von Königen heute erbeben zu lassen; wie wird es aber sein, wenn wirklich der Schall der Posaune alle Adamskinder aus ihren letzten Staubbetten ruft?! O, welches Entsetzen, wenn an jenem schrecklichen Morgen jeder Sünder auferstehen muss, wenn der auferstandene Heiland in den Wolken des Himmels kommen wird und alle heiligen Engel mit ihm!

Wahrlich, auf die, die an der linken Seite des Auferstehungssteines sind, wartet nur Jammer und Elend. Wie groß ist dagegen die Freude, die die Auferstehung denen bringt, die an der rechten Seite des Steines sind! Mit welcher Freude sehen sie täglich nach seinem Erscheinen aus! Wie zuversichtlich bauen sie auf die köstliche Wahrheit, dass sie auferstehen und mit ihren Augen den Heiland sehen werden!

Frage doch jeder jetzt sich selbst, auf welcher Seite dieses Grenzsteines er steht. Hast du Leben in Christus? Bist du mit ihm auferstanden? Vertraust du allein auf ihn, der von den Toten auferstanden ist? Ist das der Fall, dann fürchte dich nicht. Der Engel tröstet, der Herr Jesus erheitert dich. Aber o, wenn du ohne Leben in Christus, lebendig tot bist, dann lass dich doch durch diesen Gedanken erschrecken! Ja, wahrhaftig, du magst wohl zittern und beben bei dem, was dich erwartet!

6. Sechstens bin ich der Meinung, dass dieser Stein mit Recht auch als *ein seinen Schatten vorauswerfender Zusammenbruch* angesehen werden kann. Unser Herr kam in die Welt, um die Werke des Teufels zu zerstören. Stellt euch die Werke des Teufels wie eine düstere, schreckliche Burg vor, massiv und furchtbar, überwachsen vom Moos der Zeiten, kolossal, zusammengefügt mit Menschenblut, ummauert von Bosheit und List, umgeben von tiefen Gräben, besetzt mit teuflischen Feinden. Ein Gebäude, das schrecklich genug ist, um jeden zur Verzweiflung zu treiben, der um dasselbe herumgeht, um die Zinnen und Bollwerke zu zählen.

Als aber die Zeit erfüllt war, kam unser Held in die Welt, um die Werke des Teufels zu zerstören. Während seiner Lebenszeit gab er das Signal zum Angriff auf die mächtige Burg und brach hier und da einen Stein aus ihrer Mauer. Wurden doch Kranke gesund gemacht, Tote auferweckt und den Armen das Evangelium verkündigt. Aber am Auferstehungsmorgen erbebte die gewaltige Festung von oben bis unten; mächtige Spalten zeigten sich in ihren Mauern, alle ihre festen Plätze wankten. Ein Stärkerer als der Besitzer dieser Zitadelle war offensichtlich in sie gedrungen und fing an, sie von oben bis unten niederzureißen. Ein mächtiger Stein, von dem viel für das Gebäude abhing, ein Eckstein, der das Ganze zusammenhielt, wurde aus seinem Platz gehoben und auf den Boden geschleudert. Jesus riss den großen Granitstein des Todes aus seiner Lage und gab damit das Zeichen, dass jeder andere Stein folgen wird.

Der vom Grab Jesu abgewälzte Stein ist *eine Weissagung*, dass jeder Stein von Satans Burg gestürzt werden wird, dass nicht einer auf dem anderen bleiben soll von all dem, was die Mächte der Finsternis vom ersten Tage ihrer Abtrünnigkeit an bis zum Ende aufgerichtet hatten. Brüder, jener abgewälzte Stein gibt mir eine herrliche Hoffnung! Das Böse ist zwar noch mächtig, aber es wird gestürzt werden. An so vielen Orten herrscht Gottlosigkeit, die große Menge jagt dem Bösen nach; die Völker sitzen noch in tiefer Finsternis. Viele beten das scharlachrote Weib Babylons an, andere beugen sich vor dem Halbmond Mohammeds, Millionen knien vor Holz und Stein; die finsteren Orte und Wohnstätten der Erde sind noch voller Grausamkeit – aber Christus hat dem ganzen Machwerk des Bösen einen solchen Stoß versetzt, dass ganz gewiss jeder Stein fallen wird. Doch wir haben weiter zu arbeiten, den mächtigen Hammer des Evangeliums zu gebrauchen, weiterhin jeden an seinem Platz zu halten und wie die Heere um Jericho die Posaune zu blasen. Und, glaubt mir, der Tag wird kommen, an dem jedes uralte Übel, jeder kolossale Aberglaube gestürzt, der Erde gleich gemacht und die Weissagung erfüllt werden wird: „Zu Trümmern, zu Trümmern, zu Trümmern will ich sie machen, ... bis der kommt, der das Recht hat; dem will ich es geben“ (Hes 21,32).

Dieser wackelige Stein, auf dem der Engel sitzt, ist die sichere Prophetie von der kommenden Verdammnis alles dessen, was gemein und böse ist. Freut euch, ihr Kinder Gottes, denn der Fall Babylons steht bevor! Singe, o Himmel, freue dich, o Erde, denn kein Böser wird geschont werden! „Wahrlich, ich sage euch: Es wird hier nicht ein Stein auf dem andern bleiben, der nicht zerbrochen werde“ (Mt 24,2).

So hat uns der Stein eine Predigt gehalten. Wir wollen hier unterbrechen und jetzt hören, was der Engel zu sagen hat.

Der Engel predigte auf zweierlei Weise: Er predigte mit Zeichen und er predigte mit Worten.

Mit Hilfe von Zeichen und Symbolen zu predigen, ist heutzutage für eine bestimmte Gruppe sehr populär. Das Evangelium muss mit dem Auge gesehen werden, sagen sie uns, das Volk soll vom Wechsel der Farben lernen, wie verschiedene Jahreszeiten, die blau und grün und lila sind, an Priestern und Altären dargestellt, durch Spitzen und Leuchter, durch Fahnen und Wappen und Schalen mit Wasser. Die Leute werden durch Weihrauchduft an der Nase herumgeführt. Ihre Ohren sollen durch die

Klänge von donnernden Intonationen oder zarten Lobgesängen angerührt werden. Nun beachtet es wohl, dass der Engel mit seiner Blitzgestalt und seinem schneeweißen Gewand ein symbolischer Prediger war; beachtet weiter, für wen die Symbole gemeint waren. Zu den *Hütern* sagte der Engel kein Wort, kein einziges. Er konfrontierte sie mit dem symbolischen Evangelium, d.h. er schaute sie an, und sein Blick war wie ein Blitz. Er zeigte sich ihnen in seinem schneeweißen Gewand – das war aber auch alles. Seht, wie sie zittern und beben! Das ist das Evangelium der Symbole, und wohin es kommt, da verurteilt es. Es kann nicht anders. Seht das mosaische Gesetz mit seinen Symbolen – wo endete es? Wie wenige verstanden seinen eigentlichen Sinn! Die Masse des Volkes Israel verfiel in Götzendienst; das symbolische System wurde ihr Tod.

Ihr, die ihr so viel auf Symbole gebt, die ihr es für christlich haltet, das ganze Jahr zu einer Art praktischen Parade auf das Leben Jesu zu machen, ihr, die ihr meint, alles Christentum sei in Semidramen zu erlernen, wie sie in Theatern und Puppenspielen zu sehen sind – geht eures Weges! Ihr werdet auf diesem Wege nicht den Himmel, nicht Christus, nicht das Leben erreichen. Ihr werdet vielmehr mit Priestern, mit Formalisten und Heuchlern zusammentreffen und in den dichten Wäldern, unter den finsteren Bergen des Verderbens zu eurem ewigen Untergang straucheln. Die Botschaft des Evangeliums lautet: „Neigt eure Ohren her und kommt her zu mir! Höret, so werdet ihr leben!" (Jes 55,3). Dies ist die Leben spendende Botschaft: „Glaube an den Herrn Jesus, so wirst du ... selig!" (Apg 16,31). Aber wenn du, o abtrünniges Geschlecht, nach Symbolen und Zeichen Ausschau hältst, so wirst du mit dem Evangelium des Teufels betrogen und eine Beute des Zerstörers werden!

Jetzt wollen wir der Predigt des Engels *in Worten* lauschen. Nur so ist ein wahres Evangelium zu verkündigen. Christus ist das Wort, das Evangelium ist ein Evangelium mit Worten und Gedanken. Es wendet sich nicht an das Auge, sondern an das Ohr, an Verstand und Herz. Es ist ein geistliches Ding und kann nur von solchen gelernt werden, deren Geist zum Ergreifen einer geistlichen Wahrheit geweckt worden ist.

Das Erste, was der Engel sagte, war: *„Fürchtet euch nicht!"* Ihr, die ihr gerne selig werden und Christus folgen möchtet – ihr braucht euch nicht zu fürchten. Bebte die Erde? Fürchtet euch nicht. Gott kann euch wohl bewahren, wenn auch die Erde mit Feuer verbrennt. Hat euch der Anblick des Engels erschreckt? Fürchtet euch nicht! Im Himmel gibt es für ein Kind Gottes, das zu Jesu Kreuz kommt und seine Seele dem am Kreuz blutenden Heiland anvertraut hat, keinen Schrecken! Ihr armen Frauen, ist es die Finsternis, die euch erschreckt? Fürchtet euch nicht! Gott sieht und liebt euch auch in der Finsternis; und nichts, weder in der Finsternis noch im Licht, ist außerhalb seiner Macht. Fürchtet ihr euch in der Nähe eines Grabes? Erschreckt euch der Anblick eines Grabes? Fürchtet euch nicht, ihr könnt nicht sterben! Weil Christus auferstanden ist, werdet ihr leben, wenn ihr auch sterbt.

O, trostreiches Evangelium! Es gibt in der Bibel nichts, wovor irgendjemand, der Jesus vertraut, sich zu fürchten braucht. Nichts in der *Bibel*, sagte ich? O, es gibt nichts, weder im Himmel noch auf Erden oder in der Hölle, wovor die, die ihr Vertrauen auf Jesus setzen, sich zu fürchten brauchen. Fürchtet euch nicht! Die Vergangenheit braucht ihr nicht zu fürchten, denn die Sünden sind euch vergeben; auch nicht die Gegenwart, denn ihr seid versorgt; und auch die Zukunft ist euch durch die lebendige Macht Jesu gesichert. „Ich lebe, und ihr sollt auch leben", sagt er (Joh 14,19). *Furcht?* Ja, die wäre am Platz, wenn wir einen *toten* Christus hätten, jetzt aber, da er auferstanden ist, bleibt kein Raum für sie übrig. Erschrecken euch eure Sünden? Sie sind alle hinweggetan, denn Christus wäre nicht auferstanden, wenn nicht alle getilgt wären. Was fürchtet ihr denn? Wenn ein Engel euch auffordert: „Fürchtet euch nicht!", weshalb wolltet ihr euch dann fürchten? Wenn jede Wunde des auferstandenen Heilandes, jede Tat des Siegesfürsten euch tröstet – warum wolltet ihr denn noch traurig sein? Zu zweifeln, zu zittern, sich zu fürchten, jetzt, da der Heiland auferstanden ist, ist etwas, was sich nicht bei einem Gläubigen finden sollte. Ist doch der Herr Jesus mächtig, ihm in allen Versuchungen beizustehen. „Daher kann er auch für immer selig machen, die durch ihn zu Gott kommen; denn er lebt für immer und bittet für sie" (Hebr 7, 25). Darum fürchtet euch nicht!

Beachtet das nächste Wort. „Fürchtet euch nicht! *Ich weiß ...*" Wie, weiß denn der Engel, was in den Herzen der Frauen ist? Wusste der Engel, was Maria Magdalena dachte? Können Geister Gedanken lesen? Es ist gut möglich. Doch es ist viel besser, sich daran zu erinnern, dass unser *himmlischer Vater* alles weiß! *Fürchtet euch nicht, denn Gott weiß, was in euren Herzen ist!* Du, mein Lieber, hast dich vielleicht nie über deine Seelenangst ausgesprochen, du bist zu schüchtern dazu; du bist nicht einmal so weit gekommen, dass du gewagt hast, zu sagen, dass du hoffst, Jesus lieb zu haben – aber Gott ist das Sehnen deines Herzens bekannt. Du armes Herz, es ist dir, als könntest du nicht glauben oder etwas tun, was Gott wohlgefällig wäre, aber du hast wenigstens ein Verlangen danach, du suchst wenigstens. Dieses alles ist Gott bekannt, und er sieht dein Sehnen und Suchen mit Wohlgefallen an. Ist dir denn die Tatsache, dass Gott davon weiß, kein Trost? Ich könnte nicht lesen, was in deinem Herzen vorgeht, mir könntest du es vielleicht nicht sagen. Wenn du es versuchtest, würdest du vielleicht hinterher sagen: „Nun, ich habe ihm nicht genau gesagt, was ich fühle. Ich habe nicht den Trost empfangen, den ich hätte haben können, denn ich habe meine Lage nicht richtig erklärt.“ Es ist aber einer da, der sich mit dir befasst und der genau weiß, wo deine Schwierigkeit steckt, dem die Ursache deiner Traurigkeit bekannt ist. „Fürchte dich nicht“, denn dein himmlischer Vater weiß es. Lieg still, du armer Kranker, denn der Arzt weiß, wo die Wunde ist und was dir fehlt. Still, mein Kind, sei still in den Armen deines Vaters, denn er weiß alles! Sollte dich das nicht trösten, dass seine Sorgfalt so unendlich ist wie sein Wissen?

Der Engel sagte weiter: „Fürchtet euch nicht; ich weiß, *ihr sucht Jesus, den Gekreuzigten*.“ Hier war Raum für Trost vorhanden. Sie suchten Jesus, obwohl ihn die Welt gekreuzigt hatte. Mochten sich auch viele von ihm abgewandt haben, sie hielten in treuer Liebe an ihm fest. Ist jemand hier, der sagen kann: „Obwohl ich es nicht wert bin, ein Nachfolger Jesu zu sein, obwohl ich manchmal fürchte, dass er mich verstoßen wird, so gibt es doch eins, dessen ich gewiss bin, nämlich, dass ich mich um seinetwillen nicht vor Menschen fürchten würde! Meine Sünden erschrecken mich; aber vor *Menschen* fürchte ich mich nicht. Wenn auch die ganze Welt gegen ihn wäre, ich würde auf seiner Seite stehen und es für meine höchste Ehre halten, dass der Gekreuzigte in meinem Herzen der Geliebte ist. Mag ihn auch die ganze Welt verstoßen, wenn er mich nur aufnehmen wollte, mich armen, unwürdigen Wurm, ich würde mich nie schämen, seinen herrlichen Namen zu bekennen!“

Kannst du so sagen, o, dann fürchte dich nicht! Wenn du zu deinem Heiland stehst, wird er dich gewiss dereinst vor seinem himmlischen Vater bekennen. Bist du bereit, ihn jetzt zu bekennen, so fürchte dich nicht. Manchmal, wenn ich mein Herz prüfe, ist es mir, als hätte ich gar keinen Teil an ihm – aber eins weiß ich: ich schäme mich nicht, um seinetwillen Schmach zu leiden. Wenn man mich in seiner Sache als Fanatiker und Enthusiasten schmähte, würde ich es für die höchste Ehre halten, mich schuldig zu bekennen und um meines Heilandes willen Schmach zu leiden. Wenn dies aufrichtig die Worte unseres Herzens sind, so dürfen wir Mut fassen. „Fürchtet euch nicht, denn ich weiß, ihr sucht Jesus, den Gekreuzigten!“

„Er ist nicht hier; er ist auferstanden!“, fügt der Engel hinzu. Hier gibt er, nachdem er Trost gespendet hat, Unterweisung. Der tiefe Grund und die Ursache zum Trost, o Suchender, liegt darin, dass du nicht einen *toten* Christus suchst, nicht zu einem *begrabenen* Heiland betest, sondern er lebt wirklich. Er kann dir heute genauso helfen, wenn du im Kämmerlein zu ihm betest, wie er damals, als er auf Erden wandelte, dem armen Blinden half. Er ist heute genauso willig, dich anzunehmen und zu segnen, wie er damals den Aussätzigen segnete und den Gichtbrüchigen heilte. Gehe deshalb unverzüglich zu ihm, du arme, suchende Seele! Gehe zu ihm mit heiligem Vertrauen, denn er ist *nicht* hier – er wäre ja tot, wenn er es wäre – er ist auferstanden, er lebt und regiert, um deine Bitten zu erhören!

Der Engel forderte die heiligen Frauen auf, das Grab in Augenschein zu nehmen, gab ihnen aber fast unmittelbar darauf *einen Auftrag, den sie für ihren Herrn auszurichten hatten*. Wenn es irgendeinem Suchenden zum Trost geworden ist, dass der Heiland lebt und immerdar selig macht, so möge dieser Getröstete tun, was der Engel den Frauen auftrug, nämlich hinzugehen und anderen die frohe Botschaft zu verkündigen, die er gehört hat. Dies ist das große Mittel zur Verbreitung unseres Glaubens, dass alle, die sie erfahren haben, sie auch lehren sollen.

Wir haben keine besonders bereitgestellten Prediger, denen das alleinige Recht der Lehre in der christlichen Kirche reserviert ist; wir halten nichts von der Unterscheidung in Geistliche und Laien. Ihr Gläubigen, ihr seid alle Gottes Geistliche, alle von euch. So viele von euch an den Auferstandenen glauben, so viele gehören zu Gottes Geistlichkeit, zum königlichen Priestertum und sind gebunden, nach ihren Gaben und Fähigkeiten Gott zu dienen. Der Leib hat viele Glieder, aber jedes Glied hat sein Amt. Kein Glied am heiligen Leib Christi darf müßig sein, auch wenn es nicht das ausrichten kann, was das Haupt vermag. Der Fuß hat seinen Platz und die Hand ihre Pflicht, so wie die Zunge und das Auge.

O ihr, die ihr den Heiland kennen gelernt habt, behaltet das selige Geheimnis nicht nur für euch! Ich bitte euch, macht noch heute auf die eine oder andere Weise bekannt, dass Jesus auferstanden ist! Lasst das Losungswort erschallen, wie die ersten Christen es taten. Am ersten Tag der Woche begrüßten sie sich mit den Worten: „Der Herr ist wahrhaftig auferstanden!" Wenn man euch fragt, was ihr damit meint, so werdet ihr Gelegenheit haben, ihnen das ganze Evangelium zu erzählen. Ist doch dies das Wesen des Evangeliums, dass Jesus Christus gestorben ist für unsere Sünden und am dritten Tage auferstanden nach der Schrift, dass er starb als Stellvertreter für uns Verbrecher und auferstand als Vertreter für uns begnadigte Sünder, der starb, damit unsere Sünden sterben und wieder lebt, damit unsere Seelen leben mögen.

Ladet fleißig andere ein, zu Jesus zu kommen. Sagt ihnen, dass in einem Blick auf den Gekreuzigten Leben für die Toten da ist. Sagt ihnen, dass dieser Blick eine Glaubenssache, einfältiges Vertrauen der Seele ist. Sagt ihnen, dass nie einer, der sein Vertrauen auf Jesus setzte, hinausgestoßen worden ist, sagt ihnen, was ihr infolge eures Vertrauens erfahren habt, und wer weiß, ob nicht durch euer Zeugnis viele Jünger zur Gemeinde hinzugetan werden. Der auferstandene Heiland wird dadurch verherrlicht und ihr werdet ermutigt durch das, was ihr gesehen habt. Der Herr wolle diesen schwachen Worten seinen reichen Segen folgen lassen um Christi willen! Amen.

Ein Besuch am Grab[4]

„Er ist nicht hier; er ist auferstanden, wie er gesagt hat. Kommt her und seht die Stätte, wo er gelegen hat.“

Matthäus 28,6

Die heiligen Frauen kamen mit der Hoffnung an das Grab, dort den Leib ihres Herrn zu finden, den sie einbalsamieren wollten. Ihre Absicht war gut, ihr Wille war Gott wohlgefällig. Trotzdem wurde ihr Wunsch nicht erfüllt, einfach aus dem Grund, weil er der Absicht Gottes entgegenstand, ja, ihr Wunsch stand sogar im Widerspruch zu dem, was der Herr Jesus ihnen vorhergesagt und einfach erklärt hatte. „Er ist nicht hier; er ist auferstanden, *wie er gesagt hat.*“

Hieraus schließe ich, dass wir als Gläubige möglicherweise gute Wünsche im Herzen tragen, ja uns vielleicht sogar ernsthaft bemühen, sie auszuführen, und doch gelingt es niemals, weil wir so manches Wort des Herrn auf unserm Weg durch unsere Unwissenheit nicht verstanden oder wegen unserer Vergesslichkeit einfach vergessen haben. Ich habe erfahren, dass dies nicht selten beim Beten der Fall ist. Wir haben gebetet, ohne zu empfangen, weil wir im Wort Gottes keine Grundlage hatten, um das zu bitten, um was wir beteten. Vielleicht gab es ein Verbot in der Schrift, das uns von der Bitte um das Betreffende hätte zurückhalten sollen. In unserem täglichen Leben mitten in der Betriebsamkeit des Geschäfts haben wir vielleicht gedacht, wir würden Gott ehren, wenn wir zu dieser oder jener Stellung gelangen könnten – und doch, obwohl wir uns eifrig darum bemüht und ernsthaft darum gebetet haben, haben wir sie nie erreicht. Es war nie Gottes Absicht gewesen, sie uns zukommen zu lassen, und wäre es uns gelungen, unser Ziel zu erreichen, es wäre vielleicht eher tragisch als vorteilhaft gewesen, eher eine Kette von Schwierigkeiten als eine Reihe von Freude. Wir suchten Großes für uns selbst, und wir vergaßen dabei die Ermahnung des Herrn: „Du begehrst für dich große Dinge? Begehre es nicht!“ (Jer 45,5). Darum erwarte nicht, alle Wünsche verwirklicht zu bekommen, die du gut und passend findest. Es könnte sein, dass sie nicht

[4] Gehalten im Metropolitan Tabernacle, Newington, ohne Datum.

auf dem richtigen Weg sind. Es mag sein, dass es ein Wort des Herrn gibt, das der Erfüllung deiner Wünsche hinderlich ist.

Diese guten Frauen fanden sich der Gegenwart dessen beraubt, der ihre größte Freude gewesen war. „Er ist nicht hier“ mag ihnen wie Totengeläut geklungen haben. Sie hatten erwartet, ihn zu finden – er war nicht da. Aber dann muss der Kummer aus ihren Herzen gewichen sein, als es weiter hieß: „Er ist auferstanden!“ Ich schließe daraus, dass Gott, wenn er mir etwas Gutes nimmt, ganz sicher sich selbst und sein Tun rechtfertigen und dass er sehr häufig seine Gnade dadurch verherrlichen wird, indem er mir etwas unendlich viel Besseres gibt. Hatte nicht Maria gedacht, es sei etwas Gutes, die Leiche ihres Herrn zu finden? Hätte sie gefunden, was sie suchte, es wäre für sie eine Art trauriger Erfüllung gewesen. So dachte sie, entsprechend ihres armseligen Urteils. Der Herr nahm dieses Gute hinweg. Aber war nicht Christus auferstanden und war es nicht etwas unendlich viel Besseres, jetzt von ihm zu hören und ihn gelegentlich zu sehen?

Hast du vielleicht vor kurzem etwas verloren, womit dein Herz mit all seinen Fasern verwachsen war? Du wirst schon noch erfahren, dass für deinen Verlust ein guter Grund vorhanden war. Der Herr beraubt uns nie eines silbernen Segens ohne die Absicht, uns dafür einen goldenen Gewinn zukommen zu lassen. Verlass dich darauf, er wird für Holz Eisen, für Eisen Kupfer, für Kupfer Silber und für Silber Gold geben. All sein Nehmen ist nur Einleitung zu größerem Geben. Hast du dein Kind verloren? Aber ist dir nicht dadurch dein Heiland teurer geworden als je? Ein Lächeln deines Herrn wird besser für dich sein, als alle Heiterkeit und Fröhlichkeit deines Kindes. Ist er dir nicht mehr als zehn Söhne? Hast du deine Ehefrau verloren, die dein Leben erheiterte? Du sollst durch diesen Verlust umso näher zu deinem Heiland gezogen werden; seine Verheißung wird dir umso köstlicher sein, und der Heilige Geist wird dir seine Wahrheit desto deutlicher offenbaren. Dein Verlust wird dir zum Gewinn werden.

Manche Pflanze ist durch einen großen Baum geschützt worden, dessen ausgebreitete Zweige sie vor dem strömenden Regen und dem niederfallenden Hagel bewahrten. Und doch hat die grausame Axt des Holzfällers den Baum abgehauen. Beim Fällen des Baumes hätte die kleine Pflanze vor Furcht weinen mögen. Wird sie nicht hinfort unbeschützt bleiben? Auf keinen Fall! Diese trüben Aussichten verschwinden bald, denn jetzt wird sie von der Sonne erreicht wie nie zuvor. Sie wird reichlicher von Tautropfen benetzt, der Regen dringt bis an ihre Wurzel und das Pflänzlein erhebt sich zu einem stattlichen Gewächs, was sie ohne den gefällten Baum nie geworden wäre.

Du, der du jetzt um bittere Verluste weinst, wirst einsehen lernen, dass Vieles deinem geistlichen Wachstum hinderlich im Wege stand, und dass du für das, was dir genommen wurde, reichen Ersatz, zehnfachen Segen erhalten wirst. „Er ist nicht hier" – das ist traurig, aber „er ist auferstanden!", das ist erfreulich. Den *toten* Christus kannst du nicht sehen, kannst nicht liebevoll den gesegneten Leichnam einbalsamieren. Dafür sollst du aber den *lebendigen* Heiland schauen; es wird dir gegönnt werden, dich zu seinen Füßen niederzuwerfen. Von seinen Lippen wirst du die erfreulichen Worte hören: „Geht hin und verkündigt es meinen Brüdern, dass sie nach Galiläa gehen, dort werden sie mich sehen" (Mt 28,10). Diese Lehre ist es wert, dass wir sie nie vergessen. Wenn Gott sie euch ins Herz fallen lässt, kann sie euch reichen Trost gewähren. Wenn der Herr euch eine Freude nimmt, will er euch dafür eine andere und bessere geben. „Denn nicht von Herzen plagt und betrübt er die Menschen" (Klgl 3,33). Ich bin sicher, ihr verweigert euren Kindern kein Vergnügen, ohne ihr wirkliches Wohl im Auge zu haben. Wie so manche von euch haben die Gewohnheit, dass sie, nachdem sie von ihrem Kind eine kleine Selbstverleugnung gefordert hatten, es wieder ermuntern und bestärken, sodass das Kind keinen Verlust erleidet. Und wird nicht unser himmlischer Vater viel rücksichts- und liebevoller mit seinen Kindern handeln?

Nach diesen vorangegangenen Bemerkungen gehen wir zu dem Text selbst über. Es mag hier wohl erwähnt werden, dass einige von uns an diesem Nachmittag zu der Beerdigung eines lieben Freundes und Diakons unserer Kirche gewesen sind. Die Gedanken, die sich in uns regen, die Worte, die an diesem Abend über unsere Lippen kommen, wären erheblich bedeutungsvoller, wenn das offene Grab vor uns wäre. Lasst uns im Geist dort stehen und stellt euch, wenn ihr wollt, auch das Läuten von drüben her vor, als Grabgeläute für uns. Lassen wir uns auf den Flügeln dieser Klänge an das Grab tragen, damit wir uns umso besser in die Lage versetzen, die für solche Betrachtungen angemessen ist.

Der Text enthält als Erstes *eine Zusage*, und zweitens *eine Einladung*; zuerst die Zusage: „Er ist nicht hier, er ist auferstanden", und zweitens die Einladung: „Kommt her und seht die Stätte, wo er gelegen hat."

Die Zusage: „Er ist nicht hier, er ist auferstanden."

Jesus Christus ist *wirklich von den Toten auferstanden*. Haben nicht Weltweise und Halbgelehrte versucht, zu beweisen, dass diese mehrfach bezeugte Tatsache nur ein ausgedachter Mythos sei? Keine einzige Lehre der Heiligen Schrift ist in solcher Weise wegdisputiert worden. Anfangs bestritten sie ganz und gar, dass so etwas überhaupt geschehen war und sagten, es wäre reine Erfindung. Doch später, als zahlreiche Beweise eine Auferstehung bestätigten, machte der grobe Unglaube einem verfeinerten Skeptizismus Platz. Doch über jeden Zweifel hinaus kann gezeigt werden, dass es für die Auferstehung Christi so viele Zeugen gibt, wie für jede andere Tatsache der Geschichte. Ja, wahrscheinlich gibt es sogar kein Ereignis in der Geschichte, das so zahlreich bestätigt und bekräftigt wurde wie das Ereignis, dass Jesus von Nazareth, der an das Kreuz genagelt worden war, der gestorben und begraben ist, wieder auferstand.

Wie wir die Geschichten von Julius Cäsar glauben, wie wir die Berichte von Tacitus annehmen, so sind wir aus demselben Grund gebunden, dem Zeugnis des Matthäus, Markus, Lukas, Johannes sowie derer, die Augenzeugen von Jesu Tod waren und ihn nach seiner Auferstehung sahen, als historischen Dokumenten Glauben zu schenken.

Dass Jesus Christus von den Toten auferstanden ist, ist weder Allegorie noch Symbol, sondern wirkliche Tatsache. Da lag er angesichts von Freunden und Feinden tot, als Leiche, die zu Grabe getragen werden sollte. Seht ihn euch nur genau an! Es ist derselbe Christus, den ihr im Leben gekannt habt, ganz derselbe! Schaut ihm in die Augen! Gab es je in einem menschlichen Angesicht solche Augen? Seht ihn euch an! Fällt euch nicht sein Schmerzensausdruck auf? Gab es je ein Angesicht, so betrübt, einen so sichtbaren Schmerz in den Gesichtszügen? Das ist der König des Jammers, der Fürst aller Traurigen, der König der Schmerzen! Da liegt er, zweifellos derselbe. Seht euch die Nägelmale an! Hier drang das Eisen durch seine gesegneten Hände und durchbohrte seine heiligen Füße, dort ist das Mal in seiner Seite, aus der das wunderbare Blut und Wasser floss. Ja, er ist es, derselbe Christus! Die heiligen Frauen und die Freunde sehen jedes Glied, wickeln ihn samt den in Eile herbeigeschafften Spezereien in Leinen und legen ihn an jenen Platz in das neue Grab.

Nun, lasst es kund und offenbar werden, dass wir glauben, dass diese Glieder, die starr und kalt im Tod lagen, wieder lebenswarm wurden, dass dieselbe Leiche mit ihren Knochen, ihrem Fleisch und Blut, die dort lag, wieder von Leben durchdrungen wurde und mit einem herrlichen, verklärten Leib von den Toten auferstand. Die Hände brachen vor den Augen der Jünger das Stück Honigseim und den Fisch, wovon er selbst aß. Er zeigte ihnen seine Wundmale und sprach zu Thomas: „Reiche deinen Finger her und sieh meine Hände und reiche deine Hand her und lege sie in meine Seite, und sei nicht ungläubig, sondern gläubig!"

(Joh 20,27). Er war kein Phantom, kein Geist, wie er selbst sagt: „Seht meine Hände und meine Füße, ich bin's selber. Fasst mich an und seht; denn ein Geist hat nicht Fleisch und Knochen, wie ihr seht, dass ich sie habe“ (Lk 24,39). Er war *nach* seiner Auferstehung genauso ein wirklicher Mensch wie *vor* derselben, ja, er ist auch jetzt noch oben in der Herrlichkeit wirklich Mensch, wie er es vorher auf der Erde war. Er ist aufgefahren. Die Wolke hat ihn unseren Augen entzogen. Derselbe Christus, der Petrus fragte: „Hast du mich lieb?“, der am See Genezareth zu allen Jüngern sprach: „Kommt und haltet das Mahl“, ist als wirklicher Mensch wirklich von einem wirklichen Tod zu einem wirklichen Leben erstanden. Wir brauchen es, dass uns diese Lehre immer wieder klar und einfach verkündigt wird, denn auch wenn wir sie glauben, wenden wir sie nicht immer an. Und selbst wenn wir sie angenommen haben, ist es doch gut, sie wieder zu hören, damit sie in unserem Herzen gefestigt wird. Die Auferstehung ist eine genauso wirkliche Tatsache wie jedes historische Ereignis und beansprucht als solches unseren Glauben. „Er ist nicht hier, er ist auferstanden.“

Beim Nachlesen der Auferstehungsgeschichte werdet ihr entdecken, Geliebte, dass unser Herr Jesus Christus, als er von den Toten auferstanden war, nicht nur wirklich aus dem Grab hervorging, sondern dass er auferstanden war, um nach seiner Himmelfahrt zur Rechten des Vaters und zur Herrlichkeit erhoben zu werden, in der er jetzt thront. Als er die eisernen Bande des Grabes durchbrochen hatte, war das den Jüngern ein Trost, dass er jetzt außerhalb des Bereiches seiner Feinde war. Während der wenigen Tage, die der Auferstandene noch auf Erden weilte, versuchte keiner seiner Feinde, ihm zu schaden. Es wagte nicht einmal ein Hund, gegen ihn das Maul zu erheben. Wir können kaum sagen, wie das zuging, es war aber so. Unter den Feinden schien es in den Tagen, in denen der Herr den Seinen erschien, auffallend ruhig zu sein. Er war eben nicht mehr in ihrem Bereich. Sie konnten ihn nicht mehr verletzen.

Und so ist es jetzt. Er ist nicht hier, in diesem anderen Sinn; er ist jetzt außerhalb des Bereiches seiner boshaften Feinde. Ist das nicht etwas Erfreuliches? Kein Judas kann jetzt seinen Meister verraten und den Händen der Kriegsknechte überliefern. Kein Pilatus kann ihn jetzt in ungerechter Weise verurteilen und ihn dem Kreuzestod übergeben, ihn, den der heidnische Richter als unschuldig erklärte. Kein Herodes mit seinen Höflingen kann ihn jetzt mehr verspotten, kein Knecht kann ihm mehr ins Angesicht spucken. Niemand kann ihn mehr schlagen oder ihn auffordern, mit verbundenen Augen auf die Frage zu antworten: „Weissage uns Christus, wer ist's, der dich schlug?“ (Mt 26,68). Das Haupt Jesu, das teure, majestätische Haupt, kann jetzt nie wieder mit Dornen gekrönt werden; die geschäftigen Füße, die stets umhergegangen waren, um zu segnen und wohlzutun, können jetzt nie wieder durchbohrt werden. Nie wird man ihn wieder seiner Kleidung berauben und sich an dem Anblick seiner Schmerzen ergötzen. Er hat sich ihrem Zugriff entzogen. Mögen sie jetzt auch spotten, sie können nur ihren Hass an den Seinen, den Gliedern seines Leibes, ausüben. Sie mögen wohl wüten; aber Gott hat ihn zu seiner Rechten gesetzt, und er ist für ihre Bosheit unerreichbar.

Das tröstet mich, so wie es dem Soldaten auf dem Schlachtfeld ein Trost sein würde, wenn er mitten im heftigen Schlachtgetümmel wüsste, dass der Befehlshaber, den er liebt, sich nicht in der Schusslinie der Kugeln befindet. „Nun“, würde er sagen, „ihr mögt uns schlagen, wie ihr wollt. Die Kugeln mögen Tod und Verderben bringend durch unsere Reihen fliegen, unser General, von dem alles abhängt, ist sicher.“ O, gesegnet sind die Worte, gesegnet sei die Feder, die sie geschrieben, gelobt sei der Heilige Geist, der sie eingegeben hat, die Worte: „Darum hat ihn auch Gott erhöht und hat ihm den Namen gegeben, der über alle Namen ist, dass in dem Namen Jesu sich beugen sollen aller derer Knie, die im Himmel und auf Erden und unter der Erde sind, und alle Zungen bekennen sollen, dass Jesus Christus der Herr ist, zur Ehre Gottes, des Vaters“ (Phil 2,9-11). Es kommt nicht darauf an, liebe Brüder, was aus uns armen, einfachen Soldaten wird. Wir wissen, auch wenn wir verleumdet, entehrt, verfolgt oder getötet werden: unsere gegenwärtige, bedrohliche Situation ist völlig unerheblich, solange das damals mit Dornen gekrönte Haupt mit Herrlichkeit umgeben ist, solange er, der einst vor dem Richterstuhl des Pilatus zum Tod verurteilt wurde, auf dem Thron seines Vaters sitzt, bis er wiederkommt zum Gericht über die Könige und Fürsten auf Erden.

Im Blick auf das: „Er ist nicht hier, er ist auferstanden“, sollte es uns ein tröstlicher Gedanke sein, dass er jetzt nicht nur dem Bereich aller Schmerzen, sondern *auch dem persönlichen Angriff entzogen* ist. Es war mir auch ein Trost im Blick auf unseren vor einigen Tagen heimgegangenen Freund. Wie euch bekannt ist, hatte er einen Schlaganfall und war sechs Wochen lang an das Krankenbett gefesselt. Hätte es Gott gefallen, er hätte sechs oder sechzehn Jahre liegen können, und es wäre ein schmerzlicher Anblick gewesen, ihn dem Leib nach lebendig zu sehen, während das Gemüt sehr umnachtet war. Wir sind dankbar – ich für meine Person danke Gott –, dass unser Freund entschlafen, dass er dem Elend dieses Lebens enthoben ist.

Aber wieviel dankbarer sollten wir sein *im Blick auf unseren lieben Herrn*, auf den, den unsere Seele liebt! O, wer mag daran denken, dass er keinen Ort hatte, wo er sein Haupt hinlegen konnte! Wer hätte nicht gern sein weiches Lager verlassen, um ihm eine Nacht Ruhe zu verschaffen, ja, wer hätte nicht für immer sein Bett aufgegeben, um ihm eine Ruhestätte bieten zu können! Wer würde nicht gerne die ganze Nacht draußen am Bergabhang gelegen und sich vom Tau haben benetzen lassen, wenn er dadurch *ihm* zu sanfter Ruhe verholfen hätte! Ist er doch zehntausendmal mehr wert als wir. Scheint es nicht, als ob es zu viel für ihn war, was er zu erdulden hatte, heimat- und obdachlos zu sein? Ihn hungerte, Brüder, ihn dürstete; er war müde und matt. Er litt unsere Krankheiten, wie die Heilige Schrift sagt, er nahm sie auf sich. Und wie oft litt er an Herzschmerzen! Er wusste, wie kalte Berge und kalte Nachtluft den Leib erstarren lassen kann. Er wusste, wie feuchte Luft und bitterer Mangel die Seele frieren lassen kann. Er hatte unzählige Schmerzen und Nöte durchzumachen. Vom ersten Blutvergießen bei seiner Geburt an bis zu seinem letzten Blutvergießen im Tod sah es aus, als sei er zu einem besonderen Schmerzenskind ausersehen. Ständig wurde er versucht, geärgert, angegriffen, beleidigt, vom Teufel belästigt, von bösen Menschen und den ihn umgebenden schlimmen Verhältnissen gequält. Jetzt ist nichts mehr von alledem für ihn da, deshalb freuen wir uns, dass er nicht mehr hier ist. Er ist jetzt kein Kind der Armut mehr; es gibt jetzt für ihn keine Zimmermannswerkstatt mehr, nicht mehr Bergabhang und Weide als Ruheplatz, keine höhnenden Scharen um ihn, kein Steineaufnehmen gegen ihn, kein müdes Sitzen am Brunnen. Er hat es jetzt nicht mehr nötig, mit Nahrung versorgt zu werden. Es gibt jetzt für ihn weder Geißel noch Schläge. Er hält jetzt nicht mehr „seinen Rücken dar denen, die ihn schlugen und seine Wangen denen, die ihn rauften“ (Jes 50,6). Es ist vorbei mit dem Durchbohren seiner Hände und Füße, vorbei mit dem brennenden Durst am blutigen Kreuz. Vorher sind zwar Gottes Wasserwogen und Wellen über ihn gegangen, sie können ihn aber jetzt nicht mehr erfassen. Er wurde in den Staub der Erde gebeugt und seine Seele war betrübt bis an den Tod – aber jetzt ist er diesem allem enthoben. Er hat seine Freude erreicht; er ist zu seiner Ruhe eingegangen und hat seinen Lohn empfangen. Brüder und Schwestern, wir wollen uns darüber freuen. Lasst uns in die Freude unseres Herrn versenken, lasst uns mit ihm freuen! O, dass unser Herz in uns hüpfen möchte, auch wenn wir noch eine Weile länger auf dem Kampfplatz bleiben müssen! Ist er doch demselben jetzt ganz enthoben und wird anerkannt und angebetet als König aller Könige, als Herr aller Herren!

Die Tatsache, dass unser Herr auferstanden ist, hat nicht nur im Blick auf ihn etwas Tröstliches, sondern wir müssen uns klarmachen, dass darin auch *für einen jeden Gläubigen die Garantie seiner eigenen Auferstehung liegt*. Im ersten Brief an die Korinther lässt der Apostel Paulus den ganzen Beweis für die Auferstehung des Leibes auf dieser einen Frage gegründet sein: „Ist Christus von den Toten auferstanden?" Ist er auferstanden, so müssen all die Seinen mit ihm auferstehen. Ist es ausgemacht, dass Christus auferstanden ist, so ist es für dich auch eine ausgemachte Sache, dass alle, die ihm und seinem Bilde ähnlich geworden sind, gleichfalls auferstehen müssen.

Es ist für uns, die wir an Jesus glauben, klar, dass, wenn wir sterben und ins Grab gelegt werden, wir eine Speise der Würmer werden und *zurückkehren zu Mutter Erde und verwesen*. Ich für meinen Teil würde nie meinen Leib in Blei legen oder etwas tun lassen, was verhindern würde, dass er bald zur Erde zurückkehrt, wovon er genommen ist. Es scheint am passendsten und gottgefälligsten zu sein, ihn schnell zu Staub verwesen zu lassen. Doch hier ist der entscheidende Punkt. Es ist ganz gleich, was aus diesem Staub wird oder welche Veränderungen er durchzumachen hat. Mag er auch zu Gras und Blumen werden und vom Vieh gefressen werden; mögen auch die Winde jedes kleine Teilchen tausende von Meilen forttragen, mögen auch die Gebeine voneinander zerstreut werden – egal. So gewiss der Heiland auferstanden ist, so gewiss werden auch wir auferstehen.

Wir sagen nicht, dass gerade jedes Teilchen dieses unseres Fleisches auferstehen wird. Für die Identität des Leibes wäre das nicht erforderlich, aber *doch wird der Leib derselbe sein*. Derselbe Leib, der in die Erde gesät wurde, wird wieder aus der Erde auferstehen in einer Schönheit und Herrlichkeit, von der wir jetzt zwar nur eine schwache Ahnung haben, deren wir aber gewiss sind. Der Leib des geliebten Kindes Gottes, von dem du dich vor einigen Jahren verabschiedet hast, wird wieder auferstehen. Die Augen, die du geschlossen hast, dieselben Augen, werden den König sehen in seiner Schönheit in jenem weit entfernten Land. Die Ohren, die dich nicht mehr verstanden, als du ihnen die letzten zärtlichen Worte zugeflüstert hast, hören jetzt die Lobgesänge der Ewigkeit. Das Herz, das kalt und regungslos wie Stein wurde, als der Tod seine kalte Hand darauf legte, wird in erneuertem Leben schlagen und vor Freude hüpfen, wenn es unter Festklängen als Braut zur Hochzeit heimgeholt wird.

Derselbe Leib! War er nicht der Tempel des Heiligen Geistes? War er nicht mit Blut erkauft? Wahrhaftig, beim Schall der Posaune des Erzengels und der Stimme Gottes wird er auferstehen! Dessen sei gewiss, gewiss im Blick auf dich selbst und auf deinen Freund. Fürchte dich nicht vor dem Tod. Was ist er? Das Grab ist nichts anderes als ein Bad, in das sich unser Körper, wie Ester, versenkt in Spezereien, um sich zum Umfangen des Königs der Unsterblichkeit lieblich und frisch zu machen. Es ist nur die Garderobe, wo wir die Kleidung für eine Weile beiseite legen. Der Körper wird hervorkommen, rein und schön, mit manch goldener Spange geschmückt, die vorher nicht daran war. Als wir unser sterbliches Gewand ablegten, war es ein Arbeitskleid; wenn wir es wieder anlegen, wird es ein Sonntagsgewand sein und geeignet, am Sonntag zu tragen. Wir dürfen uns sogar nach jenem Abend, entkleidet zu werden, sehnen, wenn dort ein solches Erwachen, ein solches Bekleidetwerden in der Gegenwart des König sein wird.

Ferner lasst uns daran denken, dass das Wort: „Er ist nicht hier; er ist auferstanden" auch den trostreichen Gedanken in sich schließt, dass er *dahin* gegangen ist, *wo er am besten unsere Interessen vertreten kann.* Er ist unser Fürsprecher. Wo könnte er aber unsere Sache besser vertreten, als am Hofe des Königs! Er bereitet eine Stätte für uns. Wo anders sollte der sein, der eine Stätte bereitet, als an dem Platz, wo sich dieselbe befindet? Wir haben einen sehr rührigen Verkläger, der geschäftig ist, uns zu verklagen. Ist es nicht gut, dass wir einen haben, der ihm entgegentreten und den Verkläger der Brüder zum Schweigen bringen kann? Ich denke, wenn der Herr Jesus in diesem Augenblick persönlich hier wäre, wären wir vielleicht geneigt, zu ihm zu sagen: „Lieber Herr, du bist uns hier ja von großem Segen. Es ist etwas Großes, dass du umhergehst, um die Kranken gesund zu machen und die Unwissenden zu lehren. Wir freuen uns ja, dich zu sehen; das Anschauen deines heiligen Angesichtes macht uns die Erde zu einem Himmel – aber doch machen unsere großen Interessen deine Abwesenheit wünschenswert, denn, lieber Herr, unsere Gebete bedürfen eines Fürsprechers, der sie vor dem Thron vertritt. Wir möchten nicht, dass unsere Gebete, eins nach dem anderen, emporsteigen, wenn *du* nicht droben bist. Noch mehr, wir möchten dich als Verteidiger gegen unseren Verkläger dort haben, und da unser bestes Erbteil droben ist, möchten wir einen Hüter, der es für uns bewahrt. Lieber Meister, es wäre uns nützlicher, wenn du fortgingst!"

Wir haben es nicht nötig, ihm solches zu sagen, denn er ist ja weggegangen. Wenn aber jemals der eine Christus von doppeltem Wert war, wenn jemals die Vorteile seiner Position den Wert seines Dienstes vergrößern, dann jetzt, wo er im Himmel ist. Auch *hier* würde er uns ja unendlich viel wert sein, er ist es aber *droben* noch mehr. *Er tut im Himmel mehr für uns,* als er, so weit wir das beurteilen können, möglicherweise auf Erden für uns tun könnte. Inzwischen ist seine Abwesenheit gut entschädigt durch die Gegenwart seines eigenen Geistes, und seine Anwesenheit dort ist durch seine persönliche Fürsorge völlig dem heiligen Dienst für unsere

Seelen gewidmet. *Im Himmel ist alles geordnet, denn Jesus ist dort.* Die Krone wartet gewiss auf uns, die Harfe ist wohl verwahrt, das gesegnete Erbteil eines jeden Stammes Israels ist sicher, denn der Herr Jesus bewacht und behütet alles. Er ist zur Ehre Gottes der Vertreter und Beschützer der Seinen.

Und dringt nicht diese Wahrheit, dass Christus nicht hier, sondern fortgegangen ist, mit lieblicher Macht in unser Ohr und drängt uns zu dem Gefühl, dass dies der Grund ist, weshalb unser Herz auch nicht hier sein sollte? „Er ist nicht hier", darum sollte auch unser Herz nicht hier sein. Als die Worte „er ist nicht hier" das erste Mal ausgesprochen wurden, sollte damit gesagt werden, dass er nicht im *Grab* sei. Damals war er dann irgendwo auf der Erde. Aber jetzt ist er gar nicht mehr hier.

Angenommen, du bist reich, und Satan flüstert dir zu: „Diese Gärten sind herrlich, diese Burg ist prächtig, mache es dir bequem" – so antworte ihm: „Aber *er* ist nicht hier; *er* ist nicht hier, *er* ist auferstanden, deshalb darf ich das Herz nicht an das hängen, wo mein Herr nicht ist." Oder angenommen, du bist sehr glücklich in deinem Familienkreis. Wenn die Kleinen sich um dein Knie drängen oder neben dir am Kamin sitzen, fühlst du dich sehr glücklich. Mag dir auch sonst an irdischem Gut wenig beschert worden sein, du hast genug und dabei ein zufriedenes Gemüt. Wenn jedoch der Versucher dir zuflüstern würde: „Sei nun zufrieden und ruhe hier", so antworte ihm: „Nein, *er* ist nicht hier, und ich weiß, dass dies nicht meine bleibende Statt ist. Mein Geist kann nur ruhen, wo *Jesus* ist." Oder hast du dir vor kurzem ein Heim gegründet? Ist der Hochzeitstag kaum vorbei? Fängst du jetzt an, dich der fröhlichen Jugendzeit, des Genusses des süßen Zaubers der reinsten Lebensfreude zu freuen? Ja, freue dich, aber vergiss dabei nicht, dass *er* nicht hier ist und du deshalb kein Recht hast, zu sagen: „So sei nun zufrieden, meine Seele!" Christus ist nirgendwo auf Erden, und darum soll nirgendwo auf der Erde unser Herz seine Heimat haben. Nirgends – weder an hohen Orten, noch an stillen Ruheplätzen; weder im Nussgarten, noch auf Gewürzbeeten, weder in den Zelten Kedars, noch zwischen Salomos Vorhängen; nicht einmal in den Gnadenmitteln ist Christus leiblich, wirklich gegenwärtig. Wir wollen deshalb aus allen äußeren Mitteln die Lieblichkeit, alles geistlich Gute ziehen, das sie uns bieten, – aber doch sollen uns alle nach oben weisen und von der Erde wegziehen. Wie die Sonne den Tau hinaufzieht, so soll Christus unser Herz magnetisieren und unsere Gedanken, ja all unser Sehnen, unseren ganzen Geist aufwärts, zu ihm selbst ziehen! „Er ist nicht hier." Weshalb sollte *ich* dann hier sein? O, erhebe dich, meine Seele, erhebe dich und lass deinen süßesten Weihrauchduft aufsteigen zu dem, der nicht hier ist, denn er ist auferstanden!"

Ich muss diesen Punkt verlassen und komme mit wenigen Worten auf den zweiten Punkt zu sprechen. Der ist *EINE EINLADUNG: „KOMMT HER UND SEHT DIE STÄTTE, WO ER GELEGEN HAT.“*

Ich gedenke nicht, Geliebte, euch an Joseph von Arimathias Grab zu führen, von dem ich nur wenig sagen werde. Doch ich glaube, jedes Grab kann geeignet sein, die biblische Lehre zu vermitteln. Ich hatte an diesem Nachmittag, als ich an dem offenen Grab auf dem Norwood Gottesacker stand, den Eindruck, als hörte ich eine Stimme sagen: „Kommt her und seht die Stätte, wo der Herr gelegen hat.“ Es kommt uns nun nicht so sehr auf den präzisen Ort an. Er hat im Grab gelegen; das ist eine bedeutende Tatsache, die uns eine kraftvolle Predigt hält. Jedes Grab kann uns zu diesem Zweck dienen.

In dem Städtchen Campodoleine habe ich einmal das Grab Christi lebensnah dargestellt gesehen. Es ist für katholische Pilger an einem Bergabhang eingerichtet. Auf der Mauer steht in lateinischer Sprache geschrieben: „Und es war ein Garten.“ Ich öffnete die Tür des Gartens. Es war ein Garten wie andere Gärten, mit dem Unterschied, dass ich in dem Augenblick, in dem ich eintrat, eine Hand erblickte mit den Worten: „Und in dem Garten war ein neues Grab.“ Dann erblickte ich ein frisch angemaltes Grab und sah darauf die Worte: „Ein neues Grab, darin niemand je gelegt war.“ Ich begab mich hierauf in das Grab und entdeckte die lateinische Inschrift: „Kommt her, seht die Stätte, wo der Herr gelegen hat.“ Ich sah im Grab in Stein gehauen das Schweißtuch und an der Seite die leinenen Tücher; auf dem Fußboden des Grabes sind die Worte eingraviert: „Er ist nicht hier, er ist auferstanden.“ Ich war ganz allein im Grab. Obwohl mir alles Theatralische und alles Papsttum, alle Schaustellung zuwider ist, so trat mir doch die Wirklichkeit lebendig vor die Seele, ähnlich wie an diesem Nachmittag am offenen Grab. Ich fühlte, dass Jesus Christus wirklich begraben war, wirklich in der Erde gelegen hatte und aus dem Grab hervorgegangen war. Es ist gut für uns, zu kommen und die Stätte zu sehen, wo der Herr gelegen hat.

Warum sollen wir sie sehen? Zunächst, weil wir *seine große Herablassung darin erkennen,* dass er im Grab lag. Er, der Himmel und Erde gemacht hat, lag im Grab. Er, der den Augen der Engel das Licht verlieh, lag drei Tage und drei Nächte lang in Finsternis. Er schlief dort in der Finsternis. Er, ohne den nichts gemacht wurde, was gemacht worden ist, war dem Tod übergeben und lag da als ein Opfer des Todes. O Wunder

der Wunder! Er, der Leben und Unsterblichkeit in sich selbst hat, überlässt sich der Todesstätte!

„Kommt her und seht die Stätte, wo der Herr gelegen hat!“ Diese Einladung soll uns zweitens *lehren, über die Sünde zu weinen, die ihn dorthin gelegt hat.* Hat nicht auch *meine* Sünde das getan? War es notwendig, dass der herrliche Lebensfürst, dessen Schönheit den ganzen Himmel entzückt, steif und kalt im Tod liegen, ja wirklich ins Grab gelegt werden musste, damit meine Sünde weggetan werden konnte? Musste es so sein? O, ihr mörderischen Sünden! Ihr grausamen, verfluchten Sünden! Habt ihr meinen Heiland getötet? Habt ihr das zarte Herz getroffen? Konntet ihr euch nicht zufrieden geben, ehe ihr ihn zu Tode gebracht und ins Grab gelegt hattet? O, komm her und weine, wenn du die Stätte siehst, wo der Herr gelegen hat!

„Kommt her und seht die Stätte, wo der Herr gelegen hat“, damit ihr *seht, wo ihr einmal liegen werdet* – falls der Herr nicht plötzlich kommt. Ein abgemessenes Grab wird die Stätte sein, wo ihr einst liegen werdet. Wer große Ländereien besitzt, der sollte bedenken, dass fünf bis sechs Fuß Erde alles sein wird, was uns als Besitz bleibt. Wir werden in ein einsames Grab gelegt, alle, ob reich oder arm, hoch oder niedrig. Da gibt es keinen Unterschied. Wir alle müssen wieder zu Staub werden. So „kommt denn her und seht die Stätte, wo der Herr gelegen hat“, damit ihr seht, wo auch ihr liegen müsst.

Weiter: „Kommt her und seht die Stätte, wo der Herr gelegen hat“, damit ihr seht, *welch gute Gesellschaft ihr dort findet.* Dort lag Jesus; ist das nicht ein Trost für euch? Welch geeignetere Schlafkammer könnte es für den Sohn eines Fürsten geben, als die eigene Grabesstätte des Fürsten! Dort schlief Immanuel. Dort zu schlafen, mag dir wohl genügen. Welch königlicheres Lager könntest du dir wünschen, als die Mutter Erde, in die der Heiland gelegt wurde, um eine Weile zu ruhen. Denkt, Geliebte, an die Tausende und Abertausende, die durch diesen Weg zum Himmel gegangen sind! Wer sollte sich denn fürchten vor dem Weg, den die ganze Herde gegangen ist! Du einsames, armes, schüchternes Schaf, wenn du *allein* durch dieses finstere Tal gehen müsstest, so dürftest du dich wohl fürchten; aber o, in Begleitung deines Hirten, der an der Spitze der ganzen Herde geht, lausche auf die Schritte der unzähligen Schafe, die ihm folgen! Und manche waren dir sehr lieb und teuer, sie weideten mit dir auf denselben Auen. Und du solltest dich fürchten, wo sie vorangegangen sind? Nein! Sieh die Stätte, wo der Herr gelegen hat, um zu sehen, welch gute Gesellschaft dort zu finden ist, wenn es auch in einer dunklen Kammer sein mag.

„Komm her und sieh die Stätte, wo der Herr gelegen hat“, um dich zu überzeugen, *dass du dort nicht lange ruhen wirst.* Es ist nicht die Stätte, wo Jesus *ist.* Er ist fortgegangen, und du sollst ja bei ihm sein, wo er ist. Komm und sieh dir sein Grab an. Es hat keine Tür. Es *hatte* eine Tür, einen großen Stein, einen mächtigen Felsblock, den kein einzelner Mensch hätte abwälzen können. Es war versiegelt. Siehst du nicht, wie man dem Stein das Siegel des Hohen Rates, den Stempel des Gesetzes, aufgedrückt hat, um sicher zu sein, dass kein Mensch ihn abwälzt? Jetzt aber, wenn du an die Stätte gehst, wo der Herr gelegen hat, wirst du sehen, dass das Siegel gebrochen ist, dass die Hüter geflohen sind und der Stein abgewälzt ist. So wird es auch mit *deinem* Grab gehen. Wohl wird man dich zudecken und das Grab mit grünen Rasenstücken belegen, und wer weise ist, wird diese Soden den schweren Steinen vorziehen, mit denen häufig die Toten bedeckt werden. In diesem stillen Grab, auf dem hier und dort ein Gänseblümchen blüht, das wie das Auge der Erde zum Himmel um Gnade emporblickt oder in erwartungsvoller Freude lächelt – siehe, darin wirst du schlafen. Aber genauso, wie du am Morgen die Augen aufschlägst und die Vorhänge aufgezogen findest und du an deine tägliche Arbeit gehst, ohne dass dir jemand im Weg steht – genauso wirst du dich beim Schall der Auferstehungsposaune in vollkommener Freiheit, ohne dass dich jemand hindert, erheben, um das Licht des Tages zu sehen, der nie ein Ende nehmen wird. Nichts wird dich zurückhalten. Schloss und Riegel sind verschwunden, kein Hüter, kein Stein, kein Siegel ist da. „Kommt her und seht die Stätte, wo der Herr gelegen hat.“ Ich ginge nicht gerne in ein Gefängnis, an dem der Schließer mit seinem eisernen Schlüssel steht, um mich einzuschließen. Aber weshalb sollte ich mich fürchten, in die Kammer zu gehen, aus der ich beim Weckruf als freier Mensch herauskommen werde! Und ein solcher bist du, Geliebter, wenn du an den Herrn Jesus glaubst. Dann wirst du an einer Stätte liegen, die offen und frei ist – wahrlich, eine passende Schlafstätte für die freien Leute des Herrn!

„Kommt her und seht die Stätte, wo der Herr gelegen hat“, *um den Triumph über den Tod zu feiern.* Wie Mirjam am Roten Meer sang, so mögen auch wir an Jesu Grab singen. Wenn sie sprach: „Lasst uns dem Herrn singen, denn er hat eine herrliche Tat getan“ (2.Mose 15,21) – sollten *wir* dann nicht dasselbe sagen? Wie die Menge der Israeliten mit ihr zog, die Frauen mit Reigentanz und die starken Männer sich mit ihren Stimmen anschlossen, so lasst heute ganz Israel sich erheben, um den Herrn zu loben und zu preisen und zu singen: „Tod, wo ist dein Sieg? Tod, wo ist dein Stachel?“ Der Platz, wo Jesus lag, hat uns gezeigt:

Stein und Wache sind vergebens. Halleluja!
Und das Siegel ist zerbrochen. Halleluja!
Auch der Tod hält ihn nicht fest. Halleluja!
Offen steht das Tor zum Leben. Halleluja!

Ja, lasst uns ihm lobsingen und ihm Ehre geben!

Ich habe euch sagen wollen, Geliebte: Lasst uns kommen und die Stätte sehen, wo Jesus lag, um dort über unsere Sünden zu weinen; lasst uns kommen und die Stätte sehen, wo Jesus lag, um dort unseren Sünden abzusterben; lasst uns kommen und sehen, wo Jesus lag, um mit ihm begraben zu werden; lasst uns kommen und die Stätte sehen, wo Jesus lag, um an dieser Stätte aufzustehen zu einem ganz neuen Leben und durch unser Auferstehungsleben zu dem Himmelfahrtsleben zu gelangen, wo wir am himmlischen Ort sitzen werden, und mit froher Geringschätzung auf die Dinge dieser Erde herabsehen in dem Wissen, dass er uns über all das weit erhoben hat und uns zu Teilhabern eines herrlichen Segens gemacht hat, wovon man auf dieser Erde keine Ahnung hat.

Ich bin fertig. Ich wünsche bei Gott, dass alle hier Anwesenden an dieser Herrlichkeit teilhaben mögen! Ihr alle habt teil am Sterben. Es wächst ein Baum, aus dem dein Sarg gemacht wird. Vielleicht ist er schon abgehauen und liegt zum Trocknen, um als Holzanzug für dich benutzt zu werden, für den letzten Anzug, den du brauchst. Es gibt einen Fleck Erde, der ausgehoben werden muss, um die leere Stätte deines Grabes zu füllen. Und deine Seele wird *immer* leben; deine Seele wird nie sterben. Glaubt nicht für einen Augenblick denen, die euch an die Vernichtung glauben lassen wollen. Die Seele bleibt. Lege ein jeder sich selbst die Frage vor, ob sie sein wird, „wo ihr Wurm nicht stirbt und ihr Feuer nicht verlischt", oder bei Christus in seiner Herrlichkeit, bei dem, der wiederkommen wird, um die Seinen zur Herrlichkeit zu führen. O, alles hängt davon ab, ob du an Jesus glaubst! Glaubst du an ihn, dann magst du Leben und Tod, Auferstehung und Unsterblichkeit willkommen heißen! Glaubst du aber nicht, so ist es schrecklich, zu sterben, schrecklich sogar, zu leben, schrecklicher noch, zu sterben. Es wird schrecklich sein, aus dem Grab hervorkommen zu müssen, schrecklich, verdammt zu werden, verdammt auf ewig! Gott möge dich davor bewahren um Christi willen! Amen.

Der Herr ist wahrhaftig auferstanden[5]

„Was sucht ihr den Lebenden bei den Toten? Er ist nicht hier, er ist auferstanden. Gedenkt daran, wie er euch gesagt hat, als er noch in Galiläa war.“

Lukas 24,5.6

Der erste Tag der Woche feiert die Auferstehung des Herrn Jesus Christus, und wir haben, dem apostolischen Beispiel folgend, den ersten Tag der Woche zu unserem Sabbat gemacht. Weist das nicht darauf hin, dass in der Auferstehung unseres Heilandes die Ruhe unserer Seelen zu finden ist? Und ist es nicht wahrhaftig so, dass ein klares Verständnis von der Auferstehung des Herrn durch die Kraft des Heiligen Geistes das sicherste Mittel ist, um unsere Herzen zum Frieden zu bringen? Teilhaben an der Auferstehung Christi bedeutet, sich am Sabbat, an der Ruhe, zu freuen, die für das Volk Gottes vorhanden ist. Alle, die an den auferstandenen Herrn glauben, gehen zur Ruhe ein, wie er selbst zur Rechten des Vaters ruht. Wir ruhen in ihm, weil sein Werk vollbracht ist, weil seine Auferstehung das Pfand dafür ist, dass er alles vollkommen gemacht hat, was zur Seligkeit der Seinen nötig ist, und dass wir in ihm vollkommen sind. Ich hoffe an diesem Morgen, dass einige Ruhe bringende Gedanken durch die Kraft des Heiligen Geistes in die Herzen der Gläubigen gesät werden, während wir eine Wanderung zu dem neuen Grab Josefs von Arimathia machen und die Stätte sehen, wo der Herr gelegen hat.

Zunächst möchte ich an diesem Morgen über gewisse *LEHRREICHE ERINNERUNGEN* sprechen, die an dieser Stätte aufkommen, an der der Herr Jesus mit den Reichen in seinem Tod schlief. Mag er auch nicht da sein, er war sicherlich einmal hier, denn er ist gekreuzigt, gestorben

[5] Gehalten am Sonntagmorgen, den 13. April 1873, im Metropolitan Tabernacle, Newington.

und begraben. Er war tot, wie jeder Tote es ist, und obwohl er weder die Verwesung sehen, noch über die bestimmte Zeit hinaus von den Banden des Todes gehalten werden konnte, war er doch gewiss und wahrhaftig tot. Kein Licht war seinem Auge geblieben, kein Leben seinem Herzen. Dem dornengekrönten Haupt war jeder Gedanke entflohen, kein Wort kam mehr über seine Lippen. Er war nicht nur dem Anschein nach, sondern in Wirklichkeit tot. Der Speerstich hatte ein für alle Mal diese Frage entschieden – deshalb legte man ihn ins Grab, einen Toten, einen passenden Bewohner der stillen Gruft. Doch da er jetzt nicht mehr dort ist, sondern auferstanden, ist es an uns, nach Erinnerungen an seinen Aufenthalt dort zu suchen. Wir wollen uns nicht wie abergläubische Sektierer um das „heilige Grab" streiten, sondern im Geist die kostbaren zurückgelassenen Gegenstände des auferstandenen Erlösers sammeln.

Zunächst, *er hat die Spezereien im Grab gelassen*. Als er aus dem Grab ging, nahm er nicht die kostbaren, wohlriechenden Spezereien mit, mit denen sein Leichnam gesalbt war, sondern er ließ sie dort zurück. Josef hatte Myrrhe und Aloe, die zusammen hundert Pfund wogen, gebracht, und der Duft war dort geblieben. Im lieblichsten geistlichen Sinn hat unser Herr Jesus das Grab mit Wohlgeruch erfüllt. Es riecht jetzt nicht mehr nach Modergeruch und Verwesung. Das stille Bett in der Erde ist jetzt durch kostbare Spezereien parfümiert und mit lieblichen Blumen dekoriert, denn auf sein Kissen wurde einst das heilige Haupt unseres treusten Freundes gelegt. Wir wollen deshalb nicht mit Entsetzen vor den Kammern der Toten zurückschrecken, denn der Herr selbst hat im Grab gelegen, und wo er ist, bleibt kein Entsetzen.

Der Auferstandene *ließ auch seine Grabtücher zurück*. Er kam nicht in Leichentücher gehüllt aus dem Grab. Er trug nicht die Grabgewänder als Gewänder des Lebens, sondern als Petrus in das Grab ging, sah er die Leinen sorgsam zusammengelegt. Was meint ihr, wenn ich sage, dass er sie als Vorhänge der königlichen Bettkammer zurückließ, in der seine Heiligen schlafen? Seht, wie er unsere Schlafkammer geschmückt hat! Sie ist nicht mehr kahl und öde wie eine Gefängniszelle, sondern ringsumher mit feinem, weißen Leinen, entsprechend einer Tapete, behängt – eine Kammer, die für Fürsten von königlichem Geblüt passend ist! Wir wollen in Frieden unserer letzten Schlafkammer entgegengehen, weil unser Heiland sie für uns eingerichtet hat. Oder, darf ich es so sagen, dass unser Herr diese Grabtücher für uns zurückgelassen hat, damit wir sie als Unterpfand seiner Gemeinschaft mit uns hier auf der Erde und als Erinnerung daran ansehen sollen, dass, wie er die Grabgewänder von sich geworfen hat, wir es genauso machen dürfen? Er ist von seiner Ruhestätte auferstanden und hat seine Schlafgewänder hinter sich gelassen, zum Zeichen, dass bei unserem Erwachen auch für uns andere Gewänder bereit sind.

Ich wechsle noch einmal das Bild und sage, dass so, wie wir in Kathedralen und Nationalgebäuden alte, zerrissene Fahnen haben hängen sehen als Erinnerung an geschlagene Feinde und gewonnene Siege, es so in der Gruft ist, in der Jesus den Tod überwand, wo seine Grabgewänder aufgehängt sind als Siegestrophäen über den Tod, als Hinweis für all die Seinen, dass sie mehr als Überwinder sein werden durch den, der sie geliebt hat. „Tod, wo ist dein Sieg? Tod, wo ist dein Stachel?“ (1.Kor 15,55).

Dann, sorgfältig zusammengefaltet und beiseite gelegt, ließ der Herr *das Schweißtuch, das um sein Haupt gebunden war,* liegen. Der Herr benötigte es nicht mehr, als er zum Leben hervorkam. Ihr, die ihr trauert, mögt es als Taschentuch zum Abwischen eurer Tränen benutzen. Ihr Witwen und vaterlosen Kinder, ihr trauernden Brüder und weinenden Schwestern, und ihr, ihr „Rahels“, die sich nicht trösten lassen wollen, weil euch eure Kinder genommen sind – hier, nehmt dies, womit das Angesicht des Herrn Jesus verhüllt war und wischt für immer eure Tränen ab. Der Herr ist wahrhaftig auferstanden, deshalb sagt er: „Lass dein Schreien und Weinen und die Tränen deiner Augen. Sie sollen wiederkommen aus dem Lande des Feindes“ (Jer 31,16). „Aber deine Toten werden leben, deine Leichname werden auferstehen“ (Jes 26,19). „Denn wenn wir glauben, dass Jesus gestorben und auferstanden ist, so wird Gott auch die, die entschlafen sind, durch Jesus mit ihm einherführen“ (1.Thess 4,14).

Was hat der auferstandene Heiland sonst noch hinterlassen? Unser Glaube hat gelernt, von der ruhigen Schlafstätte unseres Herrn liebliche Erinnerungen zu sammeln. Geliebte, *er ließ Engel zurück* und hat dadurch das Grab zu einer Kammer gemacht, in der Engel mit himmlischer Botschaft aus- und eingingen. Vorher war kein Engel im Grab gewesen, aber bei der Auferstehung des Herrn kamen Himmelsboten herab. Einer wälzte den Stein vom Grab, andere saßen im Grab, wo der Leib des Herrn gelegen hatte. Sie sind die persönlichen Diener, die Leibgarde des Lebensfürsten, deshalb bedienten sie ihn bei seiner Auferstehung, hüteten das Grab und brachten den Betrübten die herrliche Freudenbotschaft. Engel sind voller Leben und Kraft, trotzdem zögerten sie nicht, sich am Grab zu sammeln und die Auferstehung des Sohnes Gottes zu verherrlichen, wie Blumen den Frühling schmücken. Ich habe nie gelesen, dass unser Herr jemals die Engel von den Gräbern der Seinen abgerufen hat, und jetzt, wenn Gläubige sterben, auch wenn sie arm sind wie Lazarus, so krank und verachtet wie er, so werden doch Engel ihre Seelen in ihres Herrn Schoß tragen. Ja, noch mehr, auch ihre Leiber werden so sicher von schützenden Geistern bewacht, wie der Engel Michael den Leichnam des Mose bewachte und mit dem Feind um denselben stritt[6]. Engel sind beides: Diener der lebenden Gläubigen und Hüter ihres Staubes.

Was sonst noch hat unser geliebter, hochgelobter Lebensfürst zurückgelassen? Er hinterließ am Grab *einen offenen Ausgang*. War doch der Stein abgewälzt, war doch das Haus des Todes ohne Türe. Auch wir werden, wenn nicht der Herr bald wiederkommt, ins Gefängnis des Grabes gelegt werden. Wie, ein *Gefängnis* habe ich gesagt? Aber ist denn ein Gefängnis ohne Schloss und Riegel, ein Gefängnis, das nicht einmal eine Türe zum Einschließen seiner Insassen hat, eigentlich ein Gefängnis? Unser Simson hat die Türpfosten aufgehoben und die Tore des Grabes mit all ihren Riegeln fortgetragen. Der Schlüssel, dem Gürtel des Todes entnommen, ist in der Hand des Lebensfürsten. Das gebrochene Siegel und die ohnmächtigen Hüter sind Zeichen, dass die Kerker des Todes ihre Gefangenen nicht mehr einschließen können. Wie beim Besuch des Engels im Gefängnis dem Apostel Petrus die Ketten abfielen und die eisernen Türen sich ihm von selbst auftaten, so werden die Gläubigen am Auferstehungsmorgen den Ausgang vom Grab offen finden. Sie werden eine Zeit lang schlafen, ein jeder an seiner Ruhestätte, werden aber ungehindert auferstehen, denn der Stein ist abgewälzt. Ein mächtiger Engel wälzte den Stein ab, denn er war sehr groß, und nachdem er das getan hatte, setzte er sich auf den Stein. „Seine Gestalt war wie der Blitz und sein Kleid weiß wie der Schnee." Es war, als hätte er Tod und Hölle herausgefordert: „Wälzt ihn wieder davor, wenn ihr es könnt!"

Auf eines, was mein Herr im Grab zurückgelassen hat, möchte ich noch hinweisen. Vor einigen Monaten habe ich mehrere von den großen Kolumbarien[7] außerhalb der Tore Roms besucht. Man steigt viele Stufen hinab und tritt in einen großen, viereckigen unterirdischen Raum. Beim Hinabsteigen entdeckt man an allen Seiten der großen Kammer unzählige kleine Nischen, in denen die Asche von tausenden Entschlafenen liegt und vor denen gewöhnlich eine Lampe steht. Ich habe hunderte, vielleicht tausende dieser Lampen gesehen, aber keine brannte und war auch anscheinend nie angezündet gewesen; sie warfen also keinen Lichtstrahl

---

[6] Judasbrief, Vers 9.

[7] Kolumbarium: Eine in römischer Zeit (1.-2.Jahrh.) gebaute unterirdische Grabanlage für Aschenurnen, die auf einem oder auch mehreren Stockwerken an allen Wänden und Pfeilern Nischen für Urnen hat und durch Treppen zugänglich ist.

in die sie umgebende Finsternis des Todes. Aber unser Herr ist ins Grab gegangen und hat es durch seine Gegenwart erleuchtet; *die Lampe seiner Liebe ist unser Führer durch die Finsternis*. „Er hat das Leben und ein unvergängliches Wesen ans Licht gebracht durch das Evangelium" (2.Tim 1,10). Jesus hat Leben und Unvergänglichkeit gebracht, um durch das Evangelium zu leuchten, und nun ist in den Totenkammern, wo die Christen ruhen, Licht, ja, auf jedem Friedhof ist ein Licht, das durch die Dunkelheit der Erdennacht leuchten soll, bis der Tag anbricht und die Schatten fliehen und der Auferstehungsmorgen beginnt.

Das leere Grab des Heilandes hat uns also manch liebliche Erinnerung zurückgelassen, die wir zu unserer Belehrung bewahren wollen.

Unser Text spricht ausdrücklich *vom vergeblichen Suchen*. „Was sucht ihr den Lebenden bei den Toten? Er ist nicht hier, er ist auferstanden."
Es gibt Orte, an denen nach Jesus Suchende nicht erwarten können, ihn zu finden, wie fleißig sie auch suchen mögen, wie aufrichtig auch ihr Verlangen sein mag. Man kann jemanden nicht finden, wo er nicht ist, und es gibt Stätten, wo man den Herrn Jesus nie finden kann.

Ich sehe in diesem Augenblick im Geist viele, die ihn *in der beeindruckenden Gestalt von Zeremonien und Ritualen* suchen, von denen Paulus als von „schwachen und dürftigen Mächten" spricht (Gal 4,9), denn „ihr haltet bestimmte Tage ein und Monate und Zeiten und Jahre" (4,10). Seitdem der Heiland auferstanden ist, sind das Judentum und jegliche Form symbolischer Zeremonie nichts anderes als Gräber geworden. Die symbolischen Formen waren zwar auf göttliche Anordnung vorhanden, seitdem jedoch die Substanz gekommen war, sind die symbolischen Hüllen nichts anderes mehr als lauter leere Gräber. Seit alters hat der Mensch Symbole erfunden, die nicht einmal durch göttliche Autorität bestätigt waren und nur Gräber einer toten Menschheit sind. In unserem jetzigen Zeitalter läuft die Welt wie toll hinter ihren Götzen her, betrogen und getäuscht von solchen, die wohl einen Eifer für Gott haben, der aber nicht dem Wissen über ihn entspricht. Es hat vielleicht nie eine Zeit gegeben, nicht einmal damals, als Rom alles dominierte, in der die Menschen sich in solchem Maße Zeremonien aufbürdeten, wie heutzutage. Man hat das Christentum zu einem noch schwereren Joch der Knechtschaft gemacht, als schon selbst das Judentum es war, doch vergeblich wird eine aufrichtige, erweckte Seele hoffen, Jesus in diesen wirkungslosen Formen zu finden. Ihr könnt von einem heiligen Tag zum andern torkeln und von einem heiligen Ort zum nächsten und allen möglichen Hokuspokus treiben, ihr werdet nirgends dort einen Heiland finden. Hat er doch selbst gesagt: „Es kommt die Zeit, dass ihr weder auf diesem Berge noch in Jerusalem den Vater anbeten werdet. Aber es kommt die Zeit und ist schon jetzt, in der die wahren Anbeter den Vater anbeten werden im Geist und in der Wahrheit; denn auch der Vater will solche Anbeter haben“ (Joh 4,21.23). Jesus hat den Vorhang zerrissen und die vorläufige, zeremonielle Gestalt der Anbetung aufgehoben; dennoch sind die Menschen darauf aus, aufs neue die Gräber zu bauen, die der Herr zerbrochen hat. Heute wiederholt er in unseren Ohren diese Warnung: „So hütet euch nun wohl – denn ihr habt keine Gestalt gesehen an dem Tage, da der Herr mit euch redete aus dem Feuer auf dem Berge Horeb –, dass ihr euch nicht versündigt und euch irgendein Bildnis macht, das gleich sei einem Mann oder Weib“ (5.Mose 4,15.16). Trotzdem gehen gewisse Leute umher, um die Altäre wieder aufzurichten, die unsere Väter zerbrochen haben; das Werk der Reformatoren und Protestanten müsste jetzt abermals getan werden. Gott wolle uns einen *Knox* oder einen *Luther* senden, einen, der mit einem mächtigen Hammer die Götzen zerbricht, die die Baalspriester aufrichten! Sie suchen den Lebenden bei den Toten. Jesus ist nicht in ihren Messen und Prozessionen. Er ist weit über solch fleischliche Anbetung erhaben. Wäre er ein toter Christus, so wäre vielleicht ein solcher Dienst ein passender Grabstein für ihn, aber für einen, der ewig lebt, muss eine solch gegenständliche Anbetung beleidigend sein.

Leider gibt es viele andere, die Christus als ihren Heiland unter den Gräbern *moralischer Besserung* suchen. Unser Heiland verglich die Pharisäer mit „übertünchten Gräbern“, als solche, „die von außen hübsch aussehen, aber innen sind sie voller Totengebeine und lauter Unrat!“ (Mt 23,27). O, wie versucht der Mensch, wenn er über seine Sünde unruhig wird, sich zu übertünchen! Er gibt irgendeine auffällige Sünde auf, nicht von Herzen, sondern nur dem Schein nach; er bemüht sich einer gewissen Tugendhaftigkeit, nicht im Herzen, sondern äußerlich und hofft, so selig zu werden, obwohl er ein Feind Gottes bleibt, die Sünde lieb hat und eifrig den Lohn der Ungerechtigkeit sucht. Er hofft, dass der Höchste mit der sauberen Außenseite von Becher und Schüssel zufrieden ist, dass er es nicht so genau nehmen wird. Aber der Herr sieht auf das Innere und erforscht das Herz. O, was sucht ihr den Lebenden bei den Toten? Viele haben bei ihrer moralischen Besserung für ihre Seele Frieden gesucht, wenn aber der Heilige Geist sie wirklich von der Sünde überzeugt hat, haben sie bald herausgefunden, dass sie einen lebendigen Christus zwischen den Gräbern suchten. Er ist nicht hier, er ist auferstanden. Wäre Christus nicht auferstanden, so könnten wir wohl zu euch sagen: „Geht hin, tut euer Möglichstes, um euer eigener Heiland zu sein“ – weil aber Christus lebt, bedarf er eurer Hilfe nicht. Er will euch entweder *ganz* retten vom Kopf bis zu den Füßen, oder gar nicht. Er will euch das A und das O sein, und wenn ihr die Hand auf sein Werk legt und ihm irgendwie helfen wollt, so entehrt ihr seinen heiligen Namen, und er will nichts mit euch zu tun haben. Sucht deshalb nicht ein lebendiges Heil unter den Gräbern des äußeren Formalismus.

Ebenso kämpfen zu viele, um den lebendigen Christus unter den Gräbern zu finden, die sich so üppig am Fuße des Sinai finden; sie *suchen das Leben beim Gesetz*, dessen Ende doch der Tod ist. Man glaubt, durch Halten der Gebote selig zu werden. Sie wollen ihr Möglichstes tun und glauben, dass ihre aufrichtigen Bemühungen Gott wohlgefällig sein werden, wollen also *selbst* ihre Seligkeit schaffen. Diese selbstgerechte Idee steht ganz und gar im Widerspruch mit dem Geist des Evangeliums. Für solche, die sich selbst retten können, ist das Evangelium nicht, sondern nur für die Verlorenen. Wenn du dich selbst selig machen kannst, nun, so gehe und tue es, verhöhne aber nicht den Heiland durch deine heuchlerischen Gebete. Gehe und wandere zwischen den Gräbern des alten Israel und komme mit ihm in der Wüste um; denn zur *Ruhe* können Mose und das Gesetz dich niemals führen. Das Evangelium ist für Sünder, die das Gesetz selbst nicht halten können, die das wissen und bekennen. Für solche ist der Heiland gekommen, um ihre Sünden zu tilgen. Suche also nicht durch die Werke des Gesetzes das Heil, denn durch des Gesetzes Werke wird kein Fleisch gerecht. Das Gesetz weckt Erkenntnis der Sünde, weiter nichts; Gerechtigkeit, Friede Leben und Seligkeit aber erhalten wir nur durch den Glauben an den lebendigen Herrn Jesus Christus. Glaube an den Herrn Jesus Christus, so wirst du selig werden; wenn du aber deine eigene Gerechtigkeit aufzurichten versuchst, so wirst du verloren gehen, weil du die Gerechtigkeit Christi verworfen hast.

Wieder gibt es andere, die den lebendigen Christus unter den Gräbern suchen, indem sie *nach etwas Gutem in der menschlichen Natur*, in ihrem eigenen natürlichen Herzen mit seinen Neigungen, suchen. Ich durchschaue euch, denn ich kenne euch schon lange und weiß, dass es von jeher eure Torheit gewesen ist, in das Leichenhaus eurer eigenen Natur zu gehen und zu fragen: „Ist Jesus hier?“ Geliebte, ihr seid traurig und bedrückt – und mich wunderts nicht! Seht auf jene trockenen Totengebeine und verbleichenden Skelette! Seht jenen Haufen Fäulnis, jene Masse des Verderbens, jenen Leib des Todes – könnt ihr den Anblick ertragen? „Oh", sagt einer, „ich bin wirklich ein elender Mensch, möchte aber so gerne etwas Gutes an meinem Fleisch finden!" O, Geliebter, dein Seufzer ist vergeblich, du könntest genauso gut die Hölle durchsuchen, um den Himmel darin zu finden, wie in deiner eigenen fleischlichen Natur zu suchen, um Trost zu finden. Siehe, Gott hat die alte Natur verworfen und dem Tod übergeben. Unter dem alten Gesetz bedeutete die Beschneidung das Hinwegtun der Unreinigkeit des Fleisches, sodass, nachdem diese Unreinigkeit hinweggetan war, das Fleisch vielleicht verbessert werden konnte. Jetzt aber, unter dem Neuen Bund, haben wir ein viel tieferes Symbol, denn „wisst ihr nicht, dass alle, die wir auf Christus Jesus getauft sind, die sind in seinen Tod getauft? So sind wir ja mit ihm begraben durch die Taufe in den Tod, damit, wie Christus auferweckt ist von den Toten durch die Herrlichkeit des Vaters, auch wir in einem neuen Leben wandeln" (Röm 6,3.4). Der alte Mensch ist begraben wie ein Toter, aus dem nichts Gutes kommen kann. „Wir wissen ja, dass unser alter Mensch mit ihm gekreuzigt ist, damit der Leib der Sünde vernichtet werde, sodass wir hinfort der Sünde nicht dienen" (Röm 6,6). Gott versucht nicht, den alten, fleischlichen Sinn zu verbessern, sondern uns zu neuen Geschöpfen in Jesus Christus zu machen. Wenn jemand kontinuierlich Selbstbetrachtung betreibt und nach Trost Ausschau hält, könnte er ebenso Eisblöcke aufhäufen mit der Absicht, eine Stadt zu verbrennen. Wer sich selbst, seine Gefühle, seine Gedanken und Phantasien durchforscht, um in ihnen Trost zu entdecken, könnte viel eher hoffen, im Straßenverkehr kostbare Diamanten zu finden. „Er ist nicht hier", ruft unsere ganze alte Natur, er ist nicht hier, er ist auferstanden.! Du musst allein bei *ihm* Trost suchen, der droben im Himmel thront.

Ferner haben leider zu viele versucht, in den Katakomben der *Philosophie der Welt* Christus zu finden. Sie wollen z.B. am Sonntag eine Predigt voller Gedanken – Gedanken, die im modernen Sinne über den Lehren der Bibel erhaben, ja, ihnen sogar entgegen sind. Wenn der Prediger den Leuten einfach sagt, was er in der Bibel findet, so heißt es, er rede „Flachheiten", wenn aber einer seine Zuhörer mit seinen eigenen Träumen amüsiert, wie sehr sie auch den Gedanken Gottes zuwider sein mögen, so rühmt man ihn als einen „tiefen Denker", als einen „höchst intellektuellen Redner". Es gibt leider so viele, die ihre Freude an den Reden der Tagträumer und den unverdaulichen Speisen der Ungläubigen haben. Wenn sie hören können, was ein ungläubiger Professor gegen die göttliche Eingebung der Heiligen Schrift gesagt hat, oder die neueste Lästerung, so vermuten manche Zuhörer, dass sie Fortschritte zu einer höheren Bildung machen, nach der man heutzutage so rastlos jagt. Aber, glaubt mir, meine Lieben, diese Fledermaushöhlen der falschen Philosophie und angeblichen Wissenschaft sind immer wieder durchsucht worden, aber Heil und Seligkeit wohnen nicht in ihnen. Zur Zeit des Apostels Paulus gab es Gnostiker, die alle verschlungenen Pfade der aufgeblasenen Gelehrsamkeit durchstöberten und angeblich ein anderes Evangelium entdeckten. Doch sie riefen nur „zu einem anderen Evangelium, obwohl es doch kein anderes gibt“ (Gal 1,6.7). Die Welt erkannte in ihrer Weisheit Gott nicht. Nachdem wir die düsteren Katakomben der Philosophie durchstreift haben, kommen wir zurück, um die reine Luft des Wortes Gottes einzuatmen und bringen angesichts des Labyrinths der Wissenschaft nur keuchend die Worte heraus: „Er ist nicht hier!“ Die Vernunft hat ihn in ihren tiefsten Minen nicht gefunden, noch die Spekulation in ihrem höchsten Höhenflug, obwohl er in Wahrheit nicht fern ist von einem jeglichen unter uns. Athen hat seinen unbekannten Gott, aber in dem einfachen Evangelium ist Gott bekannt in der Person Jesu Christi. Sokrates und Plato haben ihre Leuchter emporgehalten, aber Jesus ist die Sonne. Unsere modernen Gelehrten streiten und diskutieren, und doch ist ein lebendiger Christus unter uns, durch den Sünder bekehrt, Fromme ermutigt werden und Gott verherrlicht wird. Wäre der Herr eine tote Fage für eine Debatte, so könnte uns die Philosophie vielleicht helfen, da er aber eine lebendige Macht ist, so ist ein Körnlein Glaube an ihn besser als Berge von Philosophie. O ihr, die ihr weder das innere Leben noch den belebenden Geist kennt, was habt ihr mit dem auferstandenen Herrn zu tun? Genauso wenig wie die Welt des Verderbens zum Richter über die Cherubim werden kann, könnt ihr Schiedsrichter über die Wahrheit von Jesus, unserem Herrn, sein.

Wie sehr wünsche ich voller Sorge, dass ihr, die ihr in einer der genannten Richtungen das Heil gesucht habt, die hoffnungslose Suche aufgebt und versteht, dass Christus euch nahe ist. Wer mit dem Herzen an ihn glaubt und ihn mit dem Mund bekennt, wird selig werden. „Wendet euch zu mir, so werdet ihr gerettet, aller Welt Enden; denn ich bin Gott und sonst keiner mehr“ (Jes 45,22). Und wiederum: „So kommt der Glaube aus der Predigt, das Predigen aber durch das Wort Christi (Röm 10,17). „Glaube an den Herrn Jesus, so wirst du und dein Haus selig“ (Apg 16,31). „Daher kann er auch für immer selig machen, die durch ihn zu Gott kommen; denn er lebt für immer und bittet für sie“ (Hebr 7,25). Alles, was du zu tun hast, ist, einfach das Glaubensauge auf ihn zu richten. Durch diesen Glauben wird er dein und du bist gerettet. Aber o, suche nicht den Lebenden bei den Toten, denn er ist auferstanden!

Wir wollen abermals eine neue Saite anschlagen und *ÜBER UNGEEIGNETE WOHNUNGEN* reden. Der Engel sagte zu den Frauen: „Er ist nicht hier, er ist auferstanden" – als wollte er sagen: „Seitdem er lebt, hält er es hier nicht mehr aus." Der lebendige Christus hätte sich ja ins Grab niedersetzen, er hätte das Grab zu seiner Ruhestätte machen können – aber das wäre niemals in seinem Sinne gewesen. Daraus sollen wir die Lehre ziehen, dass Christen sich nur an für sie passenden Orten aufhalten sollen. Wer mit Christus auferstanden ist, sollte nicht im Grab wohnen. Ich möchte jetzt besonders zu solchen reden, die, wenn sie auch vom Tod erstanden sind, allem Anschein nach noch im Grab leben.

Manche von ihnen sind hervorragende Leute, aber ihr Charakter, vielleicht auch ihre falsche Auffassung von Pflicht, bringt sie dazu, ständig bedrückt und verzagt zu sein. Sie *hoffen* zwar, dass sie an Christus glauben, sind aber nicht sicher. Sie *hoffen*, dass sie selig werden, möchten aber nicht so vermessen sein, es auch zu sagen. Sie wagen nicht, darüber glücklich zu sein, dass sie angenehm gemacht sind in dem Geliebten. Ihnen gefallen die Trauersaiten der Harfe; sie klagen über einen abwesenden, fernen Gott. Sie *hoffen*, dass die göttlichen Verheißungen erfüllt werden, sie *hoffen*, dass sie vielleicht eines Tages zum Licht durchdringen und ein wenig von dem Glanz der Liebe Gottes erfahren mögen – aber jetzt gibt es nur so etwas wie ein Luftanhalten, sie wohnen im Tal der Todesschatten und ihre Seele ist sehr beladen.

Mein lieber Freund, glaubst du, dass ein solcher Zustand zu einem Christen passt? Es ist nicht meine Absicht, dir dein Christentum streitig zu machen, o nein. Ich habe vielmehr nicht halb so viele Zweifel daran wie du selbst und habe eine bessere Meinung von dir, als du selbst. Der am meisten zitternd an Jesus Glaubende ist gerettet, dein schwacher Glaube wird dich selig machen. Aber meinst du, dass Christus will, dass du bleibst, wo du bist, dass du in dem kalten, stillen Grab in Staub und Asche sitzt? Warum bleibst du verborgen? Warum kommst du nicht in den Garten deines Herrn, wo dich Blumenduft umgibt? Warum willst du dich nicht an dem hellen Licht der Gewissheit und an dem lieblichen Atem des belebenden Geistes freuen? Es war ein Besessener, ein Wahnsinniger, der zwischen den Gräbern wohnte, sei ihm nicht gleich. Sage nicht: „Ich bin ein solcher Sünder gewesen, dass dies alles ist, was ich verdient habe." Nun, wenn du von Verdienst reden willst, hast du das Evangelium ganz falsch verstanden. Ich weiß, du glaubst an den Herrn Jesus und würdest um alles in der Welt deine Hoffnung nicht aufgeben und nach allem fühlst du doch, dass er dir wertvoll ist.

So komm doch und freue dich an ihm, wenn du dich auch über dich selbst nicht freuen kannst! Komm, Geliebter, komm aus dieser freudlosen Gruft, verlasse sie sofort! Magst du auch unter Scherben gelegen haben, sollst du doch jetzt wie eine mit Silberflügeln bedeckte Taube sein, mit Federn aus gelbem Gold. Dein Herr und Heiland kommt jetzt zu dir und spricht: „Meine Taube in den Felsklüften, im Versteck der Felswand, zeige mir deine Gestalt, lass mich hören deine Stimme; denn deine Stimme ist süß, und deine Gestalt ist lieblich“ (Hld 2,14). Glieder am Leib eines auferstandenen Heilandes, wollt ihr noch im Grab liegen? Steht auf, kommt her! Zweifelt nicht länger! O, du Gläubiger, welchen Grund hast du, an deinem Gott zu zweifeln? Hat er dich je getäuscht? Stell nicht länger die Kraft des kostbaren Blutes infrage. Warum solltest du es anzweifeln? Ist er nicht in der Lage, dich von deinen Sünden zu reinigen? Quäl dich nicht länger mit der Frage, ob du gerettet bist oder nicht – wenn du glaubst, bist du genauso sicher wie Christus es ist. Wenn du in ihm ruhst, kannst du genauso wenig verloren gehen wie er. Sein Wort hat es verbürgt, seine Ehre ist darin eingeschlossen; er wird dich ganz sicher in die verheißene Ruhe bringen – deshalb freue dich!

Ich habe einen Bruder gekannt, der so lange in den Katakomben und Gräbern gewohnt hatte, dass er die Brüder deswegen verurteilte, weil sie im Sonnenlicht lebten. „Ich verstehe nicht, wie ein Mensch so zuversichtlich über die Gewissheit seiner Seligkeit reden kann, es ist mir unbegreiflich“, sagte er. Mein lieber Bruder, wenn du es auch nicht verstehst, so ist es deshalb nicht unrecht. An Adlern ist vieles, was Eulen nicht verstehen. Du, der du dich immer abquälst, versündigst dich gegen Gott und betrübst seinen Heiligen Geist. Du handelst nicht deinem christlichen Bekenntnis entsprechend – und doch richtest du andere, die glauben, dass Gott wahrhaftig ist, die ihn beim Wort nehmen und deshalb Freude und Trost aus seinen Verheißungen schöpfen. Spiel dich nicht zum Richter über sie auf; du versündigst dich dadurch. Bete vielmehr, dass Gott dir das Licht seines Angesichts leuchten lässt und dir durch den Glauben Frieden schenkt. „Freuet euch des Herrn und seid fröhlich, ihr Gerechten und jauchzet, alle ihr Frommen“ (Ps 32,11). Komm aus dem Grab, lieber Bruder, denn Jesus ist nicht hier, und wenn *er* nicht hier ist, warum wolltest denn *du* im Grabe sein? O, erhebe dich in seines Geistes Kraft zu Trost und Freude!

Eine andere Art Menschen wohnt, wie es scheint, gleichfalls zwischen den Gräbern, ich meine Christen, und hoffe, dass sie wirklich solche sind, weil sie sehr, *sehr weltlich* sind. Es ist keine Sünde, wenn ein Mensch fleißig im Geschäft ist, es ist aber ein schmerzlicher Fehler, wenn Fleiß im Geschäft vom Anhalten im Gebet zurückhält, wenn im täglichen Leben kein Gottesdienst ist. Ein Christ sollte so fleißig sein, dass er imstande ist, auf ehrliche Weise sich und die Seinen zu versorgen; leider gibt es aber so viele, die sich damit nicht begnügen. Sie haben genug, streben aber nach mehr, und wenn sie mehr haben, strecken sie noch wie das Meer die Arme aus, um das ganze Ufer zu erhaschen. Ach, ihr Hauptgedanke ist nicht Gott, sondern Gold, nicht Christus, sondern Reichtum! O, Brüder, Brüder, erlaubt mir, euch ernsthaft zu ermahnen, damit ihr eine gründliche Ermahnung für eure Seelen bekommt. Christus ist nicht hier! Er hält sich nicht bei Stapeln von Silber auf. Man kann sehr reich sein und doch in allen irdischen Schätzen Christus nicht finden, und man kann arm sein, und doch, wenn Christus mit uns ist, so glücklich sein wie die Engel. „Er ist nicht hier, er ist auferstanden." Ein Marmorstein hätte ihn nicht zu halten vermocht, ein goldenes Grab hätte ihn nicht festhalten können. Lasst auch ihr euch durch solche Dinge nicht fesseln. Wickelt die Leichentücher von euren Herzen; werft all eure Sorgen auf Gott, denn er sorgt für euch. Hängt das Herz nicht an die Dinge dieser Erde, sondern trachtet nach dem, was droben ist, wo Christus ist, sitzend zur Rechten Hand Gottes!

Noch einen betrüblicheren Punkt muss ich hervorheben: Es gibt unter denen, die den Christennamen tragen und sich zu Christus bekennen, solche, die *im Totenhaus der Sünde wohnen*. Und doch sagen sie, dass sie Christus angehören. Ich will ja nicht sagen, dass sie in der Sünde leben, aber sie tun etwas, was vielleicht noch schlimmer ist: sie gehen, um in der Sünde Vergnügen zu suchen. Ich denke, wir können einen Menschen viel besser nach dem beurteilen, was ihm Vergnügen bereitet, als nach irgendetwas anderem. Einer sagt vielleicht: „Ich beteilige mich nicht oft an den Weltfreuden; ich bin nicht immer da zu finden, wo Sünde mit Fröhlichkeit vermischt ist, wo die Weltkinder am Rande der Hölle tanzen, nehme aber hin und wieder einmal, für einen besonderen Genuss, daran teil."

Ich kann nicht anders als bei dieser Gelegenheit ein Gespräch anzuführen, das eines Tages Rowland Hill mit einem solchen christlichen Gläubigen hatte. Dieser, einer von Hills Gemeindegliedern, war auf dem Weg zum Theater, als Hill ihm begegnete und zu ihm sagte: „Wenn ich recht gehört habe, besuchen Sie das Theater." „Nein, ich gehe nur hin und wieder, um mir einen besonderen Genuss zu verschaffen", war die Antwort. „Ah, erwiderte der Seelsorger", das macht die Sache nur umso schlimmer. Angenommen, jemand sagte: ‚Roland Hill ist ein Sonderling, er isst Aas.' Man fragt mich: ‚Ist es wahr Herr Hill, dass Sie von Aas leben?' ‚Nein, ich esse es nicht gewohnheitsmäßig, sondern nur hin und wieder, als besonderen Schmaus.' Würde man mich nicht für noch ekelhafter halten, als wenn ich es ständig essen würde?"

In dieser Bemerkung liegt eine große Wahrheit. Wenn etwas, was unrein und unzüchtig ist, dir einen *Genuss* bereitet, nun, dann muss dein ganzes Herz unrein sein, dann suchst du deinen Trost und deine Freude unter den Toten. Es gibt heutzutage Dinge, bei denen viele ihr Vergnügen suchen, und die nur dazu angetan sind, Idioten zum Lachen zu bringen, oder Engel zum Weinen, wenn sie denn weinen können. Seid wählerisch, ihr christlichen Männer und Frauen, in eurem Umgang! Ihr seid Geschwister des Christus; wollt ihr denn Gemeinschaft halten mit den Söhnen Belials? Ihr seid Erben der Vollkommenheit in Christus; ihr seid sogar schon jetzt angetan mit fleckenlosem Leinen, seid in den Augen Gottes lieblich und schön; ihr seid ein königliches Priestertum, das auserwählte Volk. Wie, und ihr wolltet eure Gewänder in den Schmutz ziehen lassen und euch zur Zielscheibe der Philister machen? Nein, handelt vielmehr eurer Herkunft und eurer neuen Natur entsprechend, sucht deshalb nie den Lebenden unter den Toten. Jesus war nicht dort, deshalb haltet auch ihr euch fern. Er liebte nicht die lauten, rauschenden Weltfreuden; er hatte eine Speise anderer Art. Gott wolle geben, dass ihr das Auferstehungsleben mächtig in eurem Inneren fühlt!

Jetzt gehe ich weiter zu Punkt 4, um euch *vor unvernünftigen Diensten zu warnen.*

Die guten Frauen, zu denen der Engel sagte: „Er ist nicht hier, er ist auferstanden" – was tragen sie in den Händen? Was trägt Johanna, was ihre Diener, was Maria? Weißes Leinen, und was sonst noch? Pfunde von Spezereien und die kostbarsten Salben, die es zu kaufen gab. Was wollten sie denn damit? Ah, wenn ein Engel hätte lachen können, ich denke, er hätte gelächelt, als er entdeckte, dass sie gekommen waren, um Jesus zu salben. Er ist nicht hier, und, was noch mehr ist: Er ist nicht tot, er benötigt nicht das Einbalsamieren. Er lebt! Ihr hättet am Karfreitag und auch an diesem Ostersonntag in ganz England Scharen sehen können, und wie ich nicht bezweifle, ganz ernsthafte Leute, die kamen, um Jesus zu salben. Sie läuteten mit den Glocken, als ob er ein Toter wäre und verhüllten ihre Altäre mit schwarzem Krepp, sie fasteten und sangen Trauerlieder wegen ihres toten Heilandes. Ich danke Gott, dass mein Erlöser nicht tot ist, und ich habe auch keine Glocken für ihn zu läuten. Er ist auferstanden, er ist nicht hier!

Hier kommen sie, Scharen mit weißem Leinen und kostbaren Spezereien, um einen toten Christus einzuhüllen. Sind die Menschen nicht bei Sinnen? Sie sagen jedoch, sie stellen es nur wieder dar. O, ist es das? Praktisch ein Schauspiel? Die wunderbare, herrliche Versöhnung auf Golgatha als ein Spiel! Dann beschuldige ich vor dem Thron Gottes, der meine Worte hört, die Beteiligten der Gotteslästerung; ich klage sie der Entheiligung dessen an, was einmal geschehen ist, was für alle Ewigkeit vollbracht wurde und nie wieder geschehen wird. Nein, ich kann es mir nicht denken, dass sie wirklich aus dem großen Opfer ein Possenspiel machen wollen; sondern dass sie vielmehr den Heiland für tot halten, dass sie deshalb die Glocken läuten und vor einem großen Kruzifix niederknien und weinen. Auch wenn ich glaube, dass der Herr Jesus am Karfreitag gestorben ist, würde ich doch, ehe ich zum Tisch des Herrn gehe, nicht fasten. Wer würde einen verstorbenen Freund beweinen, wenn man weiß, dass er ins Leben zurückgekehrt und zu großer Macht erhöht ist? Warum sollte man für einen lebenden Freund die Totenglocken läuten lassen? Ich möchte aber diese Leute nicht mehr verurteilen, als die Engel die heiligen Frauen verurteilten. Nur müssen sie die Spezereien und das Leinen wieder nach Hause tragen, denn Jesus lebt und braucht es nicht.

In etwas anderer Weise tun viele eifrige Leute genau dasselbe. Siehe, wie sie sich *zur Verteidigung des Evangeliums hervordrängen*! Durch Geologie und Arithmetik hat man die Entdeckung gemacht, dass Mose sich geirrt habe. Manche versuchen, Jesus Christus zu verteidigen. Sie streiten für das Evangelium und halten Schutzreden, als wäre es jetzt ein wenig aus der Mode, man müsse deshalb versuchen, es so zu wenden, dass es den modernen Entdeckungen und Philosophien der jetzigen Zeit entspricht. Das ist in meinen Augen genau dasselbe, wie mit Leinen und Spezereien zu kommen, um den Auferstandenen darin einzuhüllen. Tragt sie hinweg! Ich frage mich, ob nicht beide, Butler[8] und Paley[9], mehr Unglauben hervorgebracht als geheilt haben und ob nicht die meisten Verteidigungen und Schutzreden bezüglich des Evangeliums eher lauter Vorwitz und Frechheit sind. Das Evangelium will nicht verteidigt werden. Wenn der Herr Jesus nicht lebte und nicht imstande wäre, seine eigenen

---

[8] Butler, Joseph (1692-1752) engl. Moralphilosoph.

[9] Paley, William, * 1743, † 1805, anglikanischer Geistlicher, Philosoph und Theologe.

Schlachten zu schlagen, dann wäre es wahrlich übel um das Christentum bestellt. Aber Christus ist der Lebendige. Wir haben das Evangelium nur in seiner nackten Einfachheit zu predigen, und die Kraft, die von ihm ausgeht, wird das Zeugnis von seiner Göttlichkeit sein. Die Menschheit wird durch keinen anderen Beweis überzeugt werden. Schutzreden und Verteidigungen mögen wohlgemeint sein, wie bei den guten Frauen die beabsichtigte Salbung wohlgemeint war, sie haben aber wenig Wert. Gebt Christus Raum, gebt seinen Dienern Raum und Gelegenheiten, das Evangelium zu verkündigen und lasst die Wahrheit in einer einfachen Sprache laut werden, so wird der himmlische Meister bald sagen können: „Nehmt die Spezereien weg, nehmt das Leinen weg! Ich lebe, ich brauche das nicht!“

Ähnliches sehen wir auch an anderen guten Leuten, die *hartnäckige Verfechter von altmodischen, stereotypen Formen* sind; alles muss genauso gehalten werden wie vor hundert, zweihundert Jahren. Ihrer Meinung nach muss die puritanische Ordnung unverändert dieselbe bleiben, die Weise, das Evangelium zu predigen, muss ganz genau dieselbe sein, die von alters her der gute alte Dr. So-und-so praktizierte. Auf der Kanzel muss die schrecklichste Einförmigkeit walten, der Prediger muss ausgesprochen langweilig sein und der ganze Gottesdienst streng und steif gehalten werden – wie viel Spezereien und feines Leinen, um einen toten Christus einzuwickeln! Es macht mir Spaß, übliche Anstandsformen zu übertreten. Es ist etwas Großes, in nur menschlichen Regeln einmal so richtig ins Fettnäpfchen zu treten, denn das Leben kann nicht eingeengt werden durch Regeln, die nur für Tote gemacht sind. Der Tod liegt eingewickelt wie eine Mumie im Museum. Er wird immer das ordnungsgemäße, oder genauer gesagt: überhaupt nichts tun, aber das Leben, die Wirklichkeit, wird sich auf unerwartete Weise zeigen. Das Leben wird sagen, was der Tod nicht könnte, es wird hervorbrechen, wo man es am wenigsten erwartet und wird all eure Gesetze und Regeln in tausend Stücke brechen.

Aber noch sehe ich die guten Leute entsetzt die Hände ringen und höre sie rufen: „Bringt die Salben, bringt Myrrhe und Aloe, bringt das Leinen hierher; wir müssen unseren geliebten toten Herrn versorgen!“ Lasst ihn in Ruhe, lasst ihn in Ruhe, Leute, er lebt ja und braucht eure Umhüllung nicht! Ich scheue mich nicht zu sagen, dass ein großer Teil der Kirchenordnung der Dissenter und Episkopalen, der Presbyterianer und all der anderen Gruppen zusammen mit einem großen Teil ihrer Formen, ihrer Steifheit und ihren Regeln lediglich viel Spezerei und Leinen für einen toten Christus sind. Aber er lebt ja, und was er begehrt, ist, dass man ihm Raum gibt. Ich sage dies nicht um meiner selbst willen, ich bin an der Stelle unabhängig, sondern vielmehr um der ernsthaften Evangelisten-Brüder willen, die, wenn sie den Armen predigen, sich nicht selten einer außergewöhnlichen Sprache und manchmal auch Handlungsweise bedienen. Lasst sie ungestört! Streitsüchtige sagen, sie seien theatralisch. Aber war je einer so theatralisch wie der Prophet Hesekiel? Haben nicht alle Propheten eigentümliche Dinge getan, um die Aufmerksamkeit des Volkes zu erregen? Dieselbe Anklage wurde gegen Whitefield und Wesley erhoben. „Diese Leute stoßen alle Regeln um!", hieß es. Welch ein Segen, wenn jemand das kann! Als Rowland Hill in Schottland das Evangelium predigte, sagte man, er reite rückwärts, gegen alle Ordnung und Regel. Daraufhin sagte er, er wolle seine beiden Pferde mit diesen Namen benennen und die Beschuldigung wahr machen. So geschah es auch. Durch ihn wurden Seelen zu Christus gezogen, durch seine Nichtbeachtung der alten Regeln und Gewohnheiten erreichte er Männer und Frauen, die auf keine andere Weise zu erreichen waren. Sei bereit, Christus seine Freiheit zu lassen, lass auch seinen Dienern Freiheit, ihm so zu dienen, wie sie vom Geist Gottes geführt werden.

Zum Schluss möchte ich noch mit einigen Worten über *DIE ERSTAUNLICHE NACHRICHT* reden, die die frommen Frauen erhielten: „Er ist nicht hier, er ist auferstanden!"

Das war eine überraschende Kunde *für die Feinde*. Sie hatten gesagt: „Wir haben ihn getötet, er ist ins Grab gelegt worden, jetzt ist es aus mit ihm!" Ha, ihr Schriftgelehrten, Pharisäer und Priester, was habt ihr getan? All eure Arbeit ist vernichtet, denn er ist auferstanden! Es war eine erstaunliche Neuigkeit *für den Teufel*. Ohne Zweifel hat er geträumt, er habe den Heiland vernichtet, doch er ist auferstanden! Welch ein Entsetzen durchbebte alle Regionen der Hölle! Welch eine Nachricht war dieses Ereignis *für das Grab*! Es war völlig zerstört, der Tod hatte seinen Stachel verloren. Und welche Nachricht war es *für die zitternden Heiligen*! „Er ist wahrhaftig auferstanden!" Sie fassten Mut und sagten: Die gute Sache ist immer noch die richtige und wird siegen, denn unser Christus steht als ihr Haupt an der Spitze! Es war und ist eine gute Nachricht *für Sünder*. Christus lebt; wer ihn sucht, von dem lässt er sich finden.

Er, auf den ich euch jetzt hinweise, ist kein toter Christus. Er ist auferstanden und kann „auch für immer selig machen, die durch ihn zu Gott kommen; denn er lebt für immer und bittet für sie" (Hebr 7,25). Es gibt für Betrübte, für Elende, Verzagte und Verzweifelnde keine bessere Nachricht als die, dass der Heiland lebt, dass er retten und selig machen kann und bereit ist, euch an sein liebevolles Herz zu drücken. Dies war eine herrliche Nachricht, Geliebte, für alle Engel und Geister im Himmel, in der Tat eine herrliche Nachricht für sie. Und heute soll sie auch uns eine frohe Botschaft sein, und wir wollen unter dem Beistand des Heiligen Geistes in der Kraft derselben leben und sie auch den Brüdern verkündigen, damit sie sich mit uns freuen, und nicht mehr traurig und verzagt sind. Wir wollen uns nicht mehr der Furcht und dem Zweifel hingeben, sondern zueinander sagen: „Er ist wahrhaftig auferstanden, deshalb soll sich unser Herz freuen!" Der Herr wolle euch segnen, und wenn wir zu seinem Tisch kommen, wie es viele von seinem Volk tun werden, so lasst uns unserem auferstandenen Herrn begegnen. Amen.

Die Gewalt des auferstandenen Heilandes[10]

„Und Jesus trat herzu und sprach zu ihnen: Mir ist gegeben alle Gewalt im Himmel und auf Erden. Darum gehet hin und machet zu Jüngern alle Völker: Taufet sie auf den Namen des Vater und des Sohnes und des Heiligen Geistes und lehret sie halten alles, was ich euch befohlen habe. Und siehe, ich bin bei euch alle Tage bis an der Welt Ende."

Matthäus 28,18-20

Der Wandel vom „Mann der Schmerzen" vor seiner Kreuzigung zum „Herrn über alles" nach seiner Auferstehung ist ein sehr gewaltiger. Vor seiner Passion war er seinen Jüngern gut bekannt und erschien nur in der einen Gestalt, als Menschensohn, gekleidet in das übliche Arbeitergewand ohne Naht, von oben an durchgehend gewebt; doch nach seiner Auferstehung von den Toten wurde er bei verschiedenen Gelegenheiten von denen nicht erkannt, die ihm am nächsten standen, und wenigstens einmal wird er beschrieben als einer, der „in anderer Gestalt" erschien. Er war derselbe, denn die Jünger sahen seine Hände und Füße, und Thomas berührte ihn sogar und legte seinen Finger in die Wundmale; und doch scheint es, dass hin und wieder einige Strahlen seiner Herrlichkeit an ihm offenbar wurden, der Herrlichkeit, die in seinem früheren Leben verborgen geblieben war, ausgenommen auf dem Berg der Verklärung. Vor seinem Tod war er öffentlich erschienen; er hatte inmitten von Pharisäern und Schriftgelehrten, von Zöllnern und Sündern gestanden und die frohe Botschaft verkündigt. Jetzt hingegen erschien er nur seinen Jüngern, manchmal einem, ein andermal zweien, bei einer Gelegenheit sogar mehr als fünfhundert Brüdern auf einmal, aber immer den *Seinen* und *nur* ihnen. Vor seinem Tod enthielten seine Predigten viele Gleichnisse, unkompliziert für diejenigen, die Verständnis hatten, manchmal aber auch verhüllt und geheimnisvoll für seine eigenen Nachfolger. War es doch ein

[10] Gehalten am Sonntagmorgen, den 25. Oktober 1874, im Metropolitan Tabernacle, Newington.

Gericht Gottes über jenes böse Geschlecht, dass sie mit sehenden Augen nicht sahen, mit hörenden Ohren nicht verstanden. Und doch dürfen wir gleicherweise behaupten, dass der Herr vor seinem Tod die Unwissenden, die seinen Worten lauschten, zum Verständnis der Wahrheit brachte, auch wenn er die tieferen Wahrheiten nur etwas ansprach, weil sie noch nicht imstande waren, sie zu erkennen. Vor seinem Kreuzestod verschleierte er den Glanz mancher Wahrheit, aber nach seiner Auferstehung redete er nicht mehr in Gleichnissen, sondern machte seine Jünger mit dem innersten Geheimnis der großen Lehre vom Reich bekannt und zeigte sie ihnen sozusagen von Angesicht zu Angesicht.

Vor seinem Tod war der Herr Jesus immer bei seinen Jüngern; sogar die abgelegenen, geheimen Orte, an die er sich zurückzuziehen pflegte, waren ihnen bekannt, aber nachdem er auferstanden war, kam und ging er in unregelmäßigen Abständen zu ihnen. Wo er an vielen dieser vierzig Tagen war – wer von uns kann das sagen? Er wurde in Josef von Arimathias Garten gesehen, er wanderte nach Emmaus, überraschte die Versammlung in Jerusalem, offenbarte sich den Jüngern am See Tiberias – aber wohin ging er, wenn er nach den verschiedenen Offenbarungen ihren Augen entschwand? Sie waren bei verschlossenen Türen versammelt – plötzlich stand er in ihrer Mitte. Als er sich den Jüngern am Ufer des Sees offenbarte, fanden sie nach dem Anlegen des Bootes ein Kohlenfeuer bereit mit Fischen darauf, auch Brot war da. Seine Erscheinungen waren geheimnisvoll, sein Verschwinden war es nicht weniger. Alles wies darauf hin, dass nach seiner Auferstehung von den Toten eine wunderbare Veränderung mit ihm vorgegangen war, die das an ihm offenbarte, was verborgen gewesen war. Trotzdem war seine Identität unumstritten.

Es war keine geringe Ehre, den auferstanden Herrn zu sehen, während er sich noch auf der Erde aufhielt. Wie muss es aber sein, ihn zu sehen, wie er *jetzt* ist! Es ist derselbe Jesus, der er hier war; die Erinnerungsworte dort an ihn als an „ein Lamm, das geschlachtet ist" (Offb 5,12), versichern uns, dass er derselbe Mensch ist. Seine wirkliche Menschheit ist verherrlicht im Himmel, sie ist in der Lage, dort zu sein, er kann mit Augen gesehen, mit Ohren gehört werden – doch wie anders! Hätten wir ihn in seiner Seelenangst gesehen, würden wir umso mehr über seine Herrlichkeit staunen. Bewege in deinem Herzen oft Jesus, den Gekreuzigten, doch gewinne für dich völlig den Blick auf Jesus, den Verherrlichten. Freu dich, dass er nicht hier ist, sondern auferstanden und gen Himmel gefahren ist. Er ist nicht hier, denn er sitzt zur rechten Hand Gottes und bittet für uns. Lasst eure Seele oft den gesegneten Weg vom Grab zum Thron gehen. In Rom gab es die Via Sacra, auf der zurückkehrende Sieger von den Toren der Stadt bis zur Höhe des Kapitols hinaufgingen. Es gibt aber eine andere Via Sacra, die ihr oft betrachten solltet, denn diesen heiligen Weg ging der auferstandene Heiland in glorreicher Majestät vom Gartengrab des Josef von Arimathia hinauf zur ewigen Macht zur Rechten seines Vaters. Eure Seele wird gut daran tun, in seinem Tod den Beginn der Hoffnung und in seinem Auferstehungsleben die völlige Gewissheit der Hoffnung zu sehen.

Heute habe ich die Aufgabe, so weit Gott der Heilige Geist mir helfen wird, euch Folgendes zu zeigen: erstens, *die Gewalt der Auferstehung unseres Herrn*, und zweitens, *die Weise, in der der Herr im geistlichen Bereich diese Gewalt ausübt, insofern sie sich auf uns bezieht.*

Die Gewalt der Auferstehung unseres Herrn. „Mir ist gegeben alle Gewalt im Himmel und auf Erden."

Auf die Gefahr hin, mich zu wiederholen, möchte ich diesen Teil mit der Bitte beginnen, euch die Themen unserer letzten Predigt am vorigen Sonntagmorgen ins Gedächtnis zurückzurufen. Wir gingen nach Gethsemane und neigten beim Anblick des Blutschweißes im Schatten der grauen Olivenbäume das Haupt zur Erde. Was für ein Unterschied zwischen jenem Thema und diesem! Dort haben wir die Schwachheit des Menschen, sein Ringen, das Zermalmen der menschlichen Natur des Mittlers gesehen, hier hingegen sehen wir die Stärke des Gottmenschen. Er ist umgürtet mit Allmacht; und obwohl er noch auf der Erde war, als er diese Worte sprach, hatte er ein Privileg, eine Ehre, Herrlichkeit und eine Machtfülle erhalten, die ihn weit über alle Menschen erhob. Er war als Mittler nicht mehr ein Dulder, sondern ein Erhabener, nicht mehr ein Opfer, sondern ein Sieger, nicht mehr ein Diener, sondern der Herrscher über Himmel und Erde. Und doch hätte er nie solche Gewalt erlangt, wenn er nicht solche Schwachheit erduldet hätte. Er beugte sich, um zu überwinden. Der Weg zu seinem Thron ging durch die Tiefe. Salomo bestieg seinen goldenen Thron über elfenbeinerne Stufen; unser Herr und Meister hingegen stieg hernieder, um aufzusteigen. Er stieg hernieder in die schrecklichen Tiefen unaussprechlicher Angst, damit ihm als unserem Erlöser und Haupt des Bundes alle Gewalt im Himmel und auf Erden gegeben werde.

Denkt einen Augenblick über die Worte „*alle Gewalt*" nach. Dem Herrn Jesus Christus wurde infolge seines Todes „alle Gewalt" vom Vater gegeben. Es ist nur ein anderer Ausdruck um zu sagen, dass der Mittler *Allmacht* besitzt; ist doch Allmacht im Lateinischen[11] derselbe Ausdruck für „alle Gewalt". Welcher Geist kann ermessen, welche Zunge kann vor euren Ohren die rechten Worte finden, um die Bedeutung der Worte „alle Gewalt" zu erschöpfen? Wir können es nicht fassen; solche Erkenntnis ist uns zu wunderbar und zu hoch. Die Gewalt des Selbstbestehens der Schöpfung und der Erhaltung des Erschaffenen, die Macht zum Bilden und Zerstören, die Gewalt des Auf- und Zuschließens, des Tötens und wieder ins Leben zurückzurufen, die Macht der Sündenvergebung und Begnadigung, sowie zur Verdammung, zu geben und zu entziehen, zu befehlen und zu erfüllen, kurz: um in allem das Haupt seiner Gemeinde zu sein – dies alles ist in Jesus Christus, unserem Herrn zusammengefasst. Genauso könnten wir einen Versuch machen, die Unendlichkeit zu beschreiben oder die Grenzenlosigkeit aufzuzeichnen, wie zu erklären, was das Wort „alle Gewalt" beinhaltet. Was es aber auch sein mag, sie ist unserem Herrn *gegeben*, alles ist in den Händen, die einst ans Fluchholz genagelt, alles ist *dem* Herzen übergeben, das einst vom Speer durchstochen wurde; alles ist wie eine Krone auf *das* Haupt gesetzt, das einst die Dornenkrone trug.

„Alle Gewalt im Himmel" *ist Sein*. Beachtet das! Dann hat er also die Gewalt Gottes, denn Gott ist im Himmel, und die Macht Gottes geht von jenem Zentralthron aus. Jesus hat also göttliche Macht. Was Jehovah tun kann, kann Jesus auch. Wäre es sein Wille, durch ein Wort eine andere Welt ins Dasein zu rufen, würden wir noch an diesem Abend einen neuen Stern das Himmelszelt schmücken sehen. Wäre es sein Wille, die Schöpfung sofort wie ein abgetragenes Gewand aufzugeben, siehe, die Elemente würden vergehen, der Himmel würde sich wie eine eingeschrumpfte Rolle zusammenziehen. Die Gewalt, die die lieblichen Einflüsse der Plejaden[12] bindet und die Bande des Orion löst, ist in den Händen des Nazareners; der Gekreuzigte führt den Arkturus[13] mit seinen Söhnen hervor, Engelsheere sind auf das Winken des Jesus von Nazareth auf Flügeln gegenwärtig; Cherubim und Seraphim samt den vier Tieren vor dem Thron gehorchen augenblicklich seinem Befehl. Er, der einst von Menschen verachtet und verworfen wurde, bekommt nun die Huldigung des ganzen Himmels, „Gott über alles, gelobt in Ewigkeit" (Röm 9,5).

---

[11] omnipotentia – lat. Allmacht.

[12] Plejaden: Siebengestirn, auch ‚Großer Bär' und ‚Großer Wagen' genannt.

[13] Arkturus: bei uns bekannt unter dem Namen ‚der Fuhrmann' oder ‚das Reiterlein'.

„Alle Gewalt im Himmel“ bezieht sich auf die vorsorgliche Fähigkeit und *Macht, mit der Gott alles im Weltall lenkt* und regiert. Er hält die Zügel von allen erschaffenen Gewalten und treibt sie oder hält sie zurück, wie es ihm gefällt, gibt dem Gesetz Gewalt und allem Dasein Leben. Die alten Heiden hielten Apollo für den Treiber des Sonnenwagens, der seine feurigen Rosse im täglichen Lauf der Sonne lenkt – aber das war nur ein Traumbild. *Jesus* ist der Herr über alles. Er spannt die Winde an seinen Wagen und wirft dem Sturm ein Gebiss in den Mund. Er handelt unter den Himmelsheeren und den Bewohnern dieser Welt, wie er will. Von ihm geht die Macht aus, die diesen Erdball erhält und regiert, denn der Vater hat ihm alle Dinge übergeben. Durch ihn hat alles sein Bestehen; „er trägt alle Dinge mit seinem kräftigen Wort“ (Hebr 1,3).

„Alle Gewalt“ schließt auch ein – und dies ist ein praktischer Punkt für uns – *alle Gewalt des Heiligen Geistes*. Das nächstliegende Werk des Heiligen Geistes ist die Kraft, mit der er in unseren Herzen wirkt. Er ist es, der die Menschen von der Sünde überzeugt und sie zum Heiland führt, der ihnen ein neues Herz und einen gewissen Geist gibt, der sie in die Gemeinde pflanzt, sie wachsen und Früchte bringen lässt. Die Kraft des Heiligen Geistes wirkt unter den Menschenkindern, dem Willen Gottes gemäß. Wie das über Aaron ausgegossene Salböl von seinem Haupt in den Bart lief und die Säume seiner Gewänder befeuchtete, so fließt der Geist, der Jesus ohne Maß gegeben ist, von ihm auf uns. Seinem Willen gemäß lässt der Heilige Geist sich auf die Gemeinde nieder und kommt von der Gemeinde in die Welt, um den göttlichen Heilsplan auszuführen. Es wäre nicht möglich, dass die Gemeinde Gottes je wegen Mangel an Geistesgaben oder geistlichem Einfluss zu Grunde gehen würde, während ihr himmlischer Bräutigam von beiden einen so großen Vorrat besitzt.

Alle Macht der Heiligen Dreieinigkeit, des Vaters, Sohnes und Heiligen Geistes, steht dem Herrn Jesus zu Diensten: „Durch sie hat er ihn von den Toten auferweckt und eingesetzt zu seiner Rechten im Himmel über alle Reiche, Gewalt, Macht, Herrschaft und alles, was sonst einen Namen hat, nicht allein in dieser Welt, sondern auch in der zukünftigen“ (Eph 1,20.21).

Unser Herr beansprucht auch, dass ihm *alle Gewalt auf Erden* gegeben ist. Dies ist mehr, als von irgendeinem Menschen gesagt werden könnte. Kein Sterblicher könnte Anspruch auf alle Gewalt im Himmel geltend machen, und wenn er zu aller Macht auf Erden emporsteigen wollte, so wäre das nur ein Traum. Man hat eine allgemeine Weltmonarchie zu erreichen versucht, hat aber selten oder nie erreicht, was man suchte. Wenn man glaubte, das Ziel des Ehrgeizes erreicht zu haben, zerschmolz es wie Schnee vor der Sonne. Ja, auch *wenn* ein Mensch imstande wäre, ale seine Mitmenschen zu regieren, so würde er dennoch nicht alle Gewalt auf Erden haben. Gibt es doch Mächte, die seiner Herrschaft spotten würden. Schreckliche Krankheiten spotten der menschlichen Kraft und Kunst. Als der aussätzige syrische Feldhauptmann Naaman zu dem König Israels kam, um von seinem Aussatz geheilt zu werden, zerriss dieser seine Kleider und sprach: „Bin ich denn Gott, dass ich töten und lebendig machen könnte, dass er zu mir schickt, ich solle den Mann von seinem Aussatz befreien?" (2.Kön 5,7). Er hatte *nicht* alle Gewalt. Wind und Wellen spotten gleichfalls den Regeln der Sterblichen. Es ist nicht wahr, dass Britannien das Meer beherrscht. Um seine schmeichelnden Höflinge zurechtzuweisen, stellte Kanut der Große zur Flutzeit seinen Thron an den Rand des Meeres und befahl den Wellen, nicht die Füße ihres königlichen Gebieters zu benetzen, aber der König samt den Höflingen wurden schon bald vom Schaum und Wasser nass und der König hatte bewiesen, dass ihm nicht „alle Gewalt" gegeben war. Frösche, Heuschrecken, Fliegen waren mehr, als Pharao zu bewältigen vermochte. Die Gewaltigsten auf Erden können auch den schwachen, kleinen Dingen Gottes keinen Widerstand leisten. Nebukadnezar, der vom Wahnsinn befallen mit dem Vieh weidete, ist ein Beispiel für die Illusion aller menschlichen Macht. Die stolzesten Fürsten haben durch Krankheit und Schmerzen und schließlich angesichts des Todes fühlen müssen, dass sie trotz allem doch nur Menschen sind. Nicht selten ist ihre Schwäche so groß gewesen, dass die Wahrheit, dass *Gott* und *nur Gott* alle Gewalt hat, desto offenbarer geworden ist. Wenn er ein wenig davon einem Menschen anvertraut hat, ist dieser ein Tor, wenn er sich ihrer rühmt. Seht also hier vor uns ein Wunder: einen Mann, der Gewalt hat über alles auf Erden ohne Ausnahme, dem alle Kreaturen, große und kleine, gehorchen, weil der Herr Jehovah ihm alles zu Füßen gelegt hat.

Für uns wird es das allerwichtigste sein, zu bedenken, dass unser Herr „alle Gewalt" *über den Sinn der Menschen* hat, beide, der guten und der bösen. Er ruft in seine Gemeinschaft, welche er will und sie folgen ihm. Nachdem er sie gerufen hat, heiligt er sie im höchsten Maße von Heiligkeit und schafft in ihnen mit Macht alles nach seinem Wohlgefallen. Die Seinen können durch ihren Herrn so beeinflusst werden, dass sie in Kraft seines Heiligen Geistes zu göttlichem Eifer getrieben werden und göttliche Gesinnung erhalten.

Oft bete ich und bezweifle nicht, dass das auch euer Gebet ist, dass Gott in der Gemeinde Führer erwecken möge, Männer voller Glauben und Heiligem Geist, Bannerträger am Tag des Kampfes. Es gibt wenig

Prediger, die das Wort mit Kraft verkündigen; Johannes könnte wohl sagen: „Ihr habt nicht viele Väter.“ Köstlicher als alles Gold Ophirs sind Männer, die als Säulen im Hause des Herrn stehen, als Bollwerke der Wahrheit, als Streiter im Lager Israels. Wie gering ist die Zahl unserer apostolischen Männer! Wir brauchen Männer wie Luther, Calvin, Bunyan, Whitefield, Männer, nach denen man Zeitalter einteilt, solche, deren Namen in den Ohren unserer Feinde einen Schrecken auslösen. Wir haben solche unbedingt nötig! Wo sind sie? Von wo werden sie zu uns kommen? Wir wissen nicht, aus welchem ländlichen Haus oder aus welcher Dorfschmiede oder Schule sie erstehen mögen, aber unser Herr hat sie für uns aufbewahrt. Sie sind Gaben des Herrn Jesus für seine Gemeinde und werden zur rechten Zeit erscheinen. Er hat die Macht, uns wieder ein goldenes Zeitalter von Predigern zu senden, eine Zeit, so gewaltig an großen Theologen und mächtigen Geistlichen, wie in dem puritanischen Zeitalter, das von vielen unter uns für das goldene Zeitalter der Theologie gehalten wird. Er kann uns wohl wieder solche Schriftforscher senden, deren Lust es ist, in der Schrift zu forschen und ihre Schätze auszugraben, Männer mit Weisheit und Erfahrung zum vollmächtigen Austeilen des Wortes. Redner mit einem „goldenen Mund“, sei es als Donnersöhne oder als Söhne des Trostes, die die Botschaft des Herrn verkündigen, die er durch seinen Heiligen Geist vom Himmel hernieder sendet.

Als der Heiland aufgefahren ist gen Himmel, hat er Gaben für die Menschen empfangen, und zu diesen Gaben gehören auch Männer, ausgerüstet und tüchtig zur Erbauung der Gemeinde, seien es Evangelisten, Pastoren oder Lehrer. Solche kann er noch den Seinen schenken, es ist allerdings unsere Pflicht, für sie zu beten und sie mit Dankbarkeit aufzunehmen. Lasst uns an die Macht Jesu glauben, kraft der er uns tapfere, tüchtige Männer geben kann, und wer weiß, wie bald er sie uns zuführen wird!

Da alle Gewalt auf Erden in Christi Hände gelegt ist, kann er *auch seine Diener* mit einer heiligen Macht ausrüsten, durch die ihnen die Hände zu ihrem hohen Beruf gestärkt werden. Ohne sie unbedingt in die vordersten Reihen zu stellen, kann der Herr sie wohl ihren bestimmten Posten ausfüllen lassen, sie umgürten mit einer Kraft, die sie zum Segen macht.

Mein Bruder, der Herr kann dich zum außerordentlichen Segen werden lassen gerade an dem Platz, an den er dich gestellt hat. Meine Schwester, der Herr kann die Kinder segnen, die sich durch deine Bemühungen um dich sammeln. Ihr seid sehr schwach und seid euch dessen bewusst, das ist aber keineswegs ein Grund, nicht stark zu sein in ihm. Wenn ihr bei dem

Starken Kraft sucht, kann er euch wohl ausrüsten mit Kraft aus der Höhe; wie zu Gideon, so kann er auch zu dir sagen: „Gehe hin in dieser deiner Kraft“ (Ri 6,14). Deine unbeholfene Sprache wird dich nicht untüchtig machen, denn wie Gott mit dem Mund des Mose war[14], so wird er auch mit deinem Mund sein. Dein Mangel an Bildung braucht dich nicht zu hindern; schlug doch Samgar[15] die Philister mit einem Ochsenstecken, war doch Amos[16] nur ein Kuhhirte. Wie es bei Paulus der Fall war, so mag auch deine Persönlichkeit als eine schwächliche, zu verachtende, und deine Rede als verächtlich bezeichnet werden, aber wie er, so kannst auch du lernen, dich deiner Schwachheit zu rühmen, eben weil die Kraft des Herrn auf dir ruht. Im Herrn bist du nicht ungeeignet, sondern nur in dir selbst, wenn du überhaupt ungeeignet bist. Du magst so trocken und dürre sein wie Aarons Stab, er kann dich wohl grünend und blühend und fruchtbringend machen. Du bist vielleicht fast so leer wie der Krug der Witwe. Er jedoch kann dafür sorgen, dass du überfließt. Du magst dich selbst für den halten, der wie Petrus nahe daran ist, unter den Wellen zu versinken, er aber wird dich vor dem Versinken bewahren. Deine Arbeit mag eine erfolglose sein wie die der Jünger, die die ganze Nacht gearbeitet und nichts gefangen hatten – er aber kann dein Schifflein so füllen, dass es nichts mehr zu fassen vermag.

Keiner weiß, was der Herr aus dir machen oder was er mit dir tun will; wir wissen aber dies eine ganz gewiss, dass *dem* „alle Gewalt“ gegeben ist, durch den wir erlöst, dessen Eigentum wir sind. O, ihr Gläubigen, nehmt eure Zuflucht zu dem Herrn und empfangt aus seiner Fülle Gnade um Gnade! Um dieser seiner Macht willen glauben wir, dass Jesus, wenn er es wollte, plötzlich die ganze Kirche zur äußersten Tatkraft erwecken könnte. Schläft sie? Seine Stimme kann sie aufwecken. Unterlässt sie das Gebet? Seine Gnade kann sie zur Hingabe anspornen. Hat sich der Unglaube breitgemacht? Er kann sie wohl zu ihrem Glauben zurückführen. Wendet sie sich, angefochten von Unglauben und Zweifel, am Tag des Kampfes ab? Er kann ihr wohl wieder zu ihrem unerschütterlichen Glauben an das Evangelium verhelfen und sie stärken, dass all ihre Söhne Glaubenshelden werden und die verbündeten Feindesheere zur Flucht treiben.

Lasst uns glauben, so werden wir die Herrlichkeit Gottes sehen und erfahren, dass „einer tausend verjagt und zwei sogar zehntausend flüchtig

---

[14] 2. Mose 4,10-16.

[15] Richter 3,31.

[16] Amos 1,1 und 7,14.15.

machen“ (5.Mose 32,30). Verzweifle nie wegen der Gemeinde; sorge dich um sie und mache deine Sorgen zu Gebeten, sei dabei aber hoffnungsvoll, denn ihr Erlöser ist mächtig und wird ihre Stärke wecken. „Der Herr Zebaoth ist mit uns, der Gott Jakobs ist unser Schutz“ (Ps 46,8). Wie gering wir auch sein mögen, es wirkt einer unter uns, dessen Schuhriemen aufzulösen wir nicht wert sind, und der uns taufen wird mit Feuer und mit dem Heiligen Geist, der, „dem alle Gewalt gegeben ist“.

Es ist ebenso wahr, dass dem Herrn alle Gewalt *über die ganze Menschheit* gegeben ist, sogar über den Teil unseres Geschlechtes, der ihn verwirft und unverändert in eigenwilliger Empörung verharrt. Er kann auch die Gottlosen seinen Zwecken dienstbar machen. Wir wissen aus der Heiligen Schrift, dass sich Herodes und Pilatus mit den Heiden und dem Volk Israel versammelt hatten, um gerade das auszuführen, was vorher im Ratschluss des Herrn bestimmt war. Ihre schreckliche Bosheit tat nichts anderes, als nur den Ratschluss Gottes auszuführen. So muss der Zorn des Menschen zum Lob Gottes, so müssen die aufrührerischen menschlichen Beschlüsse dem göttlichen Ratschluss dienstbar sein. Jesu Reich herrscht über alles. Die Mächte der Hölle und all ihre Heere und „die Könige der Erde lehnen sich auf, und die Herren halten Rat miteinander wider den Herrn und seinen Gesalbten“ (Ps 2,2) – sie alle müssen durch ihren Zorn nur seine Absichten erfüllen. Sie ahnen nicht im geringsten, dass sie nur Sklaven des Königs der Könige, nur Küchenjungen in der Küche seines königlichen Palastes sind! Alles tut, was er gebietet; sein Wille wird nie durchkreuzt, seine Beschlüsse erleiden nie eine Niederlage. Im Glauben erkenne ich, wie er auf Land und Meer und in allen Tiefen regiert. Er leitet die Beschlüsse des Parlamentes, gebietet Fürsten und regiert Kaiser. Wenn er sich nur erhebt, müssen die, die ihn hassen, vor ihm fliehen. Wie der Rauch verweht, so wird er sie forttreiben; wie Wachs vor dem Feuer zerschmilzt, so werden all seine Feinde vor ihm verderben.

Wie er überhaupt *sündige Menschen* besonders im Auge hat, so hat der Erlöser eine wunderbare Macht über sie. Gegenwärtig beklagen wir sehr die Tatsache, dass der Strom der öffentlichen Meinung sich stark dem Papsttum, dem Verbündeten des Götzendienstes, öffnet.

Genauso, wie uns im Alten Testament von dem Volk Israel erzählt wird, dass es immer wieder den Götzen anhing, ist es auch mit unserem Volk. Die Israeliten waren zwar für einige Zeit von ihrer Sünde kuriert, solange ein großer Richter oder Lehrer Einfluss auf sie hatte, doch nach dem Tod eines solchen wandten sie sich gleich wieder zum Dienst der Himmelskönigin oder der Kälber und anderen Götzen in Dan und Bethel. Genauso ist es auch jetzt. Die Menschen sind wie besessen und versessen auf die Götzen des alten Rom. Sie machen die alten Kirchen zu chinesischen Götzentempeln und bauen an allen Orten neue. Götzentempel entstehen in London so zahlreich wie in Kalkutta. Die Anbeter und Priester nennen sich zwar Christen, sie könnten sich aber besser Oblatenanbeter oder Anbeter eines aus Mehl und Wasser gemachten Fetisch nennen – das wäre wenigstens wahrheitsgemäßer. Was wird wohl demnächst kommen? Sollen wir verzweifeln? Davor bewahre uns Gott! Wissen wir doch, dass alle Gewalt in der Hand Jesu ist. Er kann wohl die Entwicklung hemmen und eine entgegengesetzte Richtung geben, und zwar bald.

Ist es euch nicht aufgefallen, wie vor einigen Monaten während der Krankheit des Prinzen von Wales jeder die Lehre vom Gebet beachtete? Habt ihr nicht bemerkt, wie die „Times“ und andere Tagesblätter in Bezug auf das Gebet sich ganz glaubensgemäß äußerten? Momentan ist es ganz modern, der Idee von der Erhörung unserer Gebete zu huldigen – aber es war nicht immer so. Hat doch einmal ein großer Philosoph gesagt, es sei ganz naiv zu glauben, dass das Gebet irgendwelchen Einfluss auf die Ereignisse unseres Lebens haben könne. Doch Gott braucht nur das Volk mit einem Gericht heimzusuchen, das alle schmerzlich fühlen, und eure Philosophen werden so still wie eine Maus. Ich bin fest davon überzeugt, dass durch nur eine Drehung am Rad der Vorsehung das jetzt so moderne Papsttum zu dem zurücksinken wird, was es vorher war: ein rotes Tuch, das das Volk in Aufruhr versetzt, und meine Herren und Damen werden sich eifrig bemühen, jegliche Verbindung mit der ganzen Geschichte zu leugnen, statt zum Papsttum zurückzukehren. Meiner Meinung nach ist es völlig bedeutungslos, wohin sich diese feinen Leute wenden, mit der Ausnahme, dass sie die Strohpuppen sind, die anzeigen, woher der Wind weht. Ich wiederhole: Der Strom der Gedanken kann leicht durch unseren Herrn eine andere Richtung bekommen; es ist ihm ein Leichtes, das zu bewerkstelligen, so, wie der Müller den Wasserstrom über das Mühlrad kontrolliert. Unter unseres Erlösers Regiment sind wir sicher. Er ist mächtiger als der Teufel, der Papst, die Ungläubigen und Zeremonienmeister, als alle zusammen. Alle Ehre und Herrlichkeit sei ihm, der alle Gewalt hat im Himmel und auf Erden!

So also kann unser Herr geben, und er gibt den Menschen auch ein Verlangen, das Evangelium zu hören. Wo das Evangelium das Thema ist, braucht man nicht zu befürchten, ohne Gemeinde zu bleiben. Wem der Herr Jesus eine geheiligte Zunge gibt, dem gibt er auch willige Ohren, die seinen Worten lauschen. Auf sein Geheiß füllen sich verlassene Gotteshäuser und die Leute drängen sich, die Freudenbotschaft zu hören. Und der Herr kann mehr tun als das! Kann er doch das Wort mächtig werden lassen zur

Bekehrung von Tausenden. Er kann den Leichtfertigen zum Nachdenken, den Widerstrebenden zur Annahme der Wahrheit bringen, und die, die sich mit einem Angesicht härter als Stein widersetzen, bewegen, sich unter sein gnädiges Zepter zu beugen. Er hat den Schlüssel zu jedem menschlichen Herzen; „der auftut, und niemand schließt zu, der zuschließt, und niemand tut auf" (Offb 3,7): Er wird sein Wort mit Macht begleiten und sich dadurch die Völker untertan machen. An uns ist es, das Evangelium zu verkündigen und zu glauben, dass keiner außerhalb der rettenden Macht Jesu Christi ist. Doppelt gefärbt, siebenfach getüncht, in die scharlachrote Farbe des Lasters versunken, kann der Sünder dennoch gereinigt werden, ja, der Rädelsführer im Laster kann zu einem Musterbeispiel der Heiligkeit werden. Der Pharisäer kann sich bekehren – war nicht Paulus ein solcher? Sogar Priester können gerettet werden – denn glaubten nicht viele von den Priestern? Es gibt keinen Menschen in irgendeinem denkbaren Sündenzustand, der außerhalb des Machtbereiches des Heilandes wäre. Mag er auch in die äußerste Sünde gegangen sein, sodass er am Rand der Hölle steht, wenn Jesus seine durchgrabene Hand nach ihm ausstreckt, wird er wie ein Brand aus dem Feuer gerissen.

Meine Seele glüht, wenn ich daran denke, was mein Herr kann. Wenn ihm *alle Gewalt* gegeben ist im Himmel und auf Erden, dann könnte er ja an diesem Morgen jeden Mann, jede Frau in diesem Gotteshaus bekehren, retten, ja, er könnte die fünf Millionen unserer Stadt so beeinflussen, dass alle riefen: „Was müssen wir tun, um selig zu werden?" Ja, nicht nur auf diese unsere Stadt wäre sein Wirken beschränkt, sondern er könnte es über die ganze Erde ausbreiten. Wenn es im Einklang mit seiner Weisheit und Macht steht, könnte er jede Predigt ein Mittel zur Bekehrung aller werden lassen, die sie hören; er könnte jede Bibel Kanal zum Heil werden lassen für alle, die sie lesen, und wer weiß, in wie kurzer Zeit sich der Ruf erheben würde: „Halleluja! Denn der Herr, unser Gott, der Allmächtige, hat das Reich eingenommen!" (Offb 19,6). Dieser Ruf wird einst erschallen, da könnt ihr ganz sicher sein. Wir sind auf der siegenden Seite. Haben wir doch *den* für uns, der mächtiger ist als alles, was gegen uns ist, ihn, dem „alle Gewalt" gegeben ist!

Brüder, wir haben keine Zweifel, wir hegen keine Befürchtungen, denn jeder Augenblick führt uns der großartigen Entfaltung der Macht Jesu näher. Wir predigen heute, und manche von euch verachten das Evangelium; wir bringen Christus zu euch, und ihr verwerft ihn. Aber Gott wird seine Handlungsweise demnächst ändern und euer Verachten und Verwerfen wird dann zu Ende sein. Wird doch derselbe Jesus, der vom Ölberg gen Himmel gefahren ist, wiederkommen. Er wird hernieder kommen mit unvergleichlichem Glanz, in großer Macht und Herrlichkeit. Die erstaunte Welt wird den, den sie gekreuzigt hat, auf seinem Thron sehen. An derselben Stätte, an der die Menschen ihn schmähten und verfolgten, werden sie sich um ihn scharen, um ihm zu huldigen, „denn er muss herrschen, bis Gott ihm ‚alle Feinde unter seine Füße legt'" (1.Kor 15,25). Dieselbe Erde wird dann durch seinen Triumpf erfreut werden, die damals Zeugin seiner Schmerzen war! Und noch mehr. Du bist vielleicht schon gestorben und dein Leib wird im Grab verwest sein, wenn der Herr wiederkommt, du wirst aber trotzdem erfahren, dass er alle Gewalt hat, denn beim Schall seiner Posaune wird dein Leib auferstehen, um vor seinem Richterstuhl zu stehen. Magst du dich auch hier wider ihn aufgelehnt haben, dort wirst du ihm nicht widerstehen können; du magst ihn jetzt vielleicht verachten, aber dort wirst du vor ihm zittern. Das „Geht weg von mir, ihr Verfluchten" (Mt 25,41) wird ein furchtbarer Beweis davon sein, dass er „alle Gewalt" hat, wenn du nicht jetzt einen anderen, lieblichen Beweis dieser Macht annehmen willst, indem du zu ihm kommst, der die Mühseligen und Beladenen zu sich ruft und ihnen Ruhe der Seele verheißt. „Dienet dem Herrn mit Furcht und küsst seine Füße mit Zittern, dass er nicht zürne und ihr umkommt auf dem Wege; denn sein Zorn wird bald entbrennen. Wohl allen, die auf ihn trauen!" (Ps 2,11.12).

Ich werde euch zweitens nun, dank eurer Geduld, *DIE AUßERGEWÖHNLICHE WEISE* zeigen, *IN DER DER HERR SEINE GEWALT AUSÜBT*.

Brüder, der Herr Jesus hätte sagen können: „Mir ist gegeben alle Gewalt im Himmel und auf Erden; so nehmt denn das Schwert und tötet alle diese meine Feinde, die mich gekreuzigt haben." Er dachte aber nicht an Rache und hätte sagen können: „Diese Juden haben mich getötet, deshalb geht schnurstracks zu den Inseln und nach Tarsis und predigt dort, denn diese Männer sollen nie meine Gnade schmecken" – o nein, er sagte ausdrücklich: „Fangt an zu Jerusalem" und er trug seinen Aposteln auf, *zuerst* seinen Mördern das Evangelium zu predigen. Weil er „alle Gewalt" besitzt, erhielten seine Boten den Auftrag, alle Völker zu Jüngern zu machen. Meine Brüder, die Methode, durch die Jesus beabsichtigt, sich alles untertan zu machen, scheint völlig unangemessen zu sein. Zu lehren, zu Jüngern machen, diese Jünger zu taufen und sie weiter im Glauben zu unterweisen – das ist alles! Guter Meister, sind das die Waffen unseres Feldzuges? Sind das deine Streitaxt und Waffen für den Krieg? So ziehen die Fürsten dieser Welt nicht aufs Schlachtfeld; sie verlassen sich vielmehr auf ihre ungeheuren Kanonen, gepanzerten Waffen und Maschinen von todbringender Kraft. Doch was sind diese anderes als Beweise für ihre Schwäche? Hätten sie alle Gewalt in sich selbst, so bräuchten sie nicht solche Werkzeuge. Nur er, dem alle Gewalt gegeben ist, kann durch *ein* Wort alles ausrichten und ohne alle Gewaltmittel wirken, doch das alles mit Liebe.

Beachtet, *dass Lehren und Predigen des Herrn Weise ist, um seine Macht zu zeigen.* Heutzutage sagt man uns, der Weg, Seelen zu erretten, sei ein mit farbiger Seide und Seidenstoffen behängter Altar, verschieden, je nach den Kalendertagen, und in verschiedenen farbigen Gewändern gekleidete Priester, dazu Männer in Röcken erscheinen zu lassen, die ihrem Geschlecht entehrend sind. Durch diese seidenen Bänder und Stickereien, durch Weihrauchbrennen, allerlei Zeremonien und Inkarnationen oder Beschwörungsformeln sollen Seelen gerettet werden! „Nicht so", sagt der Herr, sondern „gehet hin in alle Welt und predigt das Evangelium aller Kreatur."

Befürchtet vielleicht jemand unter uns, dass die Predigt des Evangeliums durch diese neue Erscheinung von Götzendienst in unserem Land unterliegen wird? Davor wird Gott uns bewahren! Wenn nur noch einer übriggeblieben wäre, um das Evangelium zu verkündigen, so würde dieser eine es mit zehntausend Priestern aufnehmen können. Gib uns nur eine Zunge, voll der Feuerglut des Heiligen Geistes, und eine offene Bibel, und ein einziger Prediger des Evangeliums würde ein ganzes Heer von Mönchen und Beichtvätern, von barmherzigen Schwestern und Nonnen, von Pilgern, Bischöfen, Kardinälen und Päpsten aufscheuchen: denn Predigen, Lehren und das Taufen der Jünger ist die Weise Christi, doch Priesterhandwerk ist nicht Christi Weise. Hätte Christus Kraft durch Sakramente angeordnet, so würden die Priester weiterkommen; er hat aber nichts Derartiges vorgeschrieben, sein Mandat ist nur: Mir ist gegeben alle Gewalt im Himmel und auf Erden, deshalb, ihr Jünger, geht, lehrt, macht zu Jüngern, tauft und unterrichtet sie weiter im Namen des dreieinigen Gottes.

Meine Brüder, beachtet, *welche Männer es waren*, die mit diesem Auftrag in die Welt geschickt wurden. Die Elf waren zum größten Teil einfache Fischer. Wie, der allmächtige Jesus wählt Fischer, um die Welt zu überwinden? Jawohl; das tut er, weil er ihre Hilfe ja nicht braucht, alle Gewalt ist sein. Man sagt uns, wir müssen eine gebildete Geistlichkeit haben und meint mit einer „gebildeten Geistlichkeit" nicht etwa einen Menschen mit gesundem Menschenverstand, mit klarem Kopf und warmem Herzen, mit tiefer Erfahrung und gründlicher Menschenkenntnis, sondern vielmehr eine Geistlichkeit aus bloß humanistisch und mathematisch gebildeten Studenten, Theoretiker, Anfänger, weitaus besser bewandert in den Lehren des Unglaubens, als in der göttlichen Wahrheit. Hätte unser Herr die Weltweisen beauftragen wollen, so hätte er ohne Zweifel seine Boten aus Korinth oder Athen, nämlich von daher gewählt, wo sie durch ihre Kenntnisse in hohem Ansehen standen, oder er hätte daheim im jüdischen Land elf gelehrte Rabbiner gefunden. Solche Männer wollte er aber nicht; ihre Weisheit hatte in seinen Augen keinen Wert. Er wählte aufrichtige, herzliche Männer, die kindlich genug waren, um die Wahrheit zu lernen und kühn genug, um davon zu sprechen, wenn sie sie kannten. Die Kirche muss die Idee fahren lassen, von der Gelehrsamkeit der Welt abhängig zu sein. Wir haben ja nichts gegen gründliche Bildung einzuwenden, besonders nicht gegen ein eifriges Studium der Heiligen Schrift, aber gelehrte Grade an Stelle der Gabe des Heiligen Geistes zu setzen oder so genannte Bildung über die geistliche Erbauung der Menschen zu erheben, bedeutet, einen Götzen im Haus des lebendigen Gottes aufzustellen. Der Herr kann, wenn es ihm gefällt, sowohl den am wenigsten in Literatur bewanderten Mann gebrauchen, wie auch den Gelehrtesten. Geht hin, ihr Fischer, sagte er, geht hin und lehrt alle Völker.

Lasst uns ferner beachten, dass das Werk, das Evangelium zu predigen, was seine Weise ist, um seine Gewalt unter Menschen wirksam werden zu lassen, nur darauf gründet, dass er alle Macht besitzt. Hört, wie einige Brüder sagen: „Du brauchst einem toten Sünder das Evangelium nicht zu predigen, denn der Sünder hat keine Kraft." Ganz recht, wir predigen es ihm jedoch gerade deshalb, weil Jesus alle Gewalt gegeben ist, und weil *er* uns befohlen hat, es *aller Kreatur* zu predigen. „Aber wenn du den Sünder aufforderst zu glauben, hast du doch nicht die Kraft, ihn zum Glauben zu führen", wendet man ein. Ganz recht, es fällt uns auch nicht im Traum ein, im Besitz solcher Macht zu sein; liegt doch alle Macht und Gewalt allein in Christus. „Aber glaubst du denn, dass all dein Zuspruch je einen Menschen zur Buße und zum Glauben führen wird?", heißt es weiter. Sicherlich nicht. Aber weißt du denn nicht, dass die Kraft, Menschen zur Buße und zum Glauben zu führen, weder in der Redekunst noch in der Vernunft oder Überzeugungskraft, sondern einzig und allein in ihm liegt, „dem alle Gewalt gegeben ist im Himmel und auf Erden"?

Ich sage euch: Wenn mir mein Herr und Meister auftragen würde, morgen auf den Norwood Gottesacker zu gehen und die Toten aufzufordern, aufzustehen, ich würde es mit derselben Freudigkeit tun, mit der ich jetzt dieser Versammlung predige. Ich würde es aus demselben Grund tun, aus dem ich mich jetzt gedrungen fühle, die Nichtwiedergeborenen zur Buße und Bekehrung aufzufordern. Halte ich doch die Menschen für tot in Sünde und Übertretung und sage ihnen dennoch: „Lebt!“, weil mein Herr es mir befohlen hat. Dass dieses mein Tun das Richtige ist, wird dadurch bestätigt, dass während meiner Predigt Sünder zum Leben finden. Gelobt sei sein heiliger Name, Tausende zu einem neuen Leben erweckt worden! Hesekiel musste rufen: „Ihr verdorrten Gebeine, höret des Herrn Wort!“ (Hes 37,4). Wie töricht, so etwas zu sagen! Doch Gott rechtfertigte seinen Knecht, und eine gewaltig große Armee stand auf ihren Füßen, die vorher ein einziges Leichenhaus war. Josuas Leuten wurde befohlen, um die Mauern Jerichos die Posaunen zu blasen – völlig absurd, Trompeten zu blasen um Stadtmauern niederzubrechen, sie stürzten aber trotzdem ein. Gideons Männern wurde geboten, einfach ihre Krüge und ihre Fackeln darin zu tragen, die Krüge zu zerbrechen, dann still zu stehen und zu rufen: „Hier Schwert des Herrn und Gideons!“ (Ri 7,20) – lächerlich zu hoffen, auf diese Weise die Midianiter schlagen zu können, doch sie wurden geschlagen, denn Gott sendet seine Diener niemals mit einem törichten Auftrag aus. Es gefällt Gott, durch die Torheit der Predigt seinen göttlichen Ratschluss auszuführen, weder durch die Kraft der Rede noch durch die Macht des Predigers oder irgendeiner Macht seitens derer, denen gepredigt wird, sondern weil „alle Gewalt im Himmel und auf Erden“ *Christus* gegeben ist, und weil es seine Wahl ist, durch die Predigt des Wortes zu wirken.

Es ist also unsere Aufgabe, zu lehren, oder wie das griechische Wort sagt, *zu Jüngern zu machen.* Es ist unsere Aufgabe, dass ein jeder nach der Gabe, die ihm gegeben ist, seine Mitmenschen mit dem Evangelium bekannt macht und versucht, sie zu Jüngern Jesu zu machen. Wenn sie solche geworden sind, ist es unsere nächste Pflicht, ihnen das Zeichen der Jüngerschaft zu geben: „sie zu taufen“. Dieses symbolische Begrabenwerden stellt dar, dass sie in ihrem Heiland der Sünde abgestorben und durch ihn zu einem neuen Leben auferstanden sind. Die Taufe verpflichtet und bestätigt die Jünger und wir dürfen sie deshalb weder übergehen, noch ihr den falschen Platz einräumen. Wenn der Jünger „eingeschrieben“ wird, wird der Missionar zum Pastor, der, wie der Herr sagt, die Getauften „alles halten lehrt, was ich euch befohlen habe“. Der Jünger erhält Eintritt in die Schule, nachdem er dem Befehl des Herrn in Bezug auf die Taufe Gehorsam geleistet hat. So lernt er weiter, um beim Lernen gleichzeitig zu lehren. Er lernt Gehorsam, nicht nur in einigen Dingen, sondern in allem, was der Herr geboten hat. Er wird in die Gemeinde aufgenommen, nicht um ein Gesetzgebender oder Erfinder neuer Lehren und Zeremonien zu sein, sondern um zu glauben, was Christus sagt und zu tun, was er fordert. So beabsichtigt unser Herr, ein Reich aufzurichten, das alle anderen Reiche zerstören wird. Die, die ihn kennen, sollen andere lehren, um so die wunderbare Gewalt, die Christus vom Himmel gesandt hat, von dem einen zum anderen, von einem Land zum anderen auszubreiten.

So seht, meine Brüder, eure hohe Berufung und zugleich den hohen Beistand, der euch zum Erreichen eures Zieles zugesagt ist. Erkennt in der Vorhut „alle Gewalt", die von Christus ausgeht und in der Nachhut den Herrn selbst. „Siehe, ich bin bei euch alle Tage bis an der Welt Ende!" Seid ihr in dieser Armee eingeschrieben, so bitte ich euch: seid eurem großen Herzog treu, richtet sein Werk sorgfältig aus auf dem Weg, den er euch vorgeschrieben hat und wartet darauf, seine Macht zu seiner Verherrlichung ausgebreitet zu sehen.

Dieser Predigt möchte ich einen *sehr praktischen Schluss* geben. Der größte Teil meiner Gemeinde besteht aus Personen, die Jesus folgen, getauft und weiter unterrichtet worden sind. Ihr glaubt, dass Jesus alle Gewalt hat, deshalb möchte ich eine einfache Frage an euch richten. *Wieviel tragt ihr dazu bei, dass alle Völker gelehrt werden?* Dieser Auftrag gilt sowohl euch als auch mir. Zu diesem Zweck sind wir in die Welt gesandt, sind selbst Empfänger, um Geber zu werden. Wieviel habt ihr dazu beigetragen? Lieber Bruder, liebe Schwester, wie vielen habt ihr die Geschichte von der Erlösung durch das Blut Jesu erzählt? Du bist schon seit längerer Zeit bekehrt; zu wem hast du über Jesus gesprochen, wem von ihm geschrieben? Hast du so gut du kannst die Worte von anderen verteilt, wenn du vielleicht nicht sehr begabt bist, selber Worte zu finden? Antworte nicht: „Ich gehöre zu einer Gemeinde, die viel tut." Darum geht es nicht. Ich rede vielmehr von dem, was du *persönlich* tust. Jesus hat nicht einen Verwalter geschickt, um für uns zu sterben, sondern er hat unsere Sünden an seinem eigenen Leib auf das Holz getragen. Ich frage also: Was tust du *persönlich?* Tust du überhaupt etwas? „Aber ich kann doch nicht als Missionar hinausgehen", sagst du. Kannst du es wirklich nicht? Ich habe mich seit langem nach einer Zeit gesehnt, in der so mancher von euch fühlt, dass er den Heiden das Evangelium bringen und um des Herrn willen Behaglichkeit und ein gemütliches Leben aufgeben muss. Ich glaube, ich werde nie das Gefühl haben, dass wir das volle Maß christlichen Eifers erreicht haben, bis es etwas Selbstverständliches unter uns geworden ist, dass junge Brüder, wie die beiden, die uns vor kurzem verlassen haben, sich selbst diesem großartigsten Dienst Gottes weihen. Vielleicht hat dieser oder jener so halbwegs die Absicht. Hoffentlich werdet ihr sie nicht verdrängen oder eure Eltern euch an der Ausführung hindern. Es kann für eine Gemeinde keine größere Ehre geben, als viele Söhne und Töchter zu haben, die das Kriegsgerät für die Schlacht des Herrn tragen.

Seht, ich möchte heute ein Banner unter euch aufrichten: lasst die, deren Herzen Gott berührt hat, sich unverzüglich versammeln. Die Heiden eilen ins Verderben. Millionen sterben ohne Christus. Ist denn nicht sein letzter Befehl gewesen: „Gehet hin, lehret alle Völker!?“ Folgt ihr diesem Befehl? „Ich kann nicht gehen, ich bin durch meine Familie und viele Bande an das Haus gebunden“, sagst du. Dann frage ich dich, lieber Bruder: Gehst du denn so weit, wie du kannst? Gehst du die äußerste Länge des Spannseils, durch das du da gebunden bist, wo du lebst? Kannst du Ja dazu sagen? Nun, und was tust du, um anderen zu helfen, dass sie gehen?

Als ich über diese Predigt nachdachte, fiel mir auf, wie wenig die meisten von uns zur Verbreitung des Evangeliums unter allen Völkern tun. Wir tragen als Gemeinde reichlich für die Heiden hier bei uns in der Heimat zusammen, und ich freue mich darüber; aber wieviel gebt ihr, ein jeder von euch, jährlich für die Heidenmission in fremden Ländern? Ich schlage vor, dass jeder in seinem Kalender notiert, was er jährlich für die äußere Mission gibt und dann berechnet, wieviel Prozent von seinem Einkommen es ist. Gesetzt also, da steht: „Habe im April für die Mission gegeben: 1 DM.“ *Eine Mark* im Jahr für das Heil der Welt! Vielleicht heißt es: „Jährliches Einkommen 100.000 DM, jährlicher Beitrag für die Mission 20 DM.“ Welch ein Verhältnis! Ich kann nicht in euren Herzen lesen, sondern lese nur die Zahlen in dem Kalender und nehme an, ihr tut es auch, während ich einen Blick auf meine eigenen Einnahmen und Ausgaben richte.

Lasst uns alle zusehen, ob wir nicht mehr zur Verbreitung des Reiches unseres Erlösers tun können. Alle Gewalt ist sein, und wenn die Seinen aufgewacht sind zum Glauben an diese Gewalt und das einfache, aber kräftige Mittel, die Verkündigung des Evangeliums unter allen Völkern, nutzen, dann wird Gott, unser Gott, uns segnen, und die Enden der Erde werden seinen Namen fürchten. Amen.

DEM AUFERSTANDENEN HEILAND NACH[17]

„Seid ihr nun mit Christus auferstanden, so sucht, was droben ist, wo Christus ist, sitzend zur Rechten Gottes. Trachtet nach dem, was droben ist, nicht nach dem, was auf Erden ist."

Kolosser 3,1.2

Die Auferstehung unseres göttlichen Herrn von den Toten ist der Eckstein der christlichen Lehre. Oder noch bezeichnender könnte man sie vielleicht den Schlüssel zur Arche des Christentums nennen; denn wenn diese Tatsache geleugnet werden könnte, würde das ganze Gebäude des Evangeliums zusammenfallen. „Ist Christus aber nicht auferstanden, so ist euer Glaube nichtig, so seid ihr noch in euren Sünden; so sind auch die, die in Christus entschlafen sind, verloren. Hoffen wir allein in diesem Leben auf Christus, so sind wir die elendesten unter allen Menschen" (1.Kor 15,17.18.19).

Wegen der großen Bedeutung seiner Auferstehung hat es dem Herrn gefallen, viele unwiderlegbare Beweise von ihr zu geben, indem er wieder und wieder inmitten seiner Jünger erschien. Mit Gewissheit können wir zehn solcher Erscheinungen zählen. Er zeigte sich den Jüngern nicht nur, sondern aß auch mit ihnen. Sie hörten nicht nur seine Stimme, sahen nicht nur die Wundmale in seinen Händen und Füßen und in seiner Seite, sondern betasteten sie auch, wussten also ganz gewiss, dass er derselbe gekreuzigte Jesus war.

Seine Erscheinungen waren sehr verschiedenartig. Mit Maria Magdalena, Simon Petrus und Jakobus hatte er eine Privatunterredung; mehrere Frauen sahen ihn auf dem Weg vom Grab nach Jerusalem; er wanderte mit zwei Freunden auf dem Wege nach Emmaus, überraschte an zwei Sonntagabenden die Jünger bei verschlossenen Türen, ein anderes Mal sieben von ihnen in Galiläa am See Genezareth, ja, einmal sahen ihn sogar mehr als fünfhundert Brüder auf einmal auf einem Berg in Galiläa. *Alle* hätten sich doch nicht täuschen können. Es ist nicht möglich, dass irgendeine historische Tatsache eine bessere Grundlage der

[17] Gehalten am Sonntagmorgen, den 28. März 1880, im Metropolitan Tabernacle, Newington.

Glaubwürdigkeit haben könnte, als die Auferstehung des Herrn von den Toten. Dies ist außer aller Frage und allem Zweifel, und alles ist absichtlich so geschehen, weil es für die ganze christliche Lehre wesentlich ist.

Aus demselben Grund wird die Auferstehung des Herrn häufig gefeiert. Wir finden in der Heiligen Schrift zwar keine bestimmte Vorschrift dafür, dass diese alljährlich an einem bestimmten Tag gefeiert werden soll, wohl aus dem Grund, dass jeder Tag des Herrn ein Gedenktag an seine Auferstehung ist. Beim Erwachen an irgendeinem beliebigen Sonntagmorgen, sei es mitten im Winter oder im Sommer, können wir singen: „Christ ist erstanden!" Einen besonderen Ostersonntag festzusetzen zur besonderen Erinnerung an die Auferstehung des Herrn ist eine menschliche Einrichtung ohne Gebot in der Heiligen Schrift, hingegen jeden ersten Tag der Woche als einen Ostersonntag anzusehen, ist eine Erinnerung und Ehre, die ihm gebührt, der früh am ersten Tag der Woche aus dem Grab erstanden ist. Wir versammeln uns statt am siebten am ersten Tag der Woche, weil die Erlösung ein Werk ist, das noch bedeutender ist als die Schöpfung und mehr wert, gefeiert zu werden. Wird doch die Ruhe, die der Schöpfung folgte, weit übertroffen durch das, was aus der Vervollständigung der Erlösung hervorging. Wie die Apostel, so versammeln auch wir uns am ersten Tag der Woche und hoffen, dass Jesus mit seinem Gruß: „Friede sei mit euch!" in unserer Mitte ist. Unser Heiland hat den Sabbat aus seinen alten, verrosteten Angeln gehoben, in die das Gesetz ihn lange zuvor gestellt hatte, und ihn in die goldenen Angeln gehängt, die seine Liebe geformt hat. Er hat unseren Ruhetag nicht an das *Ende* einer Arbeitswoche, sondern an den *Anfang* gestellt als Ruhe, die für das Volk Gottes vorhanden ist. An jedem ersten Tag sollten wir an die Auferstehung des Herrn denken und nach der Gemeinschaft mit ihm in seinem Auferstehungsleben verlangen.

Lasst uns nie vergessen, dass alle, die in ihm sind, durch seine Auferstehung von den Toten mit ihm auferstanden sind. Der Wichtigkeit der Tatsache der Auferstehung des Herrn am nächsten steht die Lehre von Christus als dem Haupt der Gemeinde und die Einheit aller Gläubigen mit ihm. Weil wir Christi sind, werden wir Teilhaber an allem, was er getan hat, wir sind umgeben von ihm, tot mit ihm, begraben mit ihm, auferstanden mit ihm, denn wir können nicht von ihm getrennt werden. Wir sind Glieder seines Leibes, und kein Bein von ihm kann gebrochen werden. Weil diese Einheit so ureigenst, beständig und unlösbar ist, betrifft alles, was ihn betrifft, auch uns; und wie er auferstanden ist, so sind auch all die Seinen in ihm auferstanden.

Sie sind *in zweierlei Weise* auferstanden. Zunächst *abbildhaft*. An dem Tag, an dem Christus das Grab verließ, standen in ihm alle Erwählten auf. Er wurde gerechtfertigt, d.h. freigesprochen von aller Schuldenlast unserer Sünde, indem er freigelassen wurde aus dem Gefängnis-Haus des Grabes. Es war kein Grund mehr vorhanden, ihn im Grab zu halten, denn er hatte durch sein „einmaliges der Sünde Sterben" die Schulden der Seinen bezahlt. Er war unsere Geisel und unser Vertreter, und als er aus seinen Banden hervorkam, kamen auch wir hervor in ihm. In unserem Stellvertreter haben wir das Urteil des Gesetzes, wir haben sozusagen im Grab gelegen, ja, sind unter seiner Todesbürgschaft gestorben und jetzt nicht mehr unter dem Fluch des Gesetzes. „Sind wir aber mit Christus gestorben, so glauben wir, dass wir auch mit ihm leben werden, und wissen, dass Christus, von den Toten erweckt, hinfort nicht stirbt; der Tod kann hinfort über ihn nicht herrschen. Denn was er gestorben ist, das ist er der Sünde gestorben ein für alle Mal; was er aber lebt, das lebt er Gott" (Röm 6,8.9.10).

Neben diese abbildhafte Auferstehung tritt *unsere geistliche Auferstehung,* an der wir Anteil haben, sobald wir zum Glauben an Jesus Christus geführt worden sind. Dann mag von uns gesagt werden: „Und er hat euch mit ihm lebendig gemacht, die ihr tot wart in den Sünden" (Kol 2,13a).

Der Segen der Auferstehung wird erst bei der Erscheinung unseres Herrn und Heilandes vollkommen sein, denn dann werden unsere Leiber wieder auferstehen, wenn wir vor seiner Wiederkunft entschlafen. Er hat unsere Menschheit nach Geist, Seele und Leib völlig erlöst und wird sich nicht zufrieden geben, bis die Auferstehung, die unser Geist schon erfahren hat, sich auch auf unseren Leib erstreckt. Diese verdorrten Totengebeine werden leben, unser Leib wird auferstehen. Dann, in der Vollkommenheit der Schönheit unseres Auferstehungleibes, werden wir erfahren, dass wir wirklich vollständig in Christus auferstanden sind. „Denn wie sie in Adam alle sterben, so werden sie in Christus alle lebendig gemacht werden" (1.Kor 15,22).

Wir werden an diesem Morgen unsere Gemeinschaft mit Christus in seiner Auferstehung nur in Bezug auf unsere geistliche Auferstehung betrachten. Missversteht mich nicht, als würde ich damit die Auferstehung für eine bloß geistliche halten, die Auferstehung von den Toten im wirklichen Sinne wartet ja noch auf uns. Da aber unser Text von der geistlichen Auferstehung redet, werde ich versuchen, sie euch näher darzustellen.

Zuerst also: Lasst uns *UNSERE GEISTLICHE AUFERSTEHUNG MIT CHRISTUS* betrachten.

„Seid ihr nun mit Christus auferstanden“[18], so beginnt unser Text. Wenn diese Worte auch wie eine Vermutung klingen, sind sie doch nicht so gemeint. Der Apostel weckt keinen Zweifel und stellt keine Frage, sondern er wählt die Worte so um des Beweisgrundes willen. Man könnte auch lesen: „Seitdem ihr mit Christus auferstanden seid“, es ist hier logisch gemeint; er will argumentieren, nicht bezweifeln. Alle, die an Christus glauben, sind mit ihm auferstanden. Wir wollen über diese Wahrheit nachsinnen.

Zunächst, wir sind „tot durch ... Übertretungen und Sünden“ (Eph 2,1), aber da wir an Christus glauben, *sind wir durch den Heiligen Geist lebendig gemacht worden*, sodass wir nicht mehr tot sind. Da lagen wir im Grab, bereit zu verderben, ja, manche waren schon verdorben, die Kennzeichen des Sündenwurms waren schon in ihrem Wesen, der Modergeruch von realer Sünde ging von uns aus. Je nach der Zeit, die wir in jenem Tod zubrachten und je nach den uns umgebenden Verhältnissen, wirkte der Tod mehr oder weniger das Verderben in uns. Wir lagen in unserem Tod, völlig unfähig, uns selbst aus ihm zu erheben; hatten Augen, die nicht sahen, Ohren, die nicht hörten, wir lagen da mit einem kalten Herzen ohne Liebe, mit einer steifen Hand, die nicht imstande war, sich auszustrecken und auch nur einen Hauch Glauben mitzuteilen. Wir waren wie solche, die hinunter in die Grube fahren, wie solche, die schon lange tot gewesen sind; ja, in gewisser Hinsicht waren wir in einem noch viel schlimmeren Zustand als die wirklich Toten, weil wir für all unsere Versäumnisse, für alle Untüchtigkeit verantwortlich waren. Wir waren dadurch, dass es uns an Kraft fehlte, nicht weniger schuldig; ist doch mit dem Verlust moralischer Kraft nicht die moralische Verantwortlichkeit aufgehoben. Deshalb waren wir in einem Zustand geistlichen Todes der schrecklichsten Art.

Der Heilige Geist hat uns besucht und lebendig gemacht. Manche von uns erinnern sich vielleicht noch an das erste Lebensgefühl, wie es mit scharfem, bitterem Schmerz in unserer Seele zu stechen schien, ähnlich denen, die dem Ertrinken nahe waren und dann während der Rückkehr ins Leben große Schmerzen erleiden. So war es auch bei uns. Reue wuchs in

[18] Spurgeon zitiert die englische Übersetzung: „If ye then been risen with Christ“, und geht hier auf das Wort „if“ ein.

uns und die Erkenntnis von Sünde, Furcht vor dem kommenden Gericht und das Empfinden der Verdammung – aber das waren Lebenszeichen. Nach und nach breitete sich das Leben aus und entwickelte sich, bis das Auge geöffnet war – wir konnten Christus sehen; die Hand hörte auf, kraftlos zu sein, wir streckten sie aus und berührten den Saum seines Kleides; die Füße begannen, auf dem Weg des Gehorsams zu gehen und das Herz fühlte innerlich eine süße Glut der Liebe. Dann begannen die Augen, die mit Sehen nicht genug hatten, Tränen zu vergießen, und als die Tränen abgewischt waren, glänzten sie vor Freude.

O, meine Brüder, ihr, die ihr an Jesus glaubt, ihr seid nicht mehr geistlich tot! Die große Tat eures Glaubens an Jesus ist ein Beweis, dass ihr nicht mehr tot seid. Ihr seid lebendig gemacht worden von Gott, „weil die Macht seiner Stärke bei uns wirksam wurde, mit der er in Christus gewirkt hat. Durch sie hat er ihn von den Toten auferweckt und eingesetzt zu seiner Rechten im Himmel“ (Eph 1,19.20). Jetzt, Geliebte, seid ihr neue Kreaturen, die Frucht einer zweiten Geburt, wiedergeboren in Christus Jesus zu einem neuen Leben. Christus ist euer Leben, ein Leben, wie ihr es vorher nie gekannt habt oder ohne ihn jemals kennen würdet. Seid ihr denn mit Christus auferstanden, so wandelt ihr in einem neuen Leben, während die Welt im Tod bleibt.

Lasst uns einen Schritt weitergehen. Wir sind mit Christus auferstanden, deshalb hat *eine wundervolle Veränderung in uns stattgefunden.* Wenn die Toten auferstehen, werden sie nicht mehr so sein, wie sie vorher waren. Der begrabene Same kommt aus der Erde hervor, nicht als Same, sondern mit einem grünen Blatt, mit Knospe und Stamm und entwickelt sich nach und nach zu Blüte und Frucht. So tragen auch wir eine neue Gestalt nach dem Ebenbild dessen, der uns zu Gerechtigkeit und Heiligkeit erschaffen hat.

Ich bitte euch, *die Veränderung* zu beachten, die der Heilige Geist in den Gläubigen gewirkt hat – wahrlich, eine wundervolle Veränderung! Vor unserer Wiedergeburt war unsere Seele so wie unser Leib sein wird, wenn er gestorben ist, und wir lesen: „Es wird gesät verweslich“ (1.Kor 15,42). In unserem Wesen war eine Verdorbenheit, die sich unwiderstehlich allem Bösen zuneigte. Bei manchen zeigte sie sich weniger auf der Oberfläche, sondern wirkte vielmehr innerlich; bei anderen hingegen war sie schrecklich anzusehen. Wie groß ist die Veränderung! Ist doch jetzt die Macht der Verdorbenheit in uns gebrochen und vom neuen Leben überwunden; ist doch dieses neue Leben ein unverweslicher Same, der lebt und für ewig bleibt. Mag auch in der alten Natur die Verdorbenheit sein, sie kann die neue nicht berühren, die unser wahres, wirkliches Selbst geworden ist. Ist es nicht etwas Großes, von dem Schmutz gereinigt zu sein, der uns schließlich hinunter in die Grube gebracht hätte, wo das Feuer unauslöschbar brennt und der nimmer sterbende Wurm an der Fäulnis nagt?

Außerdem war unser alter Zustand dem gleich, der im Tod über den Leib kommt, weil es ein *Zustand der Unehre* war. Der Apostel sagt von dem Leib: „Er wird gesät in Unehre", und wahrlich, auf keiner Leiche liegt so viel Unehre wie auf dem Leib eines in Sünden und Übertretungen toten Menschen. Jawohl, was in der Welt von allem am meisten Schande und Verachtung verdient, ist der sündige Mensch. Verachtet er doch seinen Schöpfer, vernachlässigt seinen Heiland, wählt Böses statt Gutes und stößt das Licht von sich; weil seine Werke böse sind, zieht er die Finsternis vor. In den Augen aller reinen Geister ist ein sündiger Mensch ein schändlicher Mensch. Aber o, wie verändert ist ein Mensch, wenn die Gnade Gottes in ihm wirkt, denn dann ist er ein ehrenhafter Mensch. „Seht, welch eine Liebe hat uns der Vater erwiesen, dass wir Gottes Kinder heißen sollen – und wir sind es auch!" (1.Joh 3,1). Welch eine Ehre ist das! Selbst der Himmel enthält kein ehrenhafteres Wesen als einen erneuerten Menschen. Wohl mögen wir mit David ausrufen: „Was ist der Mensch, dass du seiner gedenkst, und des Menschen Kind, dass du dich seiner annimmst?" (Ps 8,5). Wenn wir jedoch in der Person Jesu einen Menschen sehen, dem Gott Macht und Herrschaft über die Werke seiner Hände gegeben hat, wenn wir wissen, dass Jesus uns zu Königen und Priestern vor Gott gemacht hat, so sind wir mit Recht voll staunender Anbetung darüber, dass Gott uns so hoch gestellt hat. Der Herr selbst hat gesagt: „Weil du in meinen Augen so wert geachtet und auch herrlich bist und weil ich dich lieb habe" (Jes 43,4). „In euch also, die ihr glaubt, ist er herrlich", so könnte die Übersetzung lauten. Ein köstlicher Christus macht auch uns köstlich; über diese Ehre dürfen sich alle Gläubigen freuen.

Der Apostel sagt ferner von einem Begrabenen: „Es wird gesät in Niedrigkeit" (1.Kor 15,43). Die arme tote Gestalt kann sich nicht selbst in ihr letztes Bett legen, liebende Hände müssen es tun; genauso sind wir allem Guten gegenüber voller Unfähigkeit. Als wir Sklaven der Sünde waren, waren wir zu allem Guten untüchtig, wie unser Herr sagt: „Ohne mich könnt ihr nichts tun" (Joh 15,5). Ohne ihn sind wir nicht einmal zu einem guten Gedanken fähig. „Denn Christus ist schon zu der Zeit, als wir noch schwach waren, für uns Gottlose gestorben" (Röm 5,6). Jetzt, da wir ihn und die Kraft seiner Auferstehung erkennen, hat Gott uns den Geist der Kraft und der Liebe gegeben, denn steht nicht geschrieben: „Wie viele ihn aber aufnahmen, denen gab er Macht, Gottes Kinder zu werden, denen, die an seinen Namen glauben" (Joh 1,12)?

Welch eine wunderbare Macht! Jetzt „haben wir das gute Wort Gottes und die Kräfte der zukünftigen Welt geschmeckt“ (Hebr 6,4.5) und „wachsen in der Erkenntnis Gottes und werden gestärkt in seiner Kraft durch seine herrliche Macht zu aller Geduld und Langmut“ (Kol 1,10b.11). Der Glaube begürtet uns mit einer göttlichen Macht, denn „alle Dinge sind möglich dem, der da glaubt“ (Mk 9,23) und jeder Gläubige kann ohne zu prahlen ausrufen: „Ich vermag alles durch den, der mich mächtig macht“ (Phil 4,13). Ist dies nicht eine wunderbare Veränderung, die die geistliche Auferstehung in uns gewirkt hat? Ist es nicht etwas Herrliches, dass Gottes Kraft in unserer Schwachheit vollkommen wird?

Die große Veränderung bezieht sich auch noch auf einen anderen Gesichtspunkt. Vom Leib heißt es: „Es wird gesät ein natürlicher Leib und wird auferstehen ein geistlicher Leib“ (1.Kor 15,44). Vorher waren wir natürliche Menschen und erkannten nicht, was vom Geist Gottes ist. Unser Sinn war auf das Irdische gerichtet, wir waren durch fleischliche Lust auf sichtbare Dinge aus. Jetzt aber hat die göttliche Gnade einen Geist in uns erschaffen, der sich von geistlichem Brot nährt, geistlichen Zwecken lebt, sich durch geistliche Beweggründe bestimmen lässt und sich an geistlicher Wahrheit freut. Diese Veränderung vom Natürlichen zum Geistlichen kann nur Gott wirken, und dennoch haben wir sie erfahren. Gott sei dafür die Ehre! In Kraft unserer Auferstehung in Christus haben wir Leben empfangen und sind selbst Gegenstand einer wunderbaren Veränderung geworden. „Ist jemand in Christus, so ist er eine neue Kreatur; das Alte ist vergangen, siehe, Neues ist geworden“ (2.Kor 5,17).

Weil wir dieses Leben empfangen und diese Veränderung durchgemacht haben, *werden uns die Dinge dieser Welt und die Sünde zu einem Grab.* Für einen toten Menschen ist ein Grab die beste Bleibe, die er sich wünschen kann. Nennt es seine Schlafkammer, wenn ihr wollt, liegt er doch so bewusstlos darin, als ob er schliefe. Aber sobald der Tote zum Leben erwacht, kann er es in einer solchen Kammer nicht aushalten; er nennt sie ein finsteres Gewölbe, einen ekelhaften Kerker, ein unerträgliches Totenhaus und muss es unverzüglich verlassen. Genauso wie uns damals, euch und mich, als wir noch natürliche Menschen, ohne geistliches Leben waren, uns die Dinge dieser Welt zufrieden stellten – aber jetzt ist es anders. Eine bloß äußere Religion war alles, was wir begehrten; einer toten Seele genügte eine tote Form. Das Judentum stellte die, die unter seinem Joch waren, zufrieden, ganz am Anfang des Evangeliums. Neumonde, Feiertage und überlieferte Gebote, Fasten und Festtage waren große Ereignisse für jene, die ihre Auferstehung mit Christus vergaßen. Dies alles wäre wohl eine hübsche Ausstattung für eine Totenkammer, wenn aber ewiges Leben die Seele durchdringt, werden diese äußeren Zeremonien hinweggetan, der Lebende zerreißt seine Grabgewänder und begehrt dem Leben entsprechende Kleider. In dem unserem Abschnitt vorangehenden Kapitel ermahnt uns der Apostel, dass sich keiner von menschlichen Traditionen ablenken oder von toten Ritualen einfangen lassen soll, da dies nichts für erneuerte und geistliche Menschen ist.

So wird auch alles fleischlich Begehrte, ob es Sündenfreuden sind oder selbstsüchtiger Gewinn, uns zum Grab. Für einen Toten mag Leichenkleid, Sarg und Grab ganz angemessen sein, doch lass den Toten wieder lebendig werden und er könnte es im Sarg nicht aushalten, er würde verzweifelte Versuche machen, hinauszukommen. Seht, wie er mit Gewalt den Deckel aufhebt, seine Totengewänder abreißt und von der Bahre eilt! So *kann* auch der zum Leben Erwachte nicht in der Sünde bleiben, sie ist ihm wie ein Sarg; er *kann* es in der Lust der Welt nicht aushalten – sie ist ihm wie ein Leichenkleid, er ruft nach Freiheit. Wenn die Auferstehung geschieht, hebt er seinen Grabhügel auf, zerschlägt Monument und Grabstein, wenn solche ihn bedeckt haben. Manche Seelen sind unter einer Masse von Selbstgerechtigkeit begraben, wie bei Reichen Marmor und Monumente auf den Gräbern liegen. Der Gläubige aber schüttelt dies alles ab, er kann die toten Werke nicht ertragen und muss frei davon sein. Er kann *nur* vom Glauben leben; alles andere Leben ist ihm Tod. Er muss aus seinem früheren Zustand heraus – ist doch das Grab kein Aufenthaltsort für einen lebendigen Menschen. So ist es, wenn wir durch Gnade von der Sünde, von uns selbst und dem fleischlichen Sinn zum Leben erwacht sind: alles wird uns zu finsteren Katakomben, in denen sich unsere Seele begraben fühlt, aus denen wir auferstehen müssen. Wie könnten auch die, die von der Sünde auferstanden sind, länger in ihr leben!

Und nun, Geliebte, sind wir im geistlichen Sinn *jetzt völlig auferstanden von den Toten*. Lasst uns das nicht vergessen. Bei unserem Herrn wurde nicht etwa das *Haupt* lebendig, während seine *Füße* im Grab blieben – nein, er stand auf als *vollkommener* und *ganzer* Mensch, durch und durch lebendig. So sind wir auch in jedem Bereich lebendig geworden. Wir haben, wenn auch noch in den ersten Anfängen, ein vollkommenes göttliches Leben empfangen; wir sind vollkommen in Christus Jesus. Das Auge unseres inneren Menschen ist aufgetan, unser Ohr ist erwacht, unsere Hand lebendig, unser Fuß ist beweglich. Jede einzelne Fähigkeit ist vorhanden, wenn auch noch unreif und der Entwicklung bedürftig und wenn es auch noch mit der alten toten Natur zu kämpfen gilt.

Darüber hinaus, was das Beste von allem ist: Wir sind auferstanden, um *nicht wieder zu sterben*. O, lasst mich nicht wieder die traurige

Geschichte hören, dass einer, der das göttliche Leben empfangen hat, die Gnade wieder verlieren und verloren gehen könnte! Mit unserer Bibel in der Hand wissen wir es besser. Wir „wissen, dass Christus, von den Toten erweckt, hinfort nicht stirbt; der Tod kann hinfort über ihn nicht herrschen. Denn was er gestorben ist, das ist er der Sünde gestorben ein für alle Mal; was er aber lebt, das lebt er Gott" (Röm 6,9.10). So soll auch der, der des Lebens Christi teilhaftig geworden ist, nicht sterben. Hat er nicht gesagt: „Ich bin die Auferstehung und das Leben. Wer an mich glaubt, der wird leben, auch wenn er stirbt; und wer da lebt und glaubt an mich, der wird nimmermehr sterben" (Joh 11,25.26)? Dieses Leben, das er uns gegeben hat, „das wird in ihm eine Quelle des Wassers werden, das in das ewige Leben quillt" (Joh 4,14). Der Herr Jesus selbst hat gesagt: „Meine Schafe hören meine Stimme und ich kenne sie und sie folgen mir; und ich gebe ihnen das ewige Leben, und sie werden nimmermehr umkommen, und niemand wird sie aus meiner Hand reißen" (Joh 10,27.28). Am Tag unserer Belebung lassen wir den geistlichen Tod, das Grab, in dem wir unter der Herrschaft der Sünde schliefen, dahinten. Fahr hin, du tödliche Sündenliebe, wir haben nichts mehr mit dir zu tun! Geh, tote, verdorbene Welt, wir haben nichts mehr mit dir zu schaffen! Christus hat uns auferweckt. Er hat uns ewiges Leben gegeben. Wir verlassen auf immer die finsteren Todesstätten und suchen die himmlischen Wohnungen. Unser Jesus lebt, und weil er lebt, sollen auch wir in Ewigkeit leben!

Ich habe also versucht, die Bedeutung der Auferstehung herauszuarbeiten, durch die unser geistliches Leben so klar dargestellt ist.

Der Apostel ermahnt uns, das empfangene Leben anzuwenden, darum zweitens: *Lasst uns das neue Leben in würdiger Weise gebrauchen.* „Seid ihr nun mit Christus auferstanden, so sucht, was droben ist." Lasst unser Tun, unser Leben und unseren Wandel unserem neuen Leben entsprechend sein.

Zunächst: lasst uns *das Grab verlassen.* Wir sind lebendig gemacht; unsere erste Handlung sollte also sein, die Region des Todes zu verlassen. Lasst uns das Grabgewölbe einer bloß äußeren Religion verlassen und Gott anbeten im Geist und in der Wahrheit. Lasst uns aufhören mit Pfaffentrug und all den schwarzen Geschäften einer geistlichen Betriebsamkeit, lasst die Toten ihre Toten begraben – wir wollen nichts davon: Lasst es ein Ende haben mit äußerlichen Formen, Riten und Zeremonien, die nicht von Christus befohlen sind; lasst uns nichts wissen und wollen, als Jesus, den Gekreuzigten. Ist doch das, was nicht von dem lebendigen Herrn ist, nur Beerdigungsprunk, passend für die Friedhöfe von Formalisten, deren ganze Religion im Staubaufhäufen auf dem Sargdeckel besteht. „Erde zu Erde, Asche zu Asche, Staub zu Staub." „Was vom Fleisch geboren ist, das ist Fleisch" (Joh 3,6).

Lasst uns auch *das Grab der fleischlichen Lust verlassen*, durch die sich die Menschen mit Nahrung für das Fleisch versorgen. Lasst uns nicht danach leben, was wir mit den Augen sehen und mit den Ohren um uns herum hören. Lasst uns nicht zum Anhäufen von Reichtum oder zum Erlangen von Ruhm leben, denn diese Dinge sollten für einen in Christus Auferstandenen wie tot sein. Lasst uns nicht für die Welt leben, die wir sehen, nicht so wie die, denen dieses Leben alles ist. Lasst uns leben wie die, die der Welt entflohen, die, wenn auch noch *in* der Welt, doch nicht *von* der Welt sind. Lasst uns unabhängig sein von dem Land, aus dem wir gekommen sind, und es verlassen, wie Abraham es tat, so als gäbe es ein solches Land gar nicht und hinfort mit unserem Gott wandeln und „auf eine Stadt warten, die einen festen Grund hat, deren Baumeister und Schöpfer Gott ist" (Hebr 11,10). Wie Jesus Christus alle Todeswohnungen hinter sich gelassen hat, lasst auch uns dasselbe tun.

Und dann wollen wir *uns beeilen, alles Übel zu vergessen, wie der Herr sich beeilte, das Grab zu verlassen.* Wie kurz war er nach allem unter den Toten! Er musste zwar drei Tage und Nächte im Grab liegen. Doch machte er sie so kurz wie möglich, sodass es schwer ist, die drei Tage überhaupt zusammenzukriegen. Es waren drei, ein Tagesabschnitt von jedem, aber mit Sicherheit waren drei Tage niemals so kurz, wie Jesus sie machte. Er verkürzte sie in rechtmäßiger Tat und, von den Schmerzen des Todes erlöst, stand er früh bei Tagesanbruch aus dem Grab auf. Bei der ersten Gelegenheit, in der er der Schrift gemäß das Grab verlassen konnte, ließ er Schweißtuch und Grabtücher zurück und stand im Garten, um die Jünger willkommen zu heißen. So lasst es auch mit uns sein. Es sollte kein Säumen, kein Zögern, kein Hinken auf beiden Seiten, kein Hängen an Eitelkeiten und kein Zugeständnis an das Fleisch geben. Auf denn, am frühen Morgen, ihr, die ihr geistlich lebendig gemacht worden seid! Am frühen Morgen weg von eurer Bequemlichkeit, euren fleischlichen Freuden, eurer Welt- und Selbstliebe – weg von dem dunklen Grab in einen angemessenen Lebensbereich der Tat! „Seid ihr nun mit Christus auferstanden, so sucht, was droben ist!"

Um die Analogie fortzusetzen: Als der Herr in der Frühe das Grab verlassen hatte, verbrachte er eine bestimmte Zeit auf der Erde unter den Seinen – so sollen auch wir wie er *unsere diesseitige Lebenszeit zu heiligem Dienst nutzen*. Unser Herr hatte im Blick, dass er im Aufbruch von der Erde war, nachdem er auferstanden war. Wenn ihr euch erinnert, er sagte: „Ich fahre auf zu meinem Vater und zu eurem Vater." Er sagte nicht: „Ich werde auffahren", als würde diese Begebenheit später stattfinden, sondern: „Ich fahre auf", als sollte es schnell geschehen und zwar sofort. Vierzig Tage blieb er hier, für vierzig Tage hatte er noch eine Aufgabe. Für ihn war es so, als führe er schon gen Himmel. Er hatte mit der Welt abgeschlossen, das Grab lag hinter ihm, deshalb sagte er: „Ich fahre auf zu meinem Vater und zu eurem Vater."

Auch wir haben unsere „vierzig Tage" hier zu warten. Der Zeitraum mag je nachdem, wie Gott es bestimmt, ein längerer oder kürzerer sein, er wird aber bald vorbei sein, und die Zeit unseres Abscheidens wird kommen. Lasst uns die Zeit unseres auferstandenen Lebens zubringen, wie Jesus seine Zeit zugebracht hat – in größerer Abgeschiedenheit von der Welt und in einer noch größeren Nähe denn je zum Himmel. Der Herr bezeugte und offenbarte sich auf vielerlei und verschiedene Weise. Lasst die Früchte unseres neuen Lebens offenbar werden, indem wir Zeugnis von der Macht Gottes ablegen. Lasst es alle Menschen sehen, dass ihr auferstanden seid. Lebt so, dass euer geistliches Leben so wenig in Zweifel gezogen werden kann wie die Auferstehung Christi in buchstäblichem Sinn. Veröffentlicht vor der Welt nicht eure eigenen Tugenden, um von ihr gepriesen zu werden, sondern „lasst euer Licht leuchten vor den Leuten, damit sie eure guten Werke sehen und euren Vater im Himmel preisen" (Mt 5,16). Stelle deinen Besitz des neuen Lebens außer Frage, sodass nach deinem Heimgang deine Freunde und Bekannten sagen können: „Er war ein lebendiges Kind Gottes, denn wir fühlten die Macht seines Lebens; er war ein veränderter Mensch, denn wir sahen die Erneuerung."

Jesus brachte auch seine Zeit zwischen Ostern und Himmelfahrt damit zu, die Seinen zu trösten. Er sprach: „Friede sei mit euch!" Er redete mit ihnen, zu Maria Magdalena und ihren Freundinnen, mit dem tief gefallenen, traurigen Petrus und der ganzen Versammlung, er ermutigte sie und bereitete sie auf ihre Berufung vor. Er nutzte diese vierzig Tage, um alles in seinem Reich zu ordnen, anzuordnen, was nach seiner Auffahrt geschehen solle und seinen Jüngern den Auftrag zu geben: „Gehet hin in alle Welt und predigt das Evangelium aller Kreatur" (Mk 16,15). Geliebte, lasst auch uns unsere Zeit der Durchreise in der Furcht Gottes zubringen, ihn anbeten, ihm dienen, ihn verherrlichen und bestrebt sein, das Reich des Herrn auszubreiten.

Nachdem ich euch so weit hinaufgeführt habe, möchte ich noch weiter gehen, noch höher steigen. Der Herr wolle uns dazu helfen! *Lasst unseren Sinn in Christus zum Himmel auffahren!* Sogar während unser Leib noch auf Erden ist, sollen wir mit Christus hinaufgezogen werden, angezogen durch ihn, sodass wir sagen können: Er hat uns mit ihm auferweckt und uns zusammen mit Christus Jesus einen Platz im Himmel gegeben. Unser Text sagt: „Trachtet nach dem, was droben ist, nicht nach dem, was auf Erden ist.“ Was ist das anderes als dass wir uns ausrichten auf himmlische Ziele. Jesus ist hinaufgegangen, lasst uns mit ihm gehen. Wegen unseres Leibes können wir ja jetzt noch nicht auffahren – Fleisch und Blut sind ja nicht geeignet, das Reich Gottes zu ererben –, aber lasst unsere Gedanken und unsere Herzen hinaufsteigen und uns oben eine selige Ruhestatt bauen. Lasst nicht einen einzelnen Gedanken aufsteigen, wie ein einsames Vöglein emporschwebt, sondern lasst vielmehr unser ganzes Gemüt, Seele, Geist und Herz emporsteigen wie Tauben in die Wolken. Lasst uns darüber hinaus praktisch sein und in all unserem Tun nach dem trachten, was droben ist, es suchen, weil wir es brauchen, weil wir es so sehr schätzen und zu erlangen hoffen. Man trachtet ja nicht ernsthaft nach etwas, wenn keine Hoffnung auf Erfüllung besteht. Das, was droben ist, und wonach wir trachten sollen, ist himmlische Gemeinschaft. Wir werden ja nicht mehr der Gemeinde der Toten zugezählt, sondern haben Gemeinschaft an Christi Auferstehung und mit allen Auferstandenen. Wahrlich, „unsere Gemeinschaft ist mit dem Vater und mit seinem Sohn Jesus Christus“ (1.Joh 1,3), „unser Bürgerrecht aber ist im Himmel“ (Phil 3,20). Lasst es unser Bestreben sein, mit dem lebendigen Gott zu gehen und die Gemeinschaft des Heiligen Geistes zu erkennen.

Lasst uns himmlische Gaben suchen, „alle gute Gabe und alle vollkommene Gabe kommt von oben herab“ (Jak 1,17). Lasst uns nach mehr Glauben trachten, nach mehr Liebe, mehr Geduld, mehr Eifer; lasst uns für mehr Nächstenliebe arbeiten, für mehr brüderliche Liebe, mehr Demut im Geist. Lasst uns daran arbeiten, mehr Ähnlichkeit mit Christus zu haben, dass er der Erstgeborene unter vielen Brüdern sein kann; lasst uns danach trachten, ein Abbild des Himmels zu sein und die Edelsteine zu tragen, die einen himmlischen Geist schmücken.

Trachtet auch nach himmlischen Zielen. Lasst stets *die Verherrlichung Gottes euer höchstes Ziel* sein. Ihr habt in dieser Welt zu schaffen und zu wirken, denn ihr seid noch im Leib; lasst es aber euer Anliegen sein, die irdischen Dinge zur Ehre Gottes zu gebrauchen. Erfüllt eure Pflichten als Menschen vor Gott, ohne euch um das Urteil der Menschen zu kümmern. Wo ihr mit Weltmenschen zu verkehren habt, hütet euch, dass ihr euch nicht von ihrem Standpunkt beeinflussen oder euch von ihren Beweggründen leiten lasst. Trachtet nicht nach selbstsüchtigen Zielen oder nach mehr Anerkennung, sondern danach, das allgemein Gute, die Interessen von Wahrheit, Gerechtigkeit, Frieden und Reinheit zu fördern. Heiligt alles durch Liebe zu Gott und den Nächsten. Lasst euch nicht zu Falschheit und Doppelzüngigkeit herunterziehen, sondern sucht ehrlich, aufrichtig, gerecht zu leben, als solche, die von den Toten auferstanden sind.

„Trachtet nach dem, was droben ist", nämlich nach himmlischen Freuden. O, trachtet danach, schon hier auf der Erde den Frieden des Himmels zu kennen, die Ruhe des Himmels, den Sieg des Himmels, den Dienst des Himmels, die Gemeinschaft des Himmels, die Heiligkeit des Himmels! Ihr könnt von allem schon hier einen Vorgeschmack haben, sucht danach. Mit einem Wort: Trachtet danach, für den Himmel vorbereitet zu sein, den Christus für euch vorbereitet. Ihr werdet bald oben wohnen, kleidet euch für das große Fest. Euer Schatz ist droben, lasst auch euer Herz dort sein! Alles, was ihr auf ewig besitzen werdet, ist oben, wo Christus ist, also erhebt euch und freut euch! Lasst eure Hoffnung die Freude vorwegnehmen, die aufbewahrt wird, und so lasst uns hier unten unseren Himmel beginnen! Wenn ihr also mit Christus auferstanden seid, so lebt eurer auferstandenen Natur gemäß, „denn euer Leben ist verborgen mit Christus in Gott" (Kol 3,3).

Was für *ein Magnet, der uns himmelwärts zieht*, sollte diese Tatsache sein, dass Christus zur Rechten Gottes sitzt! Wo anders sind während der Abwesenheit ihres Gatten die Gedanken der Gattin, als bei ihrem geliebten Abwesenden! Ihr wisst Brüder, es ist bei uns nicht anders: wir folgen immer dem Gegenstand unserer Liebe mit unseren Gedanken. So lasst *Jesus* unseren großen Magneten sein, der all unser Sinnen, all unsere Liebe auf sich zieht! Er *sitzt*, denn sein Werk ist vollbracht, wie geschrieben steht: Er „hat vollbracht die Reinigung von den Sünden und hat sich gesetzt zur Rechten der Majestät in der Höhe" (Hebr 1,3). Lasst uns mit ihm ruhen. Er sitzt auf seinem Thron. Beachtet seine Majestät, freut euch seiner Macht, vertraut seiner Herrschaft. Er sitzt zur Rechten Gottes, am Platz der Ehre und Auszeichnung. Dies ist ein Beweis, dass wir von Gott geliebt und ihm wohlgefällig sind – hat doch unser Vertreter zur Rechten Gottes den ausgewähltesten Platz. Lasst also euer Herz sich erheben und sich mit ihm dieser Ehre und Auszeichnung freuen. Nehmt Flügel, meine Gedanken, und schwingt euch auf zu Jesus! Meine Seele, hast du nicht oft geseufzt: „‚Weh mir, dass ich weilen muss unter Meschech; ich muss wohnen bei den Zelten Kedars!' (Ps 120,5). O hätte ich Flügel wie eine Taube, dass ich wegfliegen könnte und Ruhe hätte!" Nun, meine Seele, hier sind Flügel für dich! Jesus zieht dich aufwärts! Du hast ein Recht, da zu sein, wo Jesus ist, denn du bist ihm angetraut; deshalb lass deine Gedanken bei ihm sein, ruhe in ihm, freue dich seiner, und abermals, freue dich! Diese heilige Leiter steht vor uns, lasst uns sie ersteigen, bis wir im Glauben im Himmel neben ihm sitzen. Möge der Geist Gottes diese Worte an euch segnen!

Weil wir mit Christus auferstanden sind, *lasst das neue Leben sich an entsprechenden Dingen erfreuen.* Dies führt uns zu dem zweiten Vers: „Trachtet nach dem, was droben ist, nicht nach dem, was auf Erden ist." „Trachtet nach dem" heißt so viel wie: „Sinne fleißig darüber nach", oder: „Richte den Sinn auf das, was droben ist, nicht auf das, was auf Erden ist." Was für einen Toten passend sein mag, ist ganz unpassend für einen Auferstandenen. Unsere Wünsche im Blick auf manche Dinge mochten wohl unserem natürlichen Zustand angemessen sein, sind aber weder erlaubte noch würdige Dinge für uns, wenn wir Christus angehören. Weil wir lebendig geworden sind, müssen wir uns im Leben bewegen, und wie wir aufgefahren sind, müssen wir Dinge lieben, die höher sind als die irdischen.

Was sind denn „diese Dinge" droben, nach denen wir trachten sollen? Ich möchte jetzt eure Augen über jene Wolken und das niedrigere Firmament hinauf zu der Wohnung Gottes richten. Was seht ihr da? Zunächst ist *Gott selbst* da. Macht *ihn* zum Gegenstand eurer Gedanken und Wünsche, eurer Gefühle und Liebe. „Habe deine Lust am Herrn; der wird dir geben, was dein Herz wünscht" (Ps 37,4). „Aber sei nur stille zu Gott, meine Seele; denn er ist meine Hoffnung" (Ps 62,6). Lasst ihn eure Freude sein; lasst nichts zwischen euch und euren himmlischen Vater kommen. Was wäre die ganze Welt, wenn ihr nicht *Gott* hättet, und wenn ihr ihn habt, was macht es dann, wenn auch alles in der Welt euch genommen würde! Gott ist alles, und wer sagen kann, dass Gott sein ist, ist reicher als ein Krösus. „Wenn ich nur dich habe, so frage ich nichts nach Himmel und Erde. Wenn mir gleich Leib und Seele verschmachtet, so bist du doch, Gott, allezeit meines Herzens Trost und mein Teil" (Ps 73,25.26). „... den Herrn, deinen Gott, lieben von ganzem Herzen, von ganzer Seele, von ganzem Gemüt und von allen deinen Kräften" (Mk 12,30). Das ist es, was das Gesetz von uns fordert und wozu das Evangelium uns tüchtig macht.

Was sehe ich weiter? Ich sehe *Jesus*, der wahrhaftig Gott und wahrhaftig Mensch ist. Bedarf es noch des Drängens, Geliebte, um euren ganzen Sinn, euer ganzes Herz auf den Hochgeliebten zu richten? Hat nicht er euer Herz gewonnen und hält es wie mit einem mächtigen Zauber? Ich weiß, ihr habt ihn lieb. So lasst euren Sinn auf ihn gerichtet sein. Sinnt oft über seine heilige Person nach, über sein vollkommenes Werk, über die Herrlichkeit seiner Mittlerschaft, über sein Wiederkommen, seine glorreiche Herrschaft, über seine Liebe zu euch, über eure Sicherheit in ihm und eure Gemeinschaft mit ihm. O, lasst euer Herz voll sein von diesen lieblichen Gedanken, lasst sie euren Mund füllen und euer Leben beeinflussen! Fangt den Morgen im Aufblick zu ihm an und lasst am Abend den letzten Gedanken an ihn und seine Gegenwart euren Schlaf versüßen. Lasst Herz und Sinn auf den gerichtet sein, dessen Herz und Sinn auf euch gerichtet ist!

Ich sehe aber noch mehr, nämlich „das Jerusalem, das droben ist, das ist die Freie; das ist unsere Mutter“ (Gal 4,26). Ich sehe *die triumphierende Gemeinde Christi im Himmel*, mit der die kämpfende Gemeinde eins ist. Wir machen uns nicht oft genug klar, dass wir zu der „Gemeinde der Erstgeborenen, die im Himmel aufgeschrieben sind“ (Hebr 12,23) kommen. Liebt alle Gläubigen, aber vergesst auch nicht die vollkommenen Gerechten droben. Habt Gemeinschaft mit ihnen – gehören wir doch zusammen. Gedenkt der Überwinder, die die Krone des Lebens empfangen, der Helden, die einen guten Kampf gekämpft haben, die jetzt ruhen von ihrer Arbeit und die Palme schwingen. Lasst euer Herz oft bei den Gerechten verweilen, mit denen ihr die Ewigkeit verbringen werdet.

Und was gibt es sonst noch droben, was wir lieben, wonach wir trachten sollten? Ist es nicht *der Himmel selbst?* Er ist die Stätte der Heiligkeit; lasst uns diese Stätte so lieben, dass wir anfangen, auf Erden heilig zu werden. Er ist der Ort der Ruhe; lasst uns solchen Genuss daran haben, dass wir durch den Glauben in diese Ruhe eingehen. O, meine Brüder, euch gehören große Besitztümer, die ihr nie gesehen habt! Ich denke, wenn ich ein Landgut auf Erden in Aussicht hätte, das bald mein sein würde, so würde es mir lieb sein, hin und wieder über die Hecke zu blicken. Wenn ich es auch noch nicht in Besitz nehmen könnte, würde ich doch gerne sehen, was für mich aufgehoben wird. Ich würde einen Vorwand suchen, um an ihm vorbeizugehen, und wenn jemand mit mir den Weg ginge, würde ich erfreut sagen: „Dieses Landgut wird später meins werden.“

Vertröste dich in deiner gegenwärtigen Armut auf die vielen Wohnungen. In Krankheit freue dich auf das Land, in dem kein Einwohner sagen wird: „Ich bin schwach.“ Inmitten von Niedergeschlagenheit des Geistes tröste dich mit der Aussicht auf ungeteilte Freude. Wie? Bist du an die Erde gefesselt? Kannst du dich denn nicht in das zukünftige Leben hineindenken? Der Todesstrom ist schmal; kannst du denn nicht mit deinen Gedanken und deinem Glauben einen Sprung über ihn machen, um eine Weile am anderen Ufer zu stehen und zu rufen: „Alles ist mein, mein auf ewig!“? Wo *Jesus* ist, da werde auch ich sein, wo *Jesus* sitzt, werde auch ich ruhen, weit, weit weg von einer Welt voll Schmerz und Sünde!

Wenn dann die Gnade, mit der ich geliebt,
dort eine Wohnung im Himmel mir gibt,
wird doch nur Jesus und Jesus allein
Grund meiner Freude und Anbetung sein.
Das wird allein Herrlichkeit sein,
das wird allein Herrlichkeit sein,
wenn frei von Weh ich sein Angesicht seh!

„Trachtet nach dem, was droben ist!“ O, wie wäre es, aus dieser Zeit fortzugehen von den trüben Sorgen, die uns wie ein Nebel umschließen! Sogar wir, die wir Jesu Christi Eigen sind und in seinen Vorhöfen leben, sind manchmal müde und matt, als wäre sein Dienst ein harter. Es ist freilich nie seine Absicht, ihn zu einem Frondienst zu machen, es liegt vielmehr an uns, wenn wir ihn dazu machen. Marthas Dienst ist in Ordnung, aber sie ist nicht berufen, sich durch viel Dienen viel Sorgen und Mühe zu machen – das ist ihre eigene Vorstellung. Lasst uns fleißig dienen, und doch zugleich mit Maria zu des Meisters Füßen sitzen.

Ihr, die ihr ein Geschäft habt und durch euren Beruf gezwungenermaßen mit der Welt zu tun habt, mögt es schwierig finden, euch ganz den niederdrückenden Einflüssen dieser armen Welt zu entziehen; sie wird euch hinderlich und störend sein. Ihr seid einem Vogel gleich, der stets in Gefahr ist, wenn er sich von der Erde emporschwingt. Dort sind Leimruten, Fallen, Netze und Flinten; ein armer Vogel ist nie sicher, es sei denn im Flug hoch oben. Aber die Vögel müssen ja hinunter, um Nahrung zu suchen. Natürlich; sie tun aber gut daran, ihr Futter möglichst in Eile zu sammeln, um sich dann wieder emporzuschwingen. Wenn wir uns zwischen die Kinder dieser Welt begeben müssen, sollten wir uns ihnen bald wieder entziehen. Wer mit der Welt zu verkehren hat und ihre Sünden und Übel sieht, soll sich hüten, es nicht ohne den himmlischen Vater zu tun, er soll, sobald er sein Körnlein aufgepickt hat, sich wieder erheben, sich nicht länger aufhalten, denn hier ist nicht sein Ruheplatz. Du bist wie

Noahs Taube, die über der Wasserwüste fliegt; es gibt keine Ruhe für deine Fußsohlen, nur in der Arche bei Jesus.

Schließe an diesem Auferstehungstag die Welt aus, lasst uns das Wildschwein aus dem Wald vertreiben; lasst den Weinstock blühen und die zarten Trauben ihren süßen Duft verbreiten. Lasst den Geliebten kommen und im Garten unserer Seele wandeln, während wir uns an ihm und seinen himmlischen Gaben freuen. Lasst uns an diesem heiligen Tag nicht die Last unserer irdischen Nöte tragen, sondern lasst ihn uns halten wie den Sabbat des Herrn. Am Sabbat sollen wir so wenig mit unserem Sinn arbeiten wie mit den Händen. Sorgen und Ängstlichkeit über irdische Dinge entheiligen den Tag der heiligenden Ruhe. Das Wesen der Sabbatentheiligung liegt in innerer Unruhe, in Murren und Unglauben, von denen leider so viele voll sind. Legt das ab, Geliebte, denn wir sind mit Christus auferstanden, und es ist nicht angebracht, dass wir zwischen Gräbern umherstreifen. Lasst uns vielmehr dem Herrn ein neues Lied singen und ihn von ganzem Herzen preisen. Amen.

Die Auferstehung unseres Herrn Jesus[19]

„Halt im Gedächtnis Jesus Christus, der auferstanden ist von den Toten, aus dem Geschlecht Davids, nach meinem Evangelium."

2. Timotheus 2,8

Durch lange Krankheit bin ich der vor mir liegenden Aufgabe kaum gewachsen. Hätte ich je nach glänzenden Gedanken oder hohen Worten gesucht, würde ich sicherlich heute durchfallen, da ich mich sehr untüchtig fühle. Bei der Vorstellung, euch an diesem Morgen zu predigen, hat mich jedoch der Gedanke sehr ermutigt und getröstet, dass es die Predigt der Wahrheit selbst ist, die Gott segnet, und nicht die Weise, in der sie verkündigt wird. Hätte Gott die Kraft des Evangeliums von dem Prediger und seinem Stil abhängig gemacht, so würde er die Auferstehung, die großartigste aller Wahrheiten, eher durch Engel als durch Menschen verkündigen lassen. Nachdem die Engel einige Worte zu den Frauen geredet hatten, war es mit ihrem Zeugnis zu Ende. Das hervorragendste Zeugnis von der Auferstehung des Herrn war zuerst das der heiligen Frauen, und später das der fünfhundert oder mehr einfachen Männer und Frauen, die von dem, was sie gesehen hatten, Zeugnis ablegten, wenn sie vielleicht auch ganz unfähig waren, das Gesehene mit Beredsamkeit zu beschreiben. Über die Auferstehung des Herrn habe ich, wie die Diener Gottes überhaupt, weiter nichts zu sagen als die Tatsache zu bezeugen, dass Jesus, aus dem Geschlecht Davids, von den Toten auferstanden ist. Mag man diese Tatsache in Poesie oder wie Milton in Versen darstellen, es wird zu nichts anderem führen. Mag man auch die Geschichte ganz einfach schreiben, sodass kleine Kinder sie in ihrer Fibel buchstabieren können, es wird nichts anders. „Der Herr ist wahrhaftig auferstanden", das ist Summe und Inhalt unseres Zeugnisses, wenn wir von dem auferstandenen Erlöser reden. Wenn wir nur die Wahrheit seiner Auferstehung erkennen und ihre Kraft fühlen, so ist die Art unseres Vortrags Nebensache; denn der Heilige Geist wird der Wahrheit Zeugnis geben und sie im Herzen der Zuhörer Frucht bringen lassen.

---

[19] Gehalten am Sonntagmorgen, den 9. April 1882, im Metropolitan Tabernacle, Newington.

Unseren Text finden wir im zweiten Brief des Paulus an Timotheus. Der ehrwürdige Knecht Gottes ist besorgt um den jungen Mann, der mit bemerkenswertem Erfolg gepredigt hat und den er in mancher Hinsicht als seinen Nachfolger ansieht. Der alte Mann steht kurz davor, seine Leibeshütte abzulegen und es ist ihm ein großes Anliegen, dass sein Sohn im Evangelium dieselbe Wahrheit predigt, die er, sein geistlicher Vater, gepredigt hat und auf keinerlei Weise das Evangelium verfälscht. Schon damals entstand eine Tendenz und sie besteht bis in unsere Tage, nämlich der Versuch, sich von den einfachen Tatsachen unseres Glaubens zu entfernen zu mehr philosophischen, schwer verständlichen. Das Wort, das einfache Leute mit Freude hören, ist den gebildeten Weltweisen nicht fein genug und sie glauben, es müsse mit einem Nebel menschlicher Gedanken und Spekulationen umgeben werden.

Drei, vier einfache Tatsachen bilden das Evangelium, wie Paulus im ersten Korintherbrief in Kapitel 15 in den Versen 3 und 4 sagt: „Denn als Erstes habe ich euch weitergegeben, was ich auch empfangen habe: dass Christus gestorben ist für unsre Sünden nach der Schrift; und dass er begraben worden ist; und dass er auferstanden ist am dritten Tage nach der Schrift."

Unsere Seligkeit beruht auf der Menschwerdung, auf dem Leben, dem Tod und der Auferstehung Jesu Christi. Wer diese Wahrheiten recht glaubt, glaubt an das Evangelium und wird ohne Zweifel in diesem Glauben ewiges Heil und Leben finden. Aber die Menschen wünschen Neuigkeiten; sie können es nicht fassen, dass die Posaune stets denselben festen, gewissen Ton gibt, sie verlangen jeden Tag eine neue Idee. „*Das Evangelium mit Variationen*" ist ihre gewünschte Musik. Die Vernunft sei fortschrittlich, sagen sie und glauben, an der Spitze der Väter marschieren zu müssen. Der im Fleisch erschienene Gott, ein heiliges Leben, ein Versöhnungstod, eine Auferstehung im buchstäblichen Sinn kommt ihnen, nachdem man davon seit nun fast neunzehnhundert Jahren gehört hat, abgenutzt und veraltet vor, und das gebildete Gemüt hungert nach einer Veränderung des altmodischen Manna. Schon zur Zeit des Paulus wurde diese Neigung offenbar; man fing an, Tatsachen als Geheimnisse und Parabeln anzusehen und in ihnen eine geistliche Bedeutung zu suchen, bis man so weit kam, sie als wirkliche Tatsachen zu leugnen. Auf der Suche nach einem verborgenen, geheimnisvollen Sinn verlor man die Tatsache selbst aus den Augen, verlor in einer törichten Bevorzugung des Schattens das Wesen. Während Gott ihnen herrliche Ereignisse vorhielt, Ereignisse, die den Himmel mit Staunen füllen, beweisen sie ihre törichte Weisheit darin, dass sie die einfachen historischen Tatsachen als Mythen oder als zu lösende Rätsel ansahen, die man irgendwie anders verstehen müsse. Wer sie mit kindlichem Glauben annahm, wurde wie ein Tor beiseite gestoßen, um dem Streiter und Schreiber Platz zur Verdunkelung der Einfachheit und zum Verbergen des Lichts der Wahrheit zu machen.

Es lehrten zwei Männer namens Hymenäus und Philetus, „die von der Wahrheit abgeirrt sind und sagen, die Auferstehung sei schon geschehen, und bringen einige vom Glauben ab" (2.Tim 2,17), wie der Apostel von ihnen sagt. Sie vergeistigten die Auferstehung und machten sie zu einem sehr merkwürdigen und mystischen Etwas, leugneten aber dadurch die Auferstehung selbst. Unter den Menschen herrscht bis auf den heutigen Tag ein Haschen nach neuen Ideen, nach Verfeinerung alter Lehren und Vergeistigung wirklicher Tatsachen. Sie reißen der Wahrheit das Innerste heraus und geben uns dafür einen Leib, vollgestopft von Hypothesen, Spekulationen und größeren Hoffnungen. Die goldenen Schilde Salomos werden weggenommen, um an ihrer Stelle eherne aufzuhängen[20] – erfüllen sie nicht den gleichen Zweck und ist vielleicht dieses Metall damals beliebter gewesen? Es mag sein; wir haben jedoch nie Rehabeam bewundert, sondern sind altmodisch genug, um die ursprünglichen goldenen Schilde vorzuziehen. Es war dem Apostel Paulus ein großes Anliegen, dass sich Timotheus fest zu dem Zeugnis des Apostels stellen, es im ursprünglichen Sinn verstehen und von der Tatsache predigen sollte, dass Jesus Christus aus dem Geschlecht Davids von den Toten auferstanden ist.

In Verbindung mit unserem Text werden mehrere Tatsachen berichtet, zunächst die große Wahrheit, dass Jesus, der Sohn des Höchsten, von Gott gesalbt ist. Der Apostel nennt ihn: *Jesus Christus*, d.h. den Gesalbten, den Messias, den Gesandten Gottes. Er nennt ihn auch Jesus, d.h. *Heiland*, und es ist eine köstliche Wahrheit, dass er, der von der Jungfrau Geborene, der in der Krippe zu Bethlehem gelegen, er, der uns geliebt, für uns gelebt hat und gestorben ist, der verordnete und gesalbte Heiland der Menschen ist. Wir lassen keinen Augenblick Zweifel an der Mission, dem Amt und der Bestimmung unseres Herrn aufkommen; im Gegenteil, an der Tatsache, dass er von Gott zum Heiland der Menschen gesalbt ist, hängt unserer Seelen Seligkeit.

Dieser Jesus war wirklich und wahrhaftig Mensch, denn Paulus sagt: „*Aus dem Samen Davids*."

[20] 1. Könige 14,26.27.

Gewiss, er war Gott, die Weise seiner Geburt unterschied sich von der anderer Menschen, und doch hat er in jeder Hinsicht unsere menschliche Natur angenommen und kam aus dem Geschlecht Davids. Auch dies glauben wir. Wir gehören nicht zu denen, die das Erscheinen des Gottessohnes im Fleisch vergeistigen und vermuten, Gott sei hier wie ein Phantom gewesen oder die ganze Geschichte sei nur eine lehrreiche Legende. Nein, der Sohn Gottes wohnte in Fleisch und Blut unter den Menschen, als Bein von unserem Bein, Fleisch von unserem Fleisch – das war er während seines Aufenthaltes auf Erden. Wir wissen und glauben, dass Jesus Christus ins Fleisch gekommen ist. Wir lieben den Fleisch gewordenen Gott und setzen unser Vertrauen auf ihn.

In dem Text ist auch eingeschlossen, dass *Jesus gestorben* ist; denn wie hätte er auferstehen können von den Toten, wenn er nicht zuerst hinunter zu den Toten gegangen und ihnen zugezählt worden wäre! Ja, Jesus starb. Die Kreuzigung war keine Täuschung; das Durchstechen seiner Seite war der klarste, augenscheinlichste Beweis seines Todes. Wurde doch sein Herz durchstochen, und es floss Blut und Wasser heraus. Als ein Toter wurde er vom Kreuz genommen und von Freundeshänden in Josef von Arimathias Grab gelegt. Ich sehe im Geist die blasse Leiche, weiß wie eine Lilie. Wie war sie mit Blutspuren bedeckt! Seht, wie die Freunde die teure Leiche sorgsam in weißes Leinen mit Spezereien hüllen und sie in dem in einen Felsen gehauenen Grab ganz allein den Sabbat verbringen lassen! Kein Mensch ist sicherer tot gewesen als Jesus. „Man gab ihm sein Grab bei Gottlosen und bei Übeltätern“ (Jes 53,9). Als ein Toter wurde er ins Grab gelegt mit Schweißtuch und Leinen; danach wurde der große Stein vor das Grab gewälzt und die Trauernden gingen davon.

Dann folgt die herrliche Wahrheit, dass bei Anbruch des dritten Tages Jesus *wieder auferstanden ist.* Sein Leib war nicht von der Verwesung berührt, denn es war nicht möglich, dass der Heilige die Verwesung sehe, wenn er auch wirklich tot gewesen ist. Aber durch die Macht des dreieinigen Gottes, durch seine eigene Kraft, die des Vaters und des Heiligen Geistes wurde am dritten Tag vor Sonnenaufgang sein toter Leib wieder lebendig. Das stille Herz fing wieder an zu schlagen, das Lebensblut fing wieder an, durch die stillstehenden Kanäle der Adern zu fließen. Die Seele des Erlösers nahm wieder Besitz von seinem Leib, der wieder lebte. Er war so gewiss zum vollen Leben an Geist, Seele und Leib vom Grab erstanden, wie er vorher gelebt hatte. Er kam im buchstäblichen Sinne wahrhaftig in einem materiellen Körper aus dem Grab hervor, um bis zu seiner Himmelfahrt hier unten zu sein. Dies ist die Wahrheit, die verkündigt werden soll, mag man auch wagen, sie zu verfeinern oder zu vergeistigen. Dies ist die historische Tatsache, von der die Apostel Zeugen waren; dies ist die Wahrheit, für die die Märtyrer bluteten und starben. Dies ist der Schlüssel zur Arche des Christentums; wer ihn wegwirft, hat damit die wesentliche Wahrheit Gottes verworfen. Wer könnte auf die Seligkeit hoffen, der nicht glaubt, dass Jesus wahrhaftig auferstanden ist?

Ich möchte an diesem Morgen eure Aufmerksamkeit auf drei Dinge lenken: *Erstens*: Lasst uns bedenken, *welche Bedeutung die Auferstehung Christi für andere große Wahrheiten hat. Zweitens* wollen wir bedenken, *welche Bedeutung die Tatsache der Auferstehung für das Evangelium hat*, denn sie hat dem Text nach eine Bedeutung: „Jesus Christus, aus dem Geschlecht Davids, ist von den Toten auferstanden nach meinem Evangelium." Lasst uns *drittens* bedenken, *welche Bedeutung sie für uns hat,* sie ist in dem Wort „Halt im Gedächtnis" angedeutet.

Zunächst, Geliebte, wollen wir mit Gottes Hilfe *die Bedeutung* bedenken, *die die Tatsache der Auferstehung Christi von den Toten hat*.

Zunächst einmal ist deutlich, dass *die Auferstehung des Herrn ein unwiderleglicher Beweis eines jenseitigen Lebens ist.* Habt ihr nicht so viele Male jene Verse zitiert von „dem unentdeckten Land, von dessen Ufer kein Reisender zurückkehrt"? Es ist nicht so. Einst war ein Reisender da, der gesagt hat: „In meines Vaters Hause sind viele Wohnungen. Wenn's nicht so wäre, hätte ich dann zu euch gesagt: Ich gehe hin, euch die Stätte zu bereiten? Und wenn ich hingehe, euch die Stätte zu bereiten, will ich wieder kommen und euch zu mir nehmen, damit ihr seid, wo ich bin" (Joh 14,2.3). Außerdem sagte er: „Noch eine kleine Weile, dann werdet ihr mich nicht mehr sehen; und abermals eine kleine Weile, dann werdet ihr mich sehen" (Joh 16,16). Erinnert ihr euch nicht an diese Worte? Unser göttlicher Herr ging in das unentdeckte Land und kam zurück. Er hatte gesagt, dass er am dritten Tag wieder zurückkehren wird. Es besteht kein Zweifel, dass es für das menschliche Leben einen anderen Zustand gibt, denn Jesus ist darin gewesen und von ihm zurückgekehrt. Wir bezweifeln nicht ein künftiges Dasein, denn der Herr Jesus hatte nach seinem Tod ein Dasein. Wir zweifeln nicht an einem Paradies künftiger Wonne, denn Jesus war in diesem Paradies und kehrte daraus zurück. Auch wenn er uns wieder verlassen hat, so geben uns doch seine Rückkehr und sein vierzigtägiges Bleiben auf der Erde eine sichere Bürgschaft, dass er zu seiner Zeit zum zweiten Mal wiederkommen wird, um tausend Jahre bei uns zu verweilen und glorreich unter den Seinen zu regieren. Seine Rückkehr von den Toten ist eine sichere Bürgschaft für unser Dasein nach dem Tod, und darüber freuen wir uns.

Seine Auferstehung ist weiter *eine Bürgschaft dafür, dass unser Leib ganz sicher wieder leben* und sich in einen verklärten Zustand verwandeln *wird.* War doch der Auferstehungsleib des Herrn genauso wenig ein Phantom, wie vor seinen Tod sein Leib es gewesen war. „Reiche deinen Finger her und sieh meine Hände und reiche deine Hand her und lege sie in meine Seite", spricht er zu dem ungläubigen Thomas (Joh 20,27). Wie wäre also eine Täuschung möglich gewesen? Der Auferstandene war kein bloßer Geist, wie er selbst sagt: „Ein Geist hat nicht Fleisch und Knochen, wie ihr seht, dass ich sie habe" (Lk 24,39). Ja, noch mehr. Er fragt: „Habt ihr hier etwas zu essen?", und um ihnen zu zeigen, dass er wirklich leibhaftig vor ihnen steht, aß er vor den Augen der Jünger den ihm vorgelegten Fisch und Honigseim. Der Leib des auferstandenen Herrn offenbarte sich zwar noch nicht in seiner vollen Herrlichkeit, denn dann würden alle Jünger so sehr von dessen Glanz überwältigt worden sein, dass sie, wie später Johannes auf Patmos, wie tot zu seinen Füßen niedergefallen wären. Dennoch dürfen wir mit Recht die vierzig Tage als „das Leben Jesu in seiner Herrlichkeit auf Erden" bezeichnen. Er war jetzt nicht mehr verachtet und verworfen von Menschen, sondern mit Herrlichkeit umgeben. Es ist klar, dass der Auferstandene sich in seinem Verklärungsleib in einem Augenblick von einem Ort zum anderen versetzte, dass er, wie es ihm beliebte, erschien und verschwand und allen Gesetzen der Natur enthoben war. Der auferstandene Leib war während der vierzig Tage nicht imstande, zu hungern, zu dürsten, müde zu werden – er war ein leibhaftiges Vorbild des großen Leibes, von dem er der Erstling ist. Über kurz oder lang wird es auch über unseren sterblichen Leib heißen: „Es wird gesät in Niedrigkeit und wird auferstehen in Herrlichkeit" (1.Kor 15,43). So lasst uns, wenn wir an den auferstandenen Christus denken, ganz sicher in der Gewissheit eines zukünftigen Lebens ruhen und ganz gewiss sein, dass auch unser Leib in einer verherrlichten Weise da sein wird.

Ich weiß nicht, ob ihr je durch Zweifel in Bezug auf die zukünftige Welt und darüber beunruhigt werdet, ob es wahr sein kann, dass wir ewig leben werden. Dies ist es, was Zweiflern den Tod so schrecklich macht; während sie sich das Grab verwirklichen, haben sie sich nicht das Leben jenseits verwirklicht. Die beste Hilfe zu dieser Verwirklichung ist ein festes Ergreifen der Tatsache, dass Jesus gestorben und wieder auferstanden ist. Diese Tatsache ist sicherer erwiesen als irgendein anderes historisches Ereignis; das Zeugnis dafür ist viel stärker als irgendetwas,

was je geschrieben worden ist. Da also die Auferstehung des Herrn so unzweifelhaft gewiss ist, können wir über das Vorhandensein einer anderen Welt nicht weniger gewiss sein. Das ist die erste Frucht dieser großen Wahrheit.

Zweitens: *Die Auferstehung Christi von den Toten war die Bestätigung für seinen umfassenden Anspruch.* Sie bestätigte, dass er wirklich von Gott gesandt war, denn Gott hat ihn zur Bestätigung seiner Mission von den Toten erweckt. Er selbst hatte gesagt: „Brecht diesen Tempel ab, und in drei Tagen will ich ihn aufrichten" (Joh 2,19). Seht, da ist er; der Tempel seines Leibes ist wieder aufgerichtet! Er hatte auch das als ein Zeichen gegeben: „Denn wie Jona drei Tage und drei Nächte im Bauch des Fisches war, so wird der Menschensohn drei Tage und drei Nächte im Schoß der Erde sein" (Mt 12,40). Seht, das von ihm selbst angegebene Zeichen erfüllt! Vor Menschenaugen ist die Bestätigung erbracht. Angenommen, er wäre nie wieder auferstanden – wir, ihr und ich, hätten dann vielleicht an eine gewisse, ihm von Gott gegebene Mission geglaubt, wir hätten aber nie an den Auftrag glauben können, den empfangen zu haben er beanspruchte – den Auftrag, unser Erlöser von Tod und Hölle zu sein. Wie könnte er unser Erlöser vom Grab sein, wenn er selbst unter der Herrschaft des Todes geblieben wäre?

Liebe Freunde, die Auferstehung Jesu Christi von den Toten beweist, dass er sich keiner Sünde schuldig gemacht hatte. Er konnte nicht von den Banden des Todes gehalten werden, weil keine Sünde vorhanden war, die diese Bande hätte festhalten können. Die Verwesung konnte den reinen Leib berühren, denn keine eigene Sünde hatte den Heiligen verunreinigt. Der Tod konnte ihn nicht auf Dauer als Gefangenen behalten, weil er wirklich nicht unter die Sünde geraten war, und obwohl er unsere Sünde übernahm und ihre Last trug und dafür starb, so hatte er selbst doch keinerlei Schuld und musste deshalb freigelassen werden, sobald die ihm zugerechnete Last hinweggeschafft war.

Außerdem beweist Christi Auferstehung von den Toten seinen *Anspruch auf die Gottheit.* An einer anderen Stelle wird gesagt, dass er durch die Auferstehung von den Toten „nach dem Geist, der heiligt, eingesetzt ist als Sohn Gottes in Kraft" (Röm 1,4). Er stand in eigener Kraft auf; obwohl der Vater und der Heilige Geist dabei mit tätig waren und deshalb auch ihnen seine Auferstehung zugeschrieben wird, dennoch geschah sie, weil der Vater ihm Macht gegeben hatte, in sich selbst das Leben zu haben. O, auferstandener Heiland, deine Auferstehung ist das Siegel auf dein Werk! Wir können keinen Zweifel mehr an dir haben, nachdem du das Grab verlassen hast. Prophet von Nazareth; du bist wahrhaftig der Christus Gottes, denn Gott hat dir die Bande des Todes gelöst! Sohn Davids, du bist wirklich der Erwählte und Geliebte, denn du lebst auf ewig! Deine Auferstehung hat das Siegel des Himmels auf alles gesetzt, was du geredet und getan hast! Dafür danken wir dir und preisen deinen Namen!

Ein weiterer Aspekt der Auferstehung des Herrn ist, dass sie etwas sehr Großartiges ist. *Durch seine Auferstehung erkennen wir, dass Gott sein Opfer angenommen hat*, wie die Schrift sagt. Durch seine Auferstehung war der Beweis erbracht, dass er voll und ganz die Strafe bezahlt hatte, die die menschliche Schuld verdiente. „Die Seele, die sündigt, soll sterben" – das ist das Urteil von dem Gott des Himmels. Jesus steht an Stelle der Sünder und stirbt, und nachdem er das getan hat, kann nichts mehr von ihm gefordert werden, denn wer gestorben ist, ist frei vom Gesetz. Angenommen, ein Mensch hat sich eines außergewöhnlichen Verbrechens schuldig gemacht: Er wird verurteilt, gehängt zu werden, wird am Genick aufgehängt bis er tot ist – aber was hat das Gesetz weiter mit ihm zu tun? Es kann ihn nicht mehr verklagen, denn es hat seinen Urteilsspruch an ihm vollzogen. Könnte er wieder ins Leben zurückgebracht werden, so wäre er frei vom Gesetz. Kein Erlass in sämtlichen Regionen des Reiches könnte ihn treffen – er hat seine Strafe bekommen.

So hat unser Herr Jesus, als er von den Toten auferstand, nachdem er gestorben war, vollkommen die Schuld bezahlt, die die Gerechtigkeit für die Sünden seines Volkes forderte; sein neues Leben war also ein Leben frei von jeglicher Strafe, von jeder Verpflichtung. Wir, ihr und ich, sind frei von den Ansprüchen des Gesetzes, weil Jesus an unserer Stelle stand. Will doch Gott nicht Bezahlung von beiden fordern, von uns und von unserem Stellvertreter – das wäre ja gegen seine Gerechtigkeit, beide zu belangen, den Bürgen und die, für die er steht. Und jetzt, o Freude über Freude! Die Last der Verpflichtung, die einst auf unserem Stellvertreter lag, ist auch von ihm hinweggenommen, durch das Erleiden des Todes hat er der Gerechtigkeit Genugtuung getan und dem übertretenen Gesetz eine Bezahlung gebracht. Jetzt sind beide, der Sünder und der Stellvertreter, frei. Dies ist eine große Freude, eine Freude, die die goldenen Harfen in noch höheren Tönen erklingen lässt. Er, der unsere Schuld auf sich genommen hat, hat sich durch seinen Tod am Kreuz davon befreit. Als er von den Toten auferstand, war sein neues Leben ein Leben frei von den Ansprüchen des Gesetzes, und das ist zugleich ein Zeichen, dass die, die er vertreten hat, gleichermaßen frei sind.

Hört, Geliebte! „Wer will die Auserwählten Gottes beschuldigen? Gott ist hier, der gerecht macht. Wer will verdammen? Christus Jesus ist hier, der gestorben ist, ja vielmehr, der auch auferweckt ist, der zur Rechten Gottes ist und uns vertritt" (Röm 8,33.34). Es wäre ein niederschmetternder Schlag, sich jetzt noch zu fürchten, während doch der Apostel sagt, dass wir nicht verdammt werden können, weil Christus für uns gestorben ist, doch gibt er seinen Worten doppelt Nachdruck, wenn er hinzufügt: „Ja vielmehr, der auch auferweckt ist!" Deshalb, wenn der Teufel einen Gläubigen wegen seiner Sünde erschrecken will, so mag er kühn antworten, dass Jesus für ihn gestorben ist und all seine Sünde hinweggetan hat. Sollte der Erzfeind zum zweiten Mal kommen und dich mit deiner Sünde erschrecken wollen, mein Bruder, so antworte ihm getrost: „Jesus lebt, und sein Leben ist die Garantie für unsere Gerechtigkeit. Hätte mein Stellvertreter nicht meine Schuld bezahlt, so wäre er noch in der Gewalt des Todes." Weil Jesus all unsere Verpflichtungen ausgeglichen hat, sodass auch Gott keinen Heller mehr von den Seinen zu fordern hat, lebt er und ist frei, wir aber leben in ihm und sind kraft unserer Verbindung mit ihm ebenfalls frei. Ist dies nicht eine herrliche Lehre, die Lehre von der Auferstehung, im Blick auf die Rechtfertigung der Gläubigen? „Der Herr Jesus ist um unserer Sünden willen dahingegeben und um unserer Gerechtigkeit willen auferweckt" (Röm 4,25).

Lasst mich noch auf einen anderen Gesichtspunkt der Auferstehung Christi hinweisen. Sie ist *eine Garantie für die Auferstehung der Seinen.* Es gibt eine große Wahrheit, die man nie vergessen darf, nämlich dass Christus und die Seinen *eins* sind, genauso wie Adam und all seine Nachkommen es sind. Was Adam tat, tat er als Haupt eines Geschlechts, und da unser Herr Jesus und alle Gläubigen eins sind, so tat Jesus das, was er tat, als Haupt eines Leibes. Wir sind mit Christus gekreuzigt, mit ihm begraben und mit ihm auferstanden; ja, „Gott hat uns mit auferweckt und mit eingesetzt im Himmel in Christus Jesus" (Eph 2,6). Er sagt: „Ich lebe und ihr sollt auch leben" (Joh 14,19). „Ist Christus nicht auferstanden, so ist euer Glaube nichtig; so seid ihr noch in euren Sünden; so sind auch die, die in Christus entschlafen sind, verloren" (1.Kor 15,17.18), und wir wären ebenfalls verloren. Wenn aber Christus auferstanden ist, dann müssen auch wir auferstehen – da besteht vom Evangelium her ein unumstößlicher Zusammenhang. Es gibt keine zwingendere Logik als dieses Argument, das aus der Einheit mit Christus genommen wird. Gott hat alle Gläubigen mit Christus eins gemacht, darum müssen auch sie, weil er auferstanden ist, auferstehen. Meine Seele ergreift dies fest, und in dem Maße, in dem sie es erfasst, verliert sie alle Furcht vor dem Tod. Jetzt tragen wir unsere Lieben, einen nach dem anderen, auf den Gottesacker, lassen jeden in seiner einsamen Zelle zurück und sagen ihm ruhig Lebewohl, weil wir wissen, dass auch der Sohn Gottes im stillen Grab gelegen und es überwunden hat.

Wir wissen unsere im Herrn Entschlafenen ja nicht nur im Himmel, sondern ihre sterblichen Überreste bis zu jener Stunde in sicherem göttlichen Gewahrsam, wenn der Leib wieder zum Leben erweckt und der ganze Mensch sich der Aufnahme bei Gott freuen wird. Wir sind gewiss, dass unsere Toten leben, dass sie mit Christus auferweckt werden. Keine Gewalt kann auf Dauer die Erlösten des Herrn halten. „Lass mein Volk ziehen!“, dieser Forderung muss der Tod Folge leisten, wie damals der gedemütigte Pharao, der auch nicht einen Israeliten in der Knechtschaft zurückhalten konnte. Der Tag der Befreiung naht mit raschen Schritten.

Außerdem ist die *Auferstehung des Herrn von den Toten ein schönes Bild des neuen Lebens, an dem sich alle Gläubigen schon jetzt freuen.* Geliebte, wenn auch dieser Leib wie die übrige sichtbare Schöpfung noch immer geknechtet ist, gemäß dem in der heiligen Schrift ausgesprochenen Gesetz: „Der Leib ist tot um der Sünde willen“, so gilt doch: „Der Geist aber ist Leben um der Gerechtigkeit willen“ (Röm 8,10). Die Wiedergeburt, die in denen stattgefunden hat, die glauben, hat unseren Geist verändert und ihm ewiges Leben gegeben, sie hat aber auf unseren Leib keine weitere Auswirkung, als dass er zu einem Tempel des Heiligen Geistes geworden ist, infolgedessen ist er also ein heiliger Gegenstand und kann dem Herrn nicht zuwider sein oder mit unheiligen Dingen einfach abgetan werden. Doch ist der Leib immer noch Schmerz und Müdigkeit unterworfen und dem höchsten Richterspruch des Todes. Nicht so der Geist. Es ist also schon ein Teil der Auferstehung in uns geschehen, wie geschrieben steht: „Und er hat euch mit ihm lebendig gemacht, die ihr tot wart in den Sünden“ (Kol 2,13). Vorher waren wir wie die Gottlosen unter dem Gesetz der Sünde und des Todes, sind aber aus den Banden der Verdorbenheit in die Freiheit des Lebens und der Gnade versetzt worden. Ist es nicht herrlich, dass der Herr, wie er in uns gewirkt hat nach seiner allmächtigen Kraft, auch „unseren nichtigen Leib verwandeln wird, dass er gleich werde seinem verherrlichten Leibe nach der Kraft, mit der er sich alle Dinge untertan machen kann“ (Phil 3,21)?

Nun also: Wie Jesus Christus nach seiner Auferstehung ein Leben führte, das sich von seinem Leben vor dem Tod völlig unterschied, so sind auch wir, ihr und ich, zu einem hohen, edlen, geistlichen und himmlischen Leben berufen und begreifen, dass wir von den Toten auferweckt sind, um nicht wieder zu sterben. Lasst uns darüber froh sein und uns freuen. Lasst uns als solche leben, die von den Toten auferstanden sind, als die glücklichen Kinder der Auferstehung. Lasst uns nicht nach Geld und Gut oder Weltruhm jagen. Lasst uns nicht nach den verfaulten Dingen dieser Welt haschen, sondern vielmehr aufwärts fliegen wie junge Vögel, die ihre Schale durchbrochen haben, aufwärts, empor zu unserem Herrn, und nach den himmlischen Dingen trachten, auf die er uns ausrichten will. Lebendige Wahrheit, lebendiges Werk, lebendiger Glaube – das sind Dinge für lebendige Menschen. Lasst uns also die Grabgewänder unserer ehemaligen Lüste ablegen und die Gewänder des Lichts und Lebens tragen. Möge der Geist Gottes uns helfen, zu Hause weiter über diese Dinge nachzusinnen.

Nun also zweitens: *Die Bedeutung der Tatsache der Auferstehung für das Evangelium.* Sagt doch Paulus: „Jesus Christus ist auferstanden von den Toten nach meinem Evangelium."

Ich sehe immer gern nach, auf welche Weise sich irgendeine Behauptung auf das Evangelium bezieht. Ich habe möglicherweise nicht mehr viele Gelegenheiten zum Predigen, darum habe ich mir vorgenommen, keine Zeit mit Nebensachen zu verschwenden, sondern, solange es mir noch vergönnt ist zu predigen, nur das Evangelium und was diesem am nächsten steht, zu verkündigen. Diejenigen, die eine Vorliebe für Überflüssiges haben, mögen sich damit füllen, ich möchte mich an die großen, notwendigen Wahrheiten halten, durch die Seelen gerettet werden. Meine Aufgabe ist es, den gekreuzigten Christus zu predigen und das Evangelium, das den Menschen durch den Glauben Rettung gibt. Hin und wieder höre ich von sehr hinreißenden Predigten über interessante neue Kleinigkeiten oder anderes. Manche Prediger erinnern mich an jenen Kaiser, der die wunderbare Geschicklichkeit hatte, in Kirschsteine Köpfe von Menschen zu schnitzen. Wie viele Prediger haben wir, die wunderschöne, gründliche Vorträge über einen nur vorübergehenden Gedanken halten können, die niemandem etwas nützen. Aber wir brauchen das Evangelium! Wir müssen leben und sterben, und deshalb brauchen wir das Evangelium. Manche von uns liegen vielleicht schon kalt in ihren Gräbern, bevor die nächsten Wochen vergangen sind. deshalb haben wir keine Zeit, zu spielen und zu tändeln. Wir möchten die Bedeutung aller Lehren für unsere ewige Bestimmung sehen und für das Evangelium, das Licht über unsere Zukunft wirft.

Die Auferstehung Christi ist so wesentlich, weil sie uns erstens sagt, dass *das Evangelium das Evangelium eines lebendigen Heilandes ist.*

Wir brauchen die armen Bußfertigen nicht zu dem Kruzifix, dem toten Bild eines Toten, zu senden. Wir sagen nicht: „Dies sind deine Götter; Israel!" Wir brauchen sie auch nicht zu dem Jesuskindlein zu führen, das von einer Frau gepflegt wird. Nichts von dieser Art! Seht den Herrn: „Ich war tot, und siehe, ich bin lebendig von Ewigkeit zu Ewigkeit und habe die Schlüssel des Todes und der Hölle" (Offb 1,18). Seht in ihm einen lebendigen, erreichbaren Heiland, der von seiner Herrlichkeit aus noch in freundlichem, lieblichem Ton ruft und einlädt: „Kommet her zu mir alle, die ihr mühselig und beladen seid, ich will euch erquicken." „Daher kann er auch für immer selig machen, die durch ihn zu Gott kommen; denn er lebt für immer und bittet für sie" (Hebr 7,25). Ich sage: wir haben einen lebendigen Heiland, öffnet uns das nicht eine herrliche Aussicht auf die Zukunft?

Beachtet ferner, dass wir in Verbindung mit dem Evangelium, das wir verkündigen, *einen mächtigen Heiland* haben. Hat doch er, der die Macht hatte, sich selbst von den Toten zu erwecken, jetzt, da er auferstanden ist, alle Gewalt. Er, der im Tod den Tod überwand, kann durch sein Leben noch viel mehr siegen. Er, der im Grab lag und trotzdem alle Bande des Grabes zerriss, kann zweifellos all die Seinen erlösen. Er, der unter die Macht des Gesetzes kam und es dennoch erfüllte und dadurch die Seinen von der Knechtschaft befreite, muss wirklich mächtig sein zu erretten und zu bewahren. Ihr braucht einen Heiland, stark und mächtig, ihr braucht aber keinen Stärkeren als den, der von den Toten auferstanden ist. Welch ein herrliches Evangelium haben wir zu predigen, das Evangelium von einem lebendigen Christus, der zurückgekehrt ist vom Grab und „aufgefahren ist zur Höhe und hat Gefangene mit sich geführt" (Eph 4,8)!

Und nun beachtet, dass wir euch das *Evangelium der vollkommenen Rechtfertigung* zu predigen haben. Wir kommen nicht, um zu sagen: „Brüder, Jesus Christus hat durch seinen Tod etwas getan, wodurch einige vielleicht selig werden können, wenn sie es wollen, wenn sie nur fleißig ihre guten Vorsätze ausführen." Nein, nein, wir sagen vielmehr: „Jesus Christus nahm die Sünden seines Volkes auf sich und trug die Folgen an seinem eigenen Leibe auf das Holz und starb. Nachdem er gestorben ist und so die Schuld bezahlt hat, lebt er wieder, und jetzt sind alle, für die er gestorben ist, deren Sünde er getragen hat, frei von Sündenschuld." Fragt ihr: „Wer sind denn diese?", so antworte ich: „Alle, die an ihn glauben." Wer an ihn glaubt, ist frei von aller Sündenschuld. Unser Herr Jesus trug die Sünde seines Volkes, er starb anstelle des Sünders, und wie er selbst jetzt frei ist, so sind in ihrem Stellvertreter auch all die Seinen in Freiheit gesetzt. Wahrlich, diese Lehre ist es wert, gepredigt zu werden.

Man kann sich gut von seinem Bett erheben, um über die vollkommene Rechtfertigung durch den Glauben an Jesus zu predigen. Aber man könnte genauso gut weiterschlafen, statt sich zu erheben, wenn man sagen wollte, der Herr Jesus habe durch seinen Tod und seine Auferstehung wenig oder nichts getan. Manche scheinen sich vorzustellen, Jesus habe eine kleine Öffnung gemacht, durch die uns eine winzige Gelegenheit geboten wird, Nachsicht und ewiges Leben zu erlangen, wenn wir jahrelang fleißig danach suchen. Das ist nicht unser Evangelium. Jesus hat sein Volk gerettet! Er hat das ihm anvertraute Werk vollendet! Er machte Schluss mit der Übertretung, er hat mit der Sünde ein Ende gemacht und eine ewige Gerechtigkeit gebracht. Wer an ihn glaubt, ist nicht verdammt und wird es niemals.

Noch einmal: Die Verbindung der Auferstehung mit dem Evangelium ist dies: *sie bestätigt die Sicherheit für die Gläubigen*, denn wie Christus auferstanden ist, so sind sie es auch. Sie sind auferstanden zu einem Leben gleich dem ihres Herrn, deshalb können sie niemals sterben. Es steht geschrieben: „Wir wissen, dass Christus, von den Toten erweckt, hinfort nicht stirbt; der Tod kann hinfort über ihn nicht herrschen" (Röm 6,9). So ist es auch mit dem Gläubigen. Wer mit Christus gestorben und auferstanden ist, über den hat der Tod keine Herrschaft mehr, der wird nie wieder zu den armseligen Weisen der Sünde zurückkehren, der wird nie wieder werden, was er vor seiner Wiedergeburt war. Deshalb halte fest daran, dass dich niemand aus der Hand Jesu reißen kann. Er hat einen lebendigen, unverweslichen Samen in dich gelegt, der lebt und in Ewigkeit bleibt. Er selbst sagt: „Das Wasser, das ich ihm geben werde, das wird in ihm eine Quelle des Wassers werden, das in das ewige Leben quillt" (Joh 4,14b). Halte fest daran und lass dir die Auferstehung deines Herrn die Bürgschaft für deine letztendliche Bewahrung sein.

Brüder, ich kann nicht aufhören, euch immer wieder zu zeigen, wie die Auferstehung in jeder Hinsicht das Evangelium betrifft. Paulus ist auch voll davon. Er redet mehr als dreißigmal über die Auferstehung, manchmal in großer Ausführlichkeit, ja, bespricht in ganzen Kapiteln dieses herrliche Thema. Je mehr ich daran denke, desto freudiger predige ich Jesus und die Auferstehung. Die frohe Botschaft, dass Christus auferstanden ist, ist genauso sicher das Evangelium, wie die frohe Botschaft, dass er als Mensch geboren wurde und sein Blut zum Lösegeld für uns gab. Wenn Engel bei seiner Geburt „Ehre sei Gott in der Höhe" sangen, so fühle ich mich gedrängt, jetzt, nachdem er von den Toten auferstanden ist, dieses Lied zu wiederholen.

Und so komme ich zu meinem letzten Punkt und zu der praktischen Folgerung: *Die Bedeutung dieser Auferstehung für uns.*

Paulus fordert uns dringend auf: „Haltet im Gedächtnis!“ „Wieso“, sagt jemand, „wer sollte denn das vergessen?“ Bist du sicher, dass du es nicht vergisst? Was mich betrifft, muss ich leider bekennen, dass ich in Bezug auf die göttlichen Wahrheiten viel zu vergesslich bin. Und wir sollten sie doch nicht vergessen, denn dieser erste Tag der Woche ist dem Zweck des Sabbats geweiht und soll uns besonders an die Auferstehung erinnern. So wie am siebten Tag die vollendete Schöpfung gefeiert wurde, so feiern wir am ersten Tag das vollendete Erlösungswerk. Tragt das im Herzen. Was wird wohl folgen, wenn ihr im Gedächtnis haltet, dass Jesus Christus, aus dem Samen Davids, von den Toten auferstanden ist?

Zunächst werdet ihr feststellen, *dass die meisten eurer Versuchungen verschwinden werden.* Drücken euch eure Sünden? Jesus Christus ist für eure Rechtfertigung von den Toten auferstanden. Klagt Satan euch an? Jesus ist auferstanden, um euer Fürsprecher und Stellvertreter zu sein. Ist euch eure Schwachheit hinderlich? Der lebendige Christus wird sich euch als stark erweisen. Fürchtet ihr den Tod? Jesus hat durch seine Auferstehung den letzten Feind überwunden. Er wird euch entgegenkommen, wenn ihr durch den kalten Strom gehen müsst, ihr werdet ihn also in lieblicher Gesellschaft durchwandern. Was ist deine Schwierigkeit? Es kommt nicht darauf an, dass ich es weiß. Wenn ihr nur an Jesus denkt, der lebt und voller Macht, voller Liebe und Teilnahme ist, der all eure Leiden aus eigener Erfahrung kennt, sogar den Tod geschmeckt hat, so werdet ihr ein solches Vertrauen in seine liebevolle Fürsorge und seine unendliche Allmacht haben, dass ihr ohne zu fragen seinen Fußstapfen folgt. Haltet im Gedächtnis Jesus Christus, der von den Toten auferstanden ist, so wird sich euer Vertrauen erheben wie auf Adlerflügeln.

Behalte Jesus in deinem Gedächtnis, denn dann wirst du sehen, wie deine gegenwärtigen Leiden nichts sind verglichen mit seinen Leiden; und du wirst lernen, den *Sieg über deine Leiden so zu gewinnen, wie er den Sieg erlangte.* Seid so freundlich und seht in diesem Kapitel nach, in Vers 3 sagt der Apostel: „Leide mit als ein guter Streiter Christi Jesu“ (2.Tim 2,3). Und weiter in Vers 11 und 12: „Das ist gewisslich wahr: Sterben wir mit, so werden wir mit leben; dulden wir, so werden wir mit herrschen.“ Also: Wenn du berufen bist, zu leiden, so sage: „Jesus hat gelitten, er ist aber von den Toten auferstanden; er kam aus der Leidenstaufe umso herrlicher hervor, und so wird es auch mit uns sein!“ Geh deshalb auf des Herrn Weisung getrost in den Feuerofen und fürchte nicht, dass dich auch nur ein Brandgeruch berühren wird. Fürchte auch nicht Tod und Grab. Der Wurm wird ebenso wenig ein Ende mit euch machen wie mit ihm. Erblicke in dem Auferstanden das Bild und Modell von dem, was du bist und sein wirst. Er hat überwunden – deshalb fürchte dich nicht! Steh nicht zitternd von ferne, sondern geh mutig vorwärts, denn Jesus Christus aus dem Samen Davids ist von den Toten auferstanden, und ihr alle, die ihr aus dem Samen der Verheißung seid, sollt von all euren Leiden und Trübsalen auferstehen zu einem herrlichen Leben!

Liebe Brüder, wir sehen in der Aufforderung, Jesus Christus im Gedächtnis zu halten, *dass es eine Hoffnung auch in unserer Hoffnungslosigkeit gibt.* Wann ist es in einem Menschen am hoffnungslosesten? Nun, wenn er tot ist. Wisst ihr, wie es ist, im Blick auf eure innere Schwachheit ganz niedergeschlagen zu sein? Ich kenne das. Manchmal scheint es mir, dass all meine Freude begraben ist wie ein totes Wesen und all meine augenblickliche Nützlichkeit und alle Hoffnung, auch in Zukunft nützlich zu sein, sind eingesargt und wie eine Leiche ins Grab gelegt im Schmerz meines Geistes und in Trostlosigkeit meines Herzens. Ich würde es für besser halten, zu sterben, als zu leben. Ihr sagt, so sollte es nicht sein und ihr habt Recht. Es geht eben manches in uns armen Sterblichen vor, was nicht sein sollte und was nicht vorhanden wäre, wenn wir mehr Glauben hätten. Aber ist es in solcher Gemütsstimmung nicht etwas Großes, Jesus Christus aus dem Samen Davids im Gedächtnis zu halten? Auch wenn ich hinuntersinke unter die Toten, so soll mir diese herrliche Hoffnung ein Trost sein, nämlich, wie Jesus wieder von den Toten auferstanden ist, so werden sich meine Freude, meine Hoffnung, mein Mut wieder erheben. „Du lässest mich erfahren viele und große Angst und machst mich wieder lebendig und holst mich wieder herauf aus den Tiefen der Erde“ (Ps 71,20).

Das Niedergeschlagensein und Zerschlagensein tut uns gut. Durch Getötetwerden erwachen wir zum Leben. Mancher wird nie leben, bis das stolze Ich getötet ist. O, du stolzer Pharisäer, wenn du zu denen gehören willst, die Gott wohlgefällig sind, so musst du ins Schlachthaus kommen, um zerschlagen zu werden. „Das ist etwas Schreckliches“, sagt einer, „dieses Durchschneiden von Mark und Bein, dieses geistliche Zergliedern und Zerstören!“ Gewiss ist es schmerzlich, es wäre aber viel schlimmer, wenn es nicht geschähe. Wie viele sind so gut und vortrefflich, so stark und weise und klug und das so sehr, dass sie nicht zustimmen können, aus Gnade durch den Glauben gerettet zu werden. Wenn sie darin zunichte gemacht würden, wäre es das Beste, was ihnen geschehen könnte. Beachtet, was Salomo sagt, was mit dem Narren geschehen kann und doch erfolglos sein wird: „Wenn du den Toren im Mörser zerstießest mit dem Stampfer wie Grütze“ – eine wahrhaft harte Behandlung –„„so ließe doch seine Torheit nicht von ihm“ (Spr 27,22). Nicht durch eine solche Behandlung, doch durch ähnliche Methoden bringt der Heilige Geist die Menschen von ihrer Torheit ab. Unter seinen tötenden Eingriffen mag das ein Trost für sie sein, dass, wenn Jesus Christus buchstäblich vom Tod auferstanden ist – nicht von Krankheit, sondern vom Tod! – und wieder lebt, auch die Seinen leben werden.

Ist es je so weit mit dir gekommen, wie Bunyan „Christ“ schildert, als er unter dem Fuß des alten Drachen liegt? Der Fuß ist sehr schwer und drückt dem armen Burschen, den das Tier zu seinem Schemel macht, beinahe den Atem ab. Der arme Christ lag also da, den Fuß des Drachen auf der Brust; er war aber gerade noch imstande, die Hand nach seinem Schwert auszustrecken, das sich glücklicherweise in seiner Griffnähe befand. Damit versetzte er dem Apollyon einen tödlichen Stoß, sodass er seine Drachenflügel ausbreitete und davonflog. Der zerschlagene und zerbrochene Pilger rief, als er dem Feind den Stoß versetzte: „Freue dich nicht über mich, meine Feindin, wenn ich auch daniederliege, so werde ich wieder aufstehen“ (Mi 7,8).

Bruder, tue dasselbe. Du, der du der Verzweiflung nahe bist, lass dies die Kraft sein, die deinen Arm stärkt und dein Herz stählt: „Halte im Gedächtnis Jesus Christus, der auferstanden ist von den Toten, aus dem Geschlecht Davids, nach meinem Evangelium.“

Zuletzt: *Die Auferstehung beweist die Nutzlosigkeit allen Widerstandes gegen Christus.* Die Gelehrten sind dabei, die christliche Religion zu Grunde zu richten. Nach ihrer Prahlerei ist sie schon fast am Ende. Die Kanzel sei abgenutzt und nicht mehr imstande, die öffentliche Aufmerksamkeit zu fesseln. Wie sie sagen, predigen wir vor leeren Bänken – wie ihr seht – oder nicht seht! Sie behaupten, es bleibe uns nichts übrig, als anständig zu sterben. Aber was geschah damals? Als der Herr gestorben war, als er von römischen Soldaten mit einem versiegelten Stein bewacht wurde, seine Leiche im Grab lag – war nicht da die Sache in Todesgefahr? Aber wie ist es weitergegangen? Ist sie ausgestorben? Alle Jünger hatten den Herrn verlassen, alle hatten die Flucht ergriffen, – wurde dadurch das Christentum vernichtet? Keineswegs, sondern gerade in dieser Zeit gewann der Herr einen Sieg, der die Hölle erschütterte und das ganze Weltall in Staunen versetzte.

In dieser Stunde ist es mit seiner Sache nicht schlimmer bestellt. Seine Angelegenheiten sind heute in keinem traurigeren Zustand als damals. Seht Christus heute und urteilt dann. Sein Haupt ist mit vielen Kronen geschmückt, vor seinen Füßen beugen sich die himmlischen Heerscharen. Während die Cäsaren schon längst vergessen im Staub liegen, ist er noch heute der Herrscher über Legionen! Hier ist sein Volk bedürftig, verborgen, verachtet, ich gebe es zu, aber ich versichere euch, es ist sehr viel zahlreicher als damals, als er ins Grab gelegt wurde. Seine Sache kann nicht vernichtet werden, sie wächst dagegen immer mehr. Jahr auf Jahr, Jahrhundert auf Jahrhundert, marschieren Scharen treuer, ernster Gläubiger hinaus, um die Festung Satans anzugreifen. Der Fürst dieser Welt hat hier auf der Erde eine Burg, die wir zerstören sollen. Wohl ist der Erfolg oft nicht so offensichtlich; eine Streiterreihe nach der anderen hat sich in die Bresche gestellt und ist unter dem schrecklichen Feuer des Todes verschwunden. Alle, die vorangegangen sind, sind anscheinend völlig abgeschnitten und vernichtet, während der Feind noch immer seine Front gegen uns behauptet.

Meint ihr wirklich, dass nichts geschehen ist? Hat der Tod jene Märtyrer, jene Zeugen, Prediger und fleißigen Gläubigen hinweggerafft, ohne dass etwas erreicht worden wäre? Ja, wahrhaftig, wäre Christus tot, so könnten wir uns unsere Niederlage nicht verhehlen. Dann wären ja die, die in ihm entschlafen sind, verloren! Aber so wie Christus lebt, so lebt auch seine Sache, und die, die um seines Namens willen gestorben sind, sind nicht tot, sondern nur für eine Weile unseren Augen entschwunden. Könnte jedoch der Vorhang zurückgezogen werden, wir würden jeden in seinem Erbteil stehen sehen, unverletzt, gekrönt, als Überwinder! „Wer sind diese, die mit den weißen Kleidern angetan sind?" (Offb 7,13b). Es sind die Überwinder, die vernichtet wurden. Woher denn diese Kronen? Es sind die Überwinder, die entehrt wurden. Woher denn diese weißen Kleider? Es sind die Überwinder, die am Glauben festhielten. Woher denn diese lange Reihe Sieger? Es ist ja unter allen kein einziger Besiegter!

Nun, der Wahrheit die Ehre. *Niederlage* ist kein Wort für die Sache Jesu, des Fürsten aus dem Haus Davids. Wir sind immer siegreich gewesen, Brüder, und sind es auch jetzt noch. Folgt nur eurem Herrn und Meister auf euren weißen Rossen und fürchtet euch nicht! Ich sehe ihn an der Spitze in seinem blutbefleckten Gewand, rot von der Kelter, in der er seine Feinde zertreten hat. Ihr müsst kein Versöhnungsblut darbringen, sondern nur siegend eurem Herrn folgen.

So legt eure weißen Gewänder an, folgt ihm auf euren weißen Rossen von einem Sieg zum anderen! Er ist näher, als wir glauben, und wer weiß, ob nicht vielleicht das Ende schon da ist, bevor die Letzte Lästerung über die Lippen des Spötters gekommen ist. Vertraut dem Auferstandenen und lebt in der Kraft seiner Auferstehung! Amen.

Ich weiß, dass mein Erlöser lebt[21]

„Aber ich weiß, dass mein Erlöser lebt, und als der Letzte wird er über dem Staub sich erheben. Und ist meine Haut noch so zerschlagen und mein Fleisch dahingeschwunden, so werde ich doch Gott sehen. Ich selbst werde ihn sehen, meine Augen werden ihn schauen und kein Fremder. Danach sehnt sich mein Herz in meiner Brust."

Hiob 19,25-27[22]

Die Hand Gottes hat in dieser Woche schwer auf uns gelegen. Ein betagter Diakon, der mehr als fünfzig Jahre Glied unserer Gemeinde gewesen ist, ist aus unserer Mitte hinweggenommen worden; außerdem ist eine Schwester, die geliebte Gattin eines anderen Gemeindevorstehers, die fast genauso lange unserer Gemeinde angehörte, eingeschlafen. Es ist nicht oft der Fall, dass eine Gemeinde das Hinscheiden von zwei so geachteten Mitgliedern gleichzeitig zu beklagen hat. Lasst uns für diese doppelte Mahnung, unserem Gott zu begegnen, kein taubes Ohr haben. Dass sie uns so lange erhalten und für so lange Jahre so gnädig verschont wurden, war nicht nur ihnen, sondern auch uns Ursache zur Dankbarkeit. Allerdings habe ich eine große Abneigung gegen so genannte Leichenpredigten, weil ich befürchte, das Geschöpf zu erheben, während es mein einziges Ziel sein sollte, die Gnade Gottes zu verherrlichen.

Dieser Text verdient unsere ganze Aufmerksamkeit. Die Einleitung dazu wäre wahrscheinlich nicht geschrieben worden, wenn in den Augen des Patriarchen, der sie geäußert hat, die Sache nicht von größter Wichtigkeit wäre. Hört den denkwürdigen Wunsch Hiobs: „Ach dass meine Reden aufgeschrieben würden! Ach dass sie aufgezeichnet würden

[21] Gehalten am Sonntagmorgen, den 12. April 1863, im Metropolitan Tabernacle, Newington.

[22] „Ich weiß, dass mein Erlöser lebt, und er wird zuletzt über dem Staube stehen. Und nachdem diese meine Hülle zerbrochen ist, alsdann werde ich, von meinem Fleische los, Gott schauen. Den werde ich mir ansehen, meine Augen werden ihn schauen, ohne fremd zu sein. Es schmachten meine Nieren in mir!" (Schlachter 2000).

als Inschrift, mit einem eisernen Griffel in Blei geschrieben, zu ewigem Gedächtnis in einen Fels gehauen!" (Kapitel 19,23.24). Vielleicht wurde seine Seele, während er den vollen Sinn seiner Worte selbst kaum fasste, von dem Gefühl einer in ihnen enthaltenen wichtigen Wahrheit beeinflusst und deshalb wünschte er, dass sie in ein Buch geschrieben würden. Dieser Wunsch wurde erfüllt, das Buch der Bücher hat Hiobs Worte aufbewahrt. Er wünschte auch, sie in einem Felsen eingraviert zu sehen, tief hinein mit einem eisernen Griffel, in Blei eingelegt, oder der Sitte der Alten gemäß auf ein Stück Metall eingraviert, sodass die Zeit nicht imstande sein würde, die Inschrift zu verwischen. In dieser Hinsicht ist nur darin sein Wunsch erfüllt, dass die Worte, die er geredet hat, auf vielen Grabsteinen zu lesen sind, die Worte: „Ich weiß, dass mein Erlöser lebt."

Manche Schriftforscher sind der Meinung, dass Hiob, weil er von dem Felsen redet, an sein eigenes Felsengrab gedacht und sich diese Worte als Grabschrift gewünscht habe, dass sie tief eingraviert würden, damit sie nicht durch den Zahn der Zeit abgenutzt würden, und dass jemand, wenn er fragt: „Wo ruht Hiob?" und das Grab des Patriarchen von Uz sieht, sofort begreift, dass Hiob in der Hoffnung auf die Auferstehung starb, die auf einem lebendigen Erlöser ruhte. Ob eine solche Inschrift den Eingang zu Hiobs letzter Ruhestätte geschmückt hat, wissen wir nicht, wohl aber, dass keine passenderen Worte hätten gewählt werden können. Sollte nicht dem Mann der Geduld, dem Spiegelbild der Ausdauer, dem Vorbild des gläubigen Vertrauens, diese goldenen Worte als Zeugnis gewidmet sein, die so voll sind von geduldiger Hoffnung und hoffungsvoller Geduld, wie es die Sprache eines Sterblichen nur sein kann? Wer unter uns könnte ein herrlicheres Motto für seinen Grabstein wählen! Es tut mir Leid sagen zu müssen, dass manche Schriftausleger, die über diese Stelle geschrieben haben, Christus und die Auferstehung in ihr überhaupt nicht sehen. Albert Barnes spricht u.a. sein tiefes Bedauern darüber aus, dass er die Auferstehung darin nicht erkennt, was aber mich betrifft, so tut es mir Leid um ihn. Wenn es Hiobs Absicht gewesen ist, das Kommen Christi vorherzusagen und die Gewissheit über seine eigene Auferstehung auszusprechen, so hätte er keine passenderen Worte finden können, und wenn nicht hier in ihnen diese Wahrheiten gelehrt werden, so müsste die Sprache ihren ursprünglichen Zweck verloren haben und dazu gebraucht werden, anstatt zu erklären zu verdunkeln, zu verbergen und nicht zu offenbaren. Was sonst hat der Patriarch gemeint, als dass er wieder auferstehen wird, wenn der Erlöser auf der Erde erscheinen wird? Brüder, kein aufrichtiges Gemüt kann sich hier vertun, das darin zu finden, was fast alle Gläubigen hier entdeckt haben. Ich bin mir ganz sicher darin, an dem ursprünglichen Verständnis festzuhalten. Wir werden an diesem Morgen keine neue Interpretation suchen, sondern der althergebrachten folgen, mit oder ohne Erlaubnis der Kritiker.

Ich möchte in meinen Ausführungen über drei Punkte sprechen. Zuerst: *Lasst uns mit dem Patriarchen ins Grab hinabsteigen, um uns die Verwüstungen des Todes anzusehen.* Dann, auch mit ihm: *Lasst uns mit ihm hinaufschauen nach der Sonne des vorhandenen Trostes.* Und drittens, immer noch in seiner angenehmen Gesellschaft: *Lasst uns teilhaben an der zukünftigen Freude.*

Zuerst also: *Lasst uns zusammen mit dem Patriarchen von Uz hinabsteigen ins Grab.*

Der Leib wurde soeben von der Seele getrennt. Freunde, die ihn sehr mitfühlend geliebt haben, haben gesagt: „Begrabt meinen Toten außer Sichtweite.“ Die Leiche wird auf die Bahre gehoben, um der stillen Erde anvertraut zu werden; sie ist von den Erdarbeitern des Todes umgeben. Der Tod hat viele Hilfstruppen. Wie Heuschrecken und Raupen Gottes Heere sind, so sind Würmer die Armee des Todes. Diese hungrigen Krieger fangen sofort an, die Stadt des Menschen anzugreifen. Sie fangen bei den Außenmauern an, die zuerst stürzen. Wie schnell haben die grausamen Eindringlinge alle Schönheit zerstört! Das Gesicht zeigt die Spuren der Verwesung; die Wangen, vor kurzem noch in jugendlicher Schönheit, blühend vor Gesundheit, sind eingefallen. Die Augen, früher die Fenster des Herzens, aus denen wechselweise Freude und Schmerz sprachen, sind jetzt mit Todesstaub gefüllt; die Lippen, die Türen der Seelen, sind gebrochen. Ach, ihr Fenster und Tore, einst so lieblich und schön – wo seid ihr jetzt? Wie werde ich um dich trauern, o du gefangene Stadt! Haben doch die Mächtigen dich völlig vernichtet. Dein Hals, einst wie ein Turm aus Elfenbein, ist wie eine gefallene Säule; deine Nase, erst kürzlich noch verglichen mit dem „Turm auf dem Libanon, der nach Damaskus sieht“ (Hld 7,5), ist wie ein zerstörter Schuppen; und dein Kopf, der sich streckte wie der Karmel, liegt schwer wie die Erdklumpen im Tal. Wo ist deine Schönheit jetzt? Die allerschönste Gestalt kann nicht mehr von einer hässlichen unterschieden werden. Das sonst so kunstvoll geformte Gefäß wird jetzt zu den Scherben geworfen. Grausam wart ihr, ihr Krieger des Todes, denn obwohl ihr keine Axt und keinen Hammer schwingt, habt ihr doch das Kunstwerk zertrümmert; und obwohl ihr nicht mit Zungen sprecht, habt ihr doch in eurem Herzen gesagt: „Wir haben sie verschlungen, sicher ist dies der Tag, auf den wir gewartet haben. Wir haben es gefunden, wir haben es geschafft.“

Die Haut ist nicht mehr da. Die Soldaten sind in die Stadt ‚Menschenseele’ eingedrungen. Und nun gehen sie ihrer Zerstörungsarbeit nach. Die unbarmherzigen Plünderer fallen über den Leib her. Da gibt es diese hervorragenden Leitungen, die Adern, durch die die Ströme des Lebens geflossen sind. Anstatt Ströme des Lebens zu sein, sind sie jetzt von Krumen und Abfällen des Todes blockiert, und nun müssen sie in Stücke zerrissen werden; nicht ein einziges Stück von ihnen soll geschont werden. Beachtet die Muskeln und Sehnen, wie große Straßen durchkreuzen sie das Zentrum, leiten Kraft und Energie des Menschen weiter – ihr bewundernswertes Material wird herausgerissen, und was wichtige Verkehrsadern waren, wird vernichtet, jeder Röhren- und Bogenknochen, jedes verknotete Band muss zerbrochen und zerrissen werden. Wundervolle Gewebe, herrliche Speicher, wertvolle Apparate – alles, aber auch alles muss niedergerissen werden und nicht ein Stein bleibt auf dem andern. Jene Nerven, die wie Telefonkabel alle Teile der Stadt verbanden, um Gedanken und Gefühle und Verstand weiterzuleiten – sie sind durchtrennt. Es spielt keine Rolle, wie kunstvoll das Werk auch sein mag – und zweifellos sind wir bewundernswert und wunderbar gemacht, sodass der Mediziner stillsteht und die Geschicklichkeit bewundert, die der ewige Gott in der Gestaltung des Körpers offenbart. Doch diese rücksichtslosen Würmer reißen alles in Stücke, bis er einer geplünderten und zerstörten Stadt gleicht, die schon vor Tagen dem Raub und den Flammen preisgegeben wurde, alles liegt auf einem Trümmerhaufen – Asche zu Asche, Staub zu Staub.

Doch die Eindringlinge geben immer noch nicht auf. Hiob sagt: Als Nächstes verschlingen sie meine Eingeweide. Wir pflegen von unserem Herzen als dem großen Zentrum des Lebens zu reden, sozusagen dem Hauptturm der Stadt, wo der Wachoffizier bis zuletzt aushält. Die Juden betrachten aber nicht das Herz, sondern die Eingeweide als Sitz der Gefühle und der geistigen Kräfte. Die Würmer schonen nichts; sie betreten die geheimen Plätze, das Innerste des Lebens, und die Fahne wird vom Mast geholt. Das gestorbene Herz kann sich nicht selbst erhalten und wird – wie alles andere des Körpers – eine Beute der Würmer. Es ist weg, alles ist weg. Die Haut, der Leib, die Lebenskräfte, alles, alles ist vergangen. Nichts ist geblieben. Nach einigen Jahren werden sie das Grab ausheben und sagen: „Hier ruhte So-und-so – aber wo ist er jetzt?“ Und wenn sie auch suchen und forschen und graben, sie werden doch keinen Rest finden. Mutter Erde hat ihren eigenen Abkömmling verschlungen.

Liebe Freunde, warum auch sollten wir es anders wünschen? Warum sollten wir den Leib erhalten wollen, wenn ihn doch die Seele verlassen hat? Was für vergebliche Versuche haben die Menschen mit bleiernen Särgen und mit Umhüllungen von Myrrhe und Weihrauch gemacht! Die Einbalsamierungen der Ägypter, diese Meisterräuber der Würmer – wozu haben sie eigentlich genützt? Zu nichts weiter, als dazu, verschiedene eingeschrumpfte Gestalten der Sterblichkeit bis heute zu erhalten und als Merkwürdigkeiten zu verkaufen, damit sie in fremden Ländern von teilnahmslosen Augen angestarrt werden. Nein, lasst den Staub sich in Staub auflösen, je schneller, desto besser. Und wie gleichgültig ist es, *wie* das geschieht! Ob von Tieren gefressen oder vom Wasser verschlungen und den Fischen zur Speise geworden, ist völlig egal. Wie, wenn vielleicht die Pflanzen mit ihren Wurzeln einzelne Teile und Teilchen aufsaugen? Wie, wenn der Staub vom Wind über die Landstraße geweht wird oder die Flüsse ihn in die Wellen des Ozeans tragen? Ist es doch bestimmt, dass auf die eine oder andere Weise alles getrennt werden muss – „Staub zu Staub, Asche zu Asche". Es ist ein Teil des Ratschlusses, dass alles vergehen soll. Die Würmer oder irgendwelche anderen Agenten der Vernichtung müssen den Leib zerstören. Such nicht zu vermeiden, was Gott verordnet hat, sieh es nicht als etwas Trübes. Betrachte es vielmehr als Notwendigkeit, ja, noch mehr, betrachte das Grab als den Ort für ein Wunder, als den geeignetsten Schauplatz der Auferstehung, weil Jesus wirklich die Teile dieses Leibes von den Toten auferwecken wird, wie sie auch voneinander getrennt sein mögen. Wir haben von Wundern gehört, aber welch ein Wunder ist die Auferstehung! Alle Wunder der Schrift, selbst die, die Christus auf Erden gewirkt hat, sind klein, verglichen mit diesem. Der Philosoph sagt: „Wie ist es möglich, dass Gott jedes Teilchen des menschlichen Körpers auffinden kann?" Er kann es. Auf sein Wort hin sammelt sich jedes einzelne Atom, und wenn es auch tausende von Meilen zurückzulegen hat, wenn es auch als Staub durch die ferne Wüste geweht wurde oder auf den Grund des Ozeans gefallen ist – jedes einzelne Atom wird seinen Genossen finden, und die ganze Gesellschaft der Teilchen wird beim Posaunenton des Erzengels an den ihnen zugewiesenen Platz wandern, und der Leib, derselbe Leib, der in die Erde gelegt wurde, wird wieder auferstehen.

Ich fürchte, ich bin etwas zu uninteressant geworden, indem ich mich zu lange bei diesen Ausführungen über Hiobs Worte aufgehalten habe, aber ich denke, sehr viel von der Kraft von Hiobs Glauben liegt darin, dass er einen klaren Blick dafür hatte, dass die Würmer nach seiner Haut auch seinen Leib zerstören würden, dass er aber trotzdem mit seinem

Fleisch Gott sehen wird. Wenn wir die Leiber der Entschlafenen erhalten könnten, würden wir die Auferstehung vielleicht als ein nur geringes Wunder ansehen. Wenn wir auf irgendeine Weise, durch Spezereien oder Gummi, die einzelnen Teile erhalten könnten, so wäre es ja sicherlich ein Wunder, wenn der Herr die vertrockneten Totengebeine lebendig machte, Fleisch und Haut belebte, es wäre aber kein so offensichtliches Wunder wie die Erweckung der toten Körper, nachdem sie ein Raub der Würmer geworden sind. Wenn der Bau völlig abgebrochen, alles, was dazu gehört, niedergerissen und zertrümmert ist und in alle Winde zerstreut wurde, sodass gar nichts übrig geblieben ist, und wenn dennoch beim Erscheinen des Herrn Jesus in den letzten Tagen auf Erden der ganze Bau wieder zusammengebracht wird, Bein zu seinem Bein – dann wird die Macht der Allmacht Gottes zu sehen sein.

Dies ist die Lehre von der Auferstehung. Glücklich ist der, der sich hier nicht an Schwierigkeiten stößt, sondern sie als eine Unmöglichkeit bei Menschen sieht, aber als eine Möglichkeit bei Gott. Glücklich, wer, sich an die Allmacht des Höchsten klammernd, sagt: „Du sagst es, und es wird geschehen!“ Ich kann dich nicht ergründen, du großer Gott, ich staune über deine Absicht, meine verwesten Gebeine aufzuerwecken, weiß aber, dass du große Wunder tust und bin nicht überrascht, dass du das große Schauspiel deines Schöpfungswerkes hier auf Erden beschließen willst mit der Wiedererschaffung des Menschen durch dieselbe Kraft, durch die du den Leib deines Sohnes Jesus Christus von den Toten hast hervorkommen lassen, durch dieselbe göttliche Macht, durch die du menschliche Seelen zu deinem eigenen Bilde wiedergeboren hast!

Nachdem wir mit dem Patriarchen ins Grab gestiegen sind und dort nur Zerstörung und Grauenhaftes gesehen haben, *Lasst uns mit ihm hinaufschauen nach der Sonne des vorhandenen Trostes.*

„Ich weiß, dass mein Erlöser lebt“, sagt Hiob. Das hier gebrauchte Wort „Erlöser“ heißt im Urtext „Goel“ – Verwandter. Die Pflicht eines Goel oder Verwandten war die: Angenommen, ein Israelit hatte seinen Besitz verloren, wie es z.B. bei Naomi und Ruth der Fall war; angenommen, einer Familie war durch Armut ihr Erbteil entgangen, so war es die Aufgabe des Goel, des Lösers, als nächster Verwandter den Preis zu bezahlen und das Erbteil zurückzukaufen. In solcher Verwandtschaft stand Boas zu Ruth. Nun, der Leib kann als Erbteil der Seele angesehen werden, als die kleine

Unterkunft der Seele, der kleine Fleck Erde, in dem die Seele zu wandeln und sich zu freuen pflegt, so wie ein Mann in seinem Garten umhergeht oder in seinem Haus wohnt. Nun, das Besitztum wird veräußert. Wie Ahab dem Naboth seinen Weinberg nahm, so macht es der Tod mit uns, wir verlieren unser Erbteil. Der Tod sendet seine Truppen, um unseren Weinberg zu nehmen und die Weinstöcke zu verderben. Wir aber wenden uns an den Tod und sagen: „Ich weiß, dass mein Gott lebt und er sein Erbteil lösen wird. Ich habe es verloren; du nimmst es mir gesetzmäßig, o Tod, weil ich durch meine Sünde mein Recht verwirkt habe. Ich habe durch eigene Schuld und die meiner ersten Eltern mein Erbe verloren; es lebt aber einer, der es zurückkaufen wird."

Brüder, Hiob konnte von Christus sagen, lange bevor er auf Erden erschienen war: „Ich weiß, dass er lebt." Und jetzt, da der Erlöser aufgefahren ist in die Höhe und das Gefängnis gefangen geführt hat, können wir wahrlich mit doppeltem Nachdruck sagen: *„Ich weiß, dass mein Goel, mein Verwandter, lebt*, dass er den Preis bezahlt hat, damit ich mein Erbteil zurückbekomme und in meinem Fleische Gott sehe." Ja, meine Hände, ihr seid mit Blut erkauft, „nicht mit vergänglichem Silber oder Gold ... von eurem nichtigen Wandel nach der Väter Weise, sondern mit dem teuren Blut Christi als eines unschuldigen und unbefleckten Lammes" (1.Petr 1,18.19). Ja, ihr atmenden Lungen, und du, schlagendes Herz – ihr seid erlöst! Er, der die Seele erlöst hat, damit sie sein Altar sei, hat auch den Leib erkauft, damit er ein Tempel des Heiligen Geistes sei. Nicht einmal die Gebeine Josefs dürfen im Hause der Dienstbarkeit bleiben[23]. Kein Geruch vom Feuer des Todes darf an den Kleidern hängen[24], die Gottes Kinder im Feuerofen getragen haben..

Beachtet ferner, dass es auch immer als Pflicht des Goel galt, nicht nur mit Geld das Erbteil des Verwandten zu lösen, sondern, wenn es sein musste, *auch mit Gewalt*. Deshalb rief Abraham, als Lot von den vier Königen gefangen weggeführt wurde, seine Knechte und die Knechte seiner Freunde zusammen, zog mit ihnen den morgenländischen Königen nach und brachte Lot samt den Gefangenen nach Sodom zurück.[25] Der Herr Jesus, der durch die Bezahlung für uns das Erbteil für seine Verwandten zurückerobert hat, wird uns mit seiner göttlichen Macht und Gewalt befreien. O, Tod, du zitterst, wenn du seinen Namen hörst! Du kennst die Macht unseres Verwandten! Seinem Arm vermagst du nicht

[23] 1. Mose 50,25 und 2. Mose 13,19.

[24] Daniel 3,27.

[25] 1. Mose 14,12-16.

zu widerstehen! Du bist ihm einst in gewaltigem Kampf von Angesicht zu Angesicht begegnet und hast ihn wirklich auf die Ferse getreten! Er hat sich freiwillig unterworfen, sonst würdest du, o Tod, keine Macht über ihn gehabt haben. Aber er hat dich geschlagen, Tod! Er beraubte dich aller deiner Schätze, nahm dir den Schlüssel deiner Burg, zerbrach die Tür deines Kerkers, und du weißt jetzt, dass es nicht in deiner Macht steht, meinen Leib zu halten. Magst du auch alle deine Sklaven dabei verschlingen, du musst ihn doch wieder zurückgeben und allen Raub zurückerstatten.

Unersättlicher Tod! Aus deinem gierigen Rachen werden die Millionen zurückkehren, die du verschlungen hast. Du wirst durch den Heiland gezwungen werden, deine Gefangenen wieder ans Tageslicht kommen zu lassen. Im Geist sehe ich Jesus kommen, begleitet von den Dienern seines Vaters. „Gottes Wagen sind vieltausendmal tausend, der Herr zieht ein ins Heiligtum vom Sinai her!“ (Ps 68,18). Blast die Posaune, blast die Posaune! Immanuel führt zur Schlacht! Der Höchste an Majestät begürtet sich mit dem Schwert! Er kommt, um mit Gewalt denen sein Volk zu entreißen, die sich in sein Erbteil gedrängt haben. O, wie glorreich ist der Sieg! Dort wird kein Krieg sein. Er kommt, er sieht, er siegt! Der Schall der Posaune genügt; der Tod wird entsetzt die Flucht ergreifen, und sofort werden aus Betten von Staub und stiller Erde die Gerechten in den Strahlen des ewigen Tages auferstehen.

Wir verweilen noch einen Augenblick, da aus dem Alten Testament deutlich *eine dritte Pflicht* des Goel zu ersehen ist, nämlich die, *den Tod seines Freundes zu rächen*. War jemand erschlagen worden, so musste der Goel sein Bluträcher sein. Er begürtete sich demgemäß sofort mit dem Schwert und verfolgte den, der sich des Blutvergießens schuldig gemacht hatte.

Wir wollen uns als die vom Tod Erschlagenen vorstellen. Sein Pfeil ist uns ins Herz gedrungen, aber im Sterben sind wir noch imstande, uns der Rache zu rühmen und dem Ungeheuer ins Gesicht zu rufen: „Ich weiß, dass mein Erlöser lebt!“ Du magst immerhin fliehen, o Tod, so schnell du willst, aber keine Freistadt kann dich vor ihm verstecken. Er wird dich einholen, dich ergreifen, du Skelettenfürst, und mein Blut an dir rächen. Ich wünschte, ich hätte die Sprachgewalt, um diesen großartigen Gedanken herauszuarbeiten. Chrysostomus oder Christmas Evans könnten die Flucht des Königs des Schreckens besser schildern, dazu die Verfolgung durch den Erlöser, das Ergreifen des Feindes und den Tod des Zerstörers. Christus wird sich gewiss am Tod rächen für alles Leid, das der Feind den Seinen, seinen geliebten Verwandten, zugefügt hat. Das sei dein Trost, Kind Gottes, dass du ewiges Leben hast, selbst wenn du stirbst, da ist einer, der dich rächen wird, einer, der den Preis für dich bezahlt hat, einer, dessen starke Arme dich in Freiheit setzen werden.

Aus unserem Text geht weiter hervor, dass Hiob anscheinend nicht nur in der Tatsache Trost findet, dass er einen Goel, einen Erlöser hatte, sondern auch darin, dass dieser Erlöser *lebt*. Er sagt nicht: „Ich weiß, dass mein Erlöser leben wird", sondern, „*dass er lebt*", er hat eine klare Sicht für die Existenz des Herrn Jesus Christus, derselbe gestern, heute und in alle Ewigkeit. Und wir, ihr und ich, blicken nicht zurück und sagen: „Ich weiß, dass er *gelebt hat*", sondern, „dass er *heute lebt*".

Jetzt, an diesem Tag, in diesem Augenblick, könnt ihr, die ihr über den Verlust geschätzter Freunde trauert und Leid tragt, die euch in vergangenen Jahren Stützen und Säulen waren, vertrauensvoll zum Heiland gehen, weil er nicht nur lebt, sondern auch Quelle und Ursprung alles Lebens ist, und ihr deshalb glauben dürft, dass er selbst die wieder ins Leben rufen wird, die ihr dem Grab anvertraut habt. Er ist der Herr und ursprüngliche Spender des Lebens und wird erst recht *die Auferstehung und das Leben genannt* werden, wenn die Legionen seiner Erlösten mit ihm verherrlicht werden. Auch wenn ich keine Quelle sah, von der Leben zu den Toten fließen könnte, so würde ich doch der Zusage Gottes glauben, dass die Toten leben werden; wenn ich aber diesen Strom sehe und weiß, dass er bis an den Rand, ja, bis zum Überfließen gefüllt ist, so kann ich mich freuen, ohne zu zittern. Denn da es einen gibt, der sagen kann: „Ich bin die Auferstehung und das Leben", so ist es eine großartige Sache, den Gemeinten schon in der Person unseres Herrn Jesus Christus vor uns zu sehen. So lasst uns aufschauen zu unserem Goel, der jetzt, zu dieser Stunde, lebt.

Meiner Ansicht nach liegt der Kern von Hiobs Trost in dem Wörtlein *mein*. „Ich weiß, dass mein Erlöser lebt." O, dass wir von Christus Besitz ergreifen! Ich weiß, dass er uns in seinen Diensten wertvoll ist. Doch, liebe Freunde, wir müssen ihn zum Eigentum haben, bevor wir uns wirklich an ihm freuen können. Was nützt mir der Honig im Wald, wenn ich wie die ermatteten Israeliten ihn nicht essen darf! Nur der Honig in meiner Hand, auf meinen Lippen, macht meine Augen strahlend wie die Jonathans. Was nützt mir Gold in der Mine? Es gibt Bettler in Peru, und manche betteln um Brot in Kalifornien. Nur das Gold in meinem Beutel kann mir zum Notwendigsten dienen, nur so kann ich das erforderliche Brot dafür kaufen. Was also nützt mir ein Verwandter, wenn er nicht *mein* Verwandter ist! Ein Erlöser, der nicht mich erlöst, ein Rächer, der sich niemals für mein Blut erheben wird – was für ein Nutzen wäre das? Aber Hiobs Glaube war stark und fest in der Überzeugung, dass der Erlöser *sein* war.

Liebe Freunde, kann jeder von euch sagen: „Ich weiß, dass *mein* Erlöser lebt“? Ich bitte euch, ruht nicht, seid nicht zufrieden, bevor ihr sagen könnt: „Ja, ich werfe mich auf ihn, ich bin sein, deshalb ist er mein.“ Ich weiß, dass viele von euch das sagen können, während sie alles andere, was sie haben, als nicht ihr Eigen ansehen: „*Mein* Heiland ist mein.“ Er ist das einzige Eigentum, das wirklich unser ist. Alles andere – Haus, Familie, Kinder – ist nur Geliehenes, ja, sogar unser Leib muss dem großen Verleiher zurückgegeben werden. Aber von Jesus können wir nie mehr lassen. „Darum setzen wir auch unsere Ehre darein, ob wir daheim sind oder in der Fremde, dass wir ihm wohlgefallen“ (2.Kor 5,9). Ich weiß, dass sogar der Tod uns nicht von ihm scheiden kann, sodass auch in der finsteren Todesstunde, in der langen Grabesnacht und der Trennung Leib und Seele in Jesu Händen sind.

Geliebte, habt ihr Christus? Es mag sein, dass du ihn nur mit schwacher Hand hältst, dass du fast denkst, es ist Vermessenheit, zu sagen: „Er ist *mein* Erlöser“, doch denk daran: wenn du nur Glauben hast wie ein Senfkorn, so berechtigt dich dieser kleine Glaube zu sagen: „Ich weiß, dass mein Erlöser lebt!“

In diesen trostreichen Worten ist ein anderer Ausdruck enthalten, der ohne Zweifel dem Trost Hiobs einen kräftigen Nachdruck verleiht, nämlich die Aussage: „*Ich weiß*.“ – „*Ich weiß*, dass mein Erlöser lebt.“ Es ist schon etwas, zu sagen: „Ich hoffe es, ich denke es“, und es gibt in der Herde Christi Tausende, die es kaum weiter bringen. Aber um zum *Kern* des Trostes zu gelangen, muss man sagen können: „*Ich weiß*.“ Alles ‚Wenn und Aber und Vielleicht’ sind sichere Mörder von Friede und Trost. In Leidenszeiten sind Zweifel und Ungewissheit trostlose Gestalten. Sie stechen die Seele wie Wespen. Zweifel, ob Christus mein ist, sind wie Essig mit Galle vermischt. Wenn ich aber weiß, dass Jesus mein ist, ist die Finsternis nicht finster, sogar die Nacht ist licht um mich her. Aus dem Löwen kommt Honig, aus dem Fresser Süßigkeit.[26] „Ich weiß, dass mein Erlöser lebt.“ Dies ist eine hell brennende Lampe, die das feuchte Grabgewölbe erheitert, dagegen ist eine schwache Hoffnung wie ein flackernder Docht, der nur die Finsternis sichtbar macht, weiter nichts. Wahrhaftig, ich möchte nicht mit einer Hoffnung sterben, die mit Zweifeln vermischt ist. Ich wäre vielleicht damit sicher, aber nicht glücklich. Doch, hinabzusteigen in den Todesfluss und zu wissen, dass alles gut ist, voller

---

[26] Richter 14,8-14.

Zuversicht, dass ich als ein schuldiger, schwacher, hilfloser Wurm in die Arme Jesu gefallen bin und zu glauben, dass er bewahren kann, was ich ihm anvertraut habe – wie anders ist das!

Ich möchte, dass ihr nie, ihr lieben christlichen Freunde, nie die volle Glaubensgewissheit für euch als etwas Unmögliches haltet! Sagt nicht: „Das ist mir zu hoch; ich kann das nicht erreichen!" Ich habe lediglich ein oder zwei erfahrene Christen gekannt, die kaum an ihrem Heil gezweifelt haben, und die wenigsten von uns erfreuen sich einer hinreißenden Begeisterung; wir gehen im Allgemeinen eher einen ausgeglichenen Weg, hängen einfach an Christus, wissen, dass seine Verheißung wahr und sein Verdienst gültig ist und dass wir sicher sind. Gnadengewissheit ist ein Juwel, viel mehr wert als seltene Gefühle. Sie ist das allgemeine Privileg aller Gläubigen, wenn sie nur die Gnade haben, sich zu ihr emporzuschwingen, doch diese Gnade gibt der Heilige Geist gern. Wahrlich, wenn schon Hiob in Arabien, in jenem dunklen, nebeligen Zeitalter, als nur der Morgenstern und noch nicht die Sonne zu sehen war, als man erst wenig erkannte, als Leben und Unsterblichkeit noch nicht ans Licht gebracht waren – wenn also zu jener Zeit ein Hiob noch vor dem Kommen und der Ankunft des Erlösers sagen konnte: *„Ich weiß"*, so sollten doch wir, ihr und ich, nicht weniger gewiss sprechen! Gott bewahre, dass unsere Gewissheit Vermessenheit sein soll! Wir wollen uns selbst prüfen und darauf achten, dass unsere Merkmale und Kennzeichen echt sind, damit wir uns auf keinen Fall eine unbegründete Hoffnung machen, denn nichts kann schlimmer sein, als zu sagen: „Friede, Friede, und ist doch kein Friede!"(Jer 6,14). Doch lasst uns für die Ewigkeit bauen, und fest bauen! Lasst uns nicht bloß mit dem Fundament zufrieden sein, denn erst von den oberen Räumen hat man die weiteste Aussicht. Lasst uns zum Herrn beten, dass er uns hilft, Stein auf Stein zu setzen, bis wir in der Lage sind, das in den Blick zu nehmen und zu sagen: *„Ja, ich weiß, ich weiß*, dass mein Erlöser lebt!" Dies ist dann ein realer Trost für heute, im Blick auf unser Abscheiden.

Und nun, an dritter und letzter Stelle: *Die Teilhabe an der zukünftigen Freude*, will ich euch den anderen Teil des Textes in Erinnerung rufen.

Hiob wusste nicht nur, dass sein Erlöser lebt, sondern *er erwartete auch die Zeit, dass dieser sich an jenem letzten Tag über die Erde erhebt.* Ohne Zweifel bezog sich Hiob auf das erste Kommen des Heilandes, auf die Zeit, da Christus „der Goel“, der Verwandte, auf der Erde stehen sollte, um durch sein Blut das Lösegeld zu bezahlen, das schon vor Grundlegung der Welt, durch Bund und Vertrag verheißen, bezahlt worden war. Ich kann mir aber nicht denken, dass Hiobs Vision dabei stehen geblieben ist, sondern glaube vielmehr, dass er *ebenso* auf die zweite Ankunft Christi, auf die Zeit der Auferstehung, geschaut hat. Wir unterstützen freilich nicht die Theorie, dass Hiob nach dem Tod des Herrn auferstanden sei, eine Ansicht, an der sich eine Zeit lang gewisse Judenchristen festhielten. Wir sind vielmehr überzeugt, dass der Ausdruck „in den letzen Tagen“ sich auf das Wiederkommen des Herrn in Herrlichkeit bezieht. Unsere Hoffnung ist, dass er wiederkommen wird, um da in Herrlichkeit zu regieren, wo er einst unter großen Schmerzen, unter Schmach und Schande, gestorben ist.

Seit einiger Zeit ist in unseren Gemeinden die erfreuliche, segensreiche Lehre von der zweiten Ankunft sehr belebt worden, und ich halte nach den besten Auswirkungen daraus Ausschau. Es besteht natürlich immer die Gefahr, dass sie durch fanatische Gemüter verdreht und missbraucht werden kann, doch ist diese Lehre in sich selbst eine sehr trostreiche und zugleich sehr praktische, indem sie darauf gerichtet ist, die Christen wachzuhalten, weil der Bräutigam zu einer Stunde kommt, in der wir es nicht erwarten. Geliebte, wir glauben, dass derselbe Jesus, der vom Ölberg zum Himmel gefahren ist, wiederkommen wird, wie er zum Himmel gefahren ist. Wir glauben an seine persönliche Wiederkunft und Herrschaft. Wir glauben und erwarten, wenn beide, die klugen und die törichten Jungfrauen eingeschlafen sind, in der Nacht, in der der Schlaf schwer auf den Gläubigen liegt, wenn die Menschen essen und trinken wie zu den Zeiten Noahs, dann plötzlich, wie ein leuchtender Blitz, Christus unter Posaunenschall vom Himmel kommen wird und die in ihm Entschlafenen auferstehen und mit ihm regieren werden. Wir warten auf das buchstäbliche, persönliche, wirkliche Erscheinen Christi auf der Erde über dem Staub als die Zeit, in der das Seufzen der Kreatur auf ewig verstummen und ihr dringliches Sehnen erfüllt werden wird.

Beachtet, dass Hiob den Erlöser als *stehend* beschreibt. Manche Schriftausleger lesen die Stelle so: „Er wird in den letzten Tagen stehen wider die Erde“, weil, da die Erde die Getöteten bedeckt hat und das Grab der Toten geworden ist, Jesus sich zum Kampf erheben und sagen wird: „Erde, ich bin wider dich; gib deine Toten her! Ihr Rasenstücke, hört auf, Gefängniswärter der Leiber meines Volkes zu sein! Ihr stillen Tiefen, und ihr, ihr Höhlen der Erde, lasst ein für alle Mal die, die ihr eingekerkert haltet, frei ausgehen!“ Machpela soll ihren kostbaren Schatz herausgeben[27]; Gottesäcker und Gräber sollen ihre Gefangenen loslassen, alle Tiefen der Erde sollen die Leiber der Heiligen zurückgeben.

Wie dem auch sein mag, die Aussage, den Herrn als *stehend* auf der Erde zu bezeichnen, ist bedeutungsvoll. Sie bedeutet seinen *Triumph*. Er hat über die Sünde gesiegt, die einst die Erde wie eine Schlange gebunden hatte. Er hat den Satan überwunden. An demselben Ort, an dem Satan seine Macht ausübte, hat Christus den Sieg erlangt. Auf dieser Erde, ein Schauplatz der Niederlage des Guten, wo alle Tugend starb, wo alles Himmlische und Reine verwelkt und vertrocknet ist – wie von schädlichen Winden versengte Blumen den Kopf hängen lassen –, auf genau dieser Erde wird alles, was herrlich ist, grünen und blühen in höchster Vollkommenheit, und Christus selbst, einst verachtet und verworfen, der Schönste unter allen Menschenkindern, wird kommen, umgeben von heiligen Heerscharen, während Könige und Fürsten ihm huldigen und alle Nationen ihn segnen. „Er wird in den letzten Tagen stehen auf Erden."

Dann, in dieser glücklichen Stunde, sagt Hiob weiter, „werde ich in meinem Fleische Gott sehen". O, herrliche Aussicht – „ich werde Gott sehen!" Er sagt nicht: „Ich werde die Heiligen sehen" – ohne Zweifel werden wir sie alle sehen –, sondern: „Ich werde *Gott* sehen." Beachtet, dass er nicht sagt: „Ich werde die Perlentore sehen, ich werde die Mauern von Jaspis, die goldenen Kronen und lieblichen Harfen sehen", sondern: „Ich werde *Gott* sehen", als die Summe und als Wesen des Himmels. „In meinem Fleische werde ich *Gott* sehen." Die reinen Herzens sind, werden Gott schauen. Es war ihre Freude, ihn hier unten im Glauben im heiligen Abendmahl und im Gebet zu sehen. Im Himmel wartet auf sie ein Schauen anderer Art. Wir werden im Himmel Gott sehen und ihm völlig gleich sein; das göttliche Wesen wird uns aufgeprägt sein; und so ihm ähnlich gemacht, werden wir vollkommen gerechtfertigt und zufrieden sein. Gott ähnlich, was könnten wir mehr wünschen! Gott sehen, was könnten wir Besseres verlangen! Wir werden Gott sehen; und die Seele wird in völliger Zufriedenheit und all unser Tun in völliger Erfüllung sein.

Einige lesen die Worte so: „Doch werde ich Gott sehen in meinem Fleisch", und ziehen daraus den Schluss, dass sich diese Worte auf den Herrn Jesus Christus als das Fleisch gewordene Wort beziehen. Nun, mag es so oder anders sein, eins ist gewiss, dass wir Christus sehen werden, und dass er, der göttliche Erlöser, Gegenstand unseres ewigen Anschauens sein wird. Wir werden überhaupt keine andere Freude wollen, als einfach die,

---

[27] 1. Mose 23,19.

ihn zu sehen. Denke nicht etwa, lieber Freund, das sei ein zu enger Kreis für deine Sinne. Es ist zwar nur *eine* Freudenquelle: „Ich werde Gott sehen“, aber diese Quelle ist unendlich, unerschöpflich. Seine Weisheit, seine Liebe, seine Macht, all seine Eigenschaften werden Gegenstand deiner Betrachtung und Anbetung sein, und da er in jeder Hinsicht unendlich ist, ist kein Erschöpfen zu befürchten. Seine Werke, seine Absichten und Ziele, seine Gaben, seine Liebe zu dir, seine Herrlichkeit in all seinen Zielen und Liebestaten – dieses alles wird ein nie zu erschöpfendes Thema bilden. Mögest du mit himmlischer Freude an jenem großen Tag dabei sein, dass du in deinem Fleisch Gott sehen wirst.

Ferner möchte ich euch darauf hinweisen, dass Hiob nachdrücklich sagt, dass er mit seinem eigenen Leib Gott sehen wird. „Ich selbst werde ihn sehen“, sagt er, und fügt dann hinzu: „Meine Augen werden ihn schauen und kein Fremder.“ Ja, es ist wahr, ich, *derselbe* Mensch, der hier steht, obwohl er in den Tod gehen muss, werde ganz gewiss als derselbe Mensch auferstehen und meinen Gott sehen. Nicht ein *Teil* von mir, obwohl die Seele selbst auch ihren Blick auf Gott richten wird, sondern mein *ganze*r Mensch mit Fleisch, Seele, Leib und Geist wird Gott schauen. Wir werden nicht in den Himmel eingehen, liebe Freunde, wie ein entmastetes Schiff in den Hafen gezogen wird; wir werden nicht so zur Herrlichkeit gelangen, dass der eine auf einer Planke, der andere auf einem zerbrochenen Schiffsteil kommt, sondern das *ganze* Schiff wird sich sicher in den Hafen bewegen; beide, Leib und Seele, sind sicher. Christus, unser Erlöser, wird sagen können: „Alles, was mir mein Vater gibt, das kommt zu mir“ (Joh 6,37), nicht nur alle Personen, sondern auch *alles*, was dazugehört, jeder Mensch in seiner Vollkommenheit. Im Himmel wird kein Unvollkommener gefunden werden, kein einziger z.B. ohne Augen, viel weniger noch ohne einen Leib. Kein Glied des Leibes ist verlorengegangen; genausowenig wird der Leib etwas von seiner natürlichen Schönheit missen. Alle Gläubigen werden dort sein und vor allem genau dieselben Personen, nur mit dem Unterschied, dass sie vom Gnadenstand zum Stand der Herrlichkeit gelangt sind. Sie werden gereift sein, sind nicht mehr grüne Blätter und Halme, sondern volles Korn in der Ähre, nicht mehr Knospen, sondern Blumen, nicht mehr Säuglinge, sondern Männer, erwachsene Menschen.

Seht noch, wie der Patriarch es als einen wirklichen, persönlichen Genuss bezeichnet: „Meine Augen werden ihn schauen, und kein Fremder.“ Man soll mir nicht etwa einen Bericht bringen, wie ihn damals die Königin von Saba erhalten hat, sondern ich werde Salomo, meinen König, selbst sehen. Ich werde sagen können, was die Samariter zu der

Frau sagten: „Von nun an glauben wir nicht mehr um deiner Rede willen; denn wir haben selber gehört und erkannt: Dieser ist wahrlich der Welt Heiland“ (Joh 4,42). Es wird ein persönlicher Kontakt mit Gott sein, nicht durch das Buch, das ja nur ein Spiegel ist, nicht durch die Sakramente, sondern unmittelbar in der Person unseres Herrn Jesus Christus werden wir mit Gott verkehren können, wie ein Mann mit seinem Freund redet. „Kein anderer, kein Fremder.“ Würde sich etwas ändern, würde das meine Freude vertreiben. Oder wenn mein Himmel stellvertretend genossen würde oder wenn Schlücke des Segens stellvertretend für mich getrunken würden – wie stünde es dann um meine Hoffnung! O nein, ich *selbst,* nicht durch einen anderen, werde Gott sehen. Haben wir euch nicht hundertmal gesagt, dass es nur auf ein *persönliches* Christsein ankommt, und ist es nicht so, dass Auferstehung und Herrlichkeit *persönliche* Dinge sind, ein anderer Beweis dafür? Könntet ihr Stellvertreter für eure Buße vorschicken, verlasst euch darauf, so würdet ihr auch Stellvertreter für die Herrlichkeit haben. Da es aber keinen gibt, der an eurer statt Gott sehen kann, so muss auch jeder für sich *selbs*t sehen, *selbst* ein Interesse an dem Herrn Jesus finden.

Wie töricht sind wir gewesen, Geliebte, ihr und ich, wenn wir mit Schaudern, mit Zweifel, mit Grauen dem Tod entgegengesehen haben! Was ist *er* nach allem? Zitterst du vor den Würmern, den zerstreuten Gliedern deines Leibes? Den Würmern und der Verwesung gegenüber haben wir die Engel; die zerstreuten Leibesteile werden sich auf den Ruf Gottes hin sammeln. Nicht wahr, wo die Lampe der Auferstehung hell leuchtet, da verschwindet die Düsterkeit des Todes! Da bessere Kleider auf uns warten, ist das Entkleiden nicht so schwer. Ja, sehnen wir uns nicht nach dem Abend, um uns auszukleiden und mit Gott aufzustehen?

Ich bin überzeugt, meine hier anwesenden alten, verehrten Freunde, die die Zeit ihres Abscheidens nahen sehen, müssen einen Ausblick auf die Herrlichkeit jenseits des Todestales haben. Bunyan hatte nicht Unrecht, meine lieben Brüder, dass er das Land Beulah an den Schluss der Pilergerschaft verlegte. Ist nicht mein Text ein Teleskop, durch das ihr über den Jordan blicken könnt? Mag er nicht Engelshänden gleich sein, die euch Bündel von Myrrhen und Weihrauch bringen? Ihr könnt sagen: „Ich weiß, dass mein Erlöser lebt.“ Ihr könnt nicht *mehr* wünschen. Wie ihr euch in jungen Jahren mit nicht weniger begnügt habt, so könnt ihr auch jetzt mit nicht weniger zufrieden sein. Diejenigen unter uns, die noch jung sind, seien mit dem Gedanken getröstet, dass auch ihr Ende vielleicht nahe ist. Ja, getröstet, sagte ich, nicht erschreckt. Möchte man nicht fast die beneiden, deren Lauf dem Ende nahe ist, weil wir fürchten – doch wir sollten nicht so reden, denn des Herrn Wille geschehe – ich wollte sagen, weil wir fürchten, dass unser Kampf noch lange währen und unser Fuß vielleicht gleiten könnte? Aber Gott sei Dank, der Hüter Israels schläft und schlummert nicht! Weil wir wissen, dass unser Erlöser lebt, soll dies unser Trost im Leben sein, dass, wenn wir auch sinken, wir nicht versinken. Unser Erlöser lebt! Dies soll im Tod unser Trost sein, dass, wenn auch unser Leib von Würmern gefressen wird, wir dennoch in unserem Fleisch Gott sehen werden.

Möge der Herr diesen schwachen Worten heute Morgen seinen Segen geben! Ihm sei Ehre und Preis in alle Ewigkeit! Amen.

Mit Christus auferstehen[28]

„Aber Gott, der reich ist an Barmherzigkeit, hat in seiner großen Liebe, mit der er uns geliebt hat, auch uns, die wir tot waren in den Sünden, mit Christus lebendig gemacht – aus Gnade seid ihr selig geworden.“

Epheser 2,4.5

In letzter Zeit sind Konferenzen für alle möglichen Leute und zu den verschiedensten Themen gehalten worden, doch wie ungewöhnlich wäre – wenn es möglich wäre – eine Konferenz von Personen, die von den Toten auferstanden sind! Könnte man auf die eine oder andere Weise das Söhnlein der Sunamitin, das Töchterlein des Jairus, den Sohn der Witwe zu Nain, Lazarus und Eutychus zusammenrufen, was für sonderbare Gespräche würden sie miteinander führen, was für eigentümliche Fragen würde man stellen, und was für merkwürdige Enthüllungen würden sie machen! Dies ist natürlich nicht möglich, doch könnte eine noch bessere und noch bemerkenswertere Versammlung zu denselben Bedingungen schnell zusammengerufen werden, und von den Aussagen deren Mitglieder könnten noch wichtigere Einsichten gewonnen werden.

An diesem Morgen haben wir dem Wesen nach genau so eine Konferenz hier im Haus versammelt. Waren doch viele von uns genauso wie andere tot in Übertretungen und Sünden, wir hoffen aber, dass wir durch göttliche Wirkung lebendig gemacht sind und als Befreite vom geistlichen Tod jetzt als Lebende Gott preisen. Es wird gut sein, darüber zu reden, einen Rückblick auf die Vergangenheit zu werfen, uns der Gegenwart zu freuen und nach der Zukunft auszuschauen. „Euch hat er lebendig gemacht, die ihr tot wart in Übertretungen und Sünden“, und so, wie ihr jetzt hier als eine Versammlung von Menschen, die im Besitz des Auferstehungslebens sind, beisammen sitzt, seid ihr eine beachtenswertere Versammlung, als wenn nur eurer Leib und nicht euer Geist lebendig gemacht worden wäre.

[28] Gehalten am Sonntagmorgen, den 12. April 1868, im Metropolitan Tabernacle, Newington.

Der erste Teil unserer Predigt wird uns mit *einem ernsten Gang* in Beschlag nehmen, *den wir mit euch in das Totenhaus gehen*; zweitens wollen wir kurz *auf ein Wunder zurückblicken und den Toten lebendig sehen*; drittens wollen wir die im Text *angedeutete innige Verbindung* beachten, und viertens mit einem *Lied* schließen, klingt doch unser Text wie Musik, ist er doch voller Dankbarkeit, und Dankbarkeit ist das Wesen eines echten Lobgesanges, und er ist voll anbetenden Staunens und wahre Poesie, wenn auch in Prosa geschrieben.

Wir wollen also zunächst *EINEN ERNSTEN GANG ANTRETEN UND HINABSTEIGEN IN DAS TOTENHAUS UNSERER ARMEN MENSCHHEIT.*

Der Lehre der Heiligen Schrift gemäß sind die Menschen tot, geistlich tot. Gewisse eitle Menschenkinder möchten freilich gern beweisen, dass der Mensch durch den Fall nur ein wenig in Unordnung geraten, an einigen schwachen Stellen ein wenig verletzt und verwundet, jedoch nicht tödlich getroffen ist. Das Wort Gottes ist jedoch in dieser Sache sehr genau. Es erklärt unser Geschlecht nicht nur für verletzt und verwundet, sondern für völlig zerschlagen, wie tot in Übertretungen und Sünden. Es gibt solche, die vermuten, die menschliche Natur sei nur in einer Art Ohnmachtsanfall und bedürfe einer Belebung, um alles wieder in Ordnung zu bringen. Man müsse nur durch Bildung und andere Manipulationen seine Lebensfluten in Gang setzen und zur Tätigkeit anregen, dann werde sich das Leben rasch entwickeln, sagt man. In jedem Menschen sei viel Gutes, man müsse es nur durch Erziehung und Vorbild herauskristallisieren.

Diese Ansicht ist das genaue Gegenteil von dem, was die Heilige Schrift sagt. Auf ihren Seiten lesen wir gar nichts von Ohnmachtsanfällen oder von zeitweiligen Schlaganfällen, sondern *Tod* ist der Name für den natürlichen Zustand, *lebendig gemacht werden* ist seine größte Notwendigkeit. Der Mensch ist nicht teilweise tot wie der halb ertrunkene Seemann, in dem sich vielleicht noch ein Lebensfunke finden mag, wenn der Betreffende nur sorgsam behandelt und geschickt gepflegt wird. Im Menschen ist auch nicht *ein* Funke geistlichen Lebens übriggeblieben; die Menschheit ist in allen geistlichen Dingen eine völlige Leiche. „Denn an dem Tage, da du von ihm issest, musst du des Todes sterben" (1.Mose 2,17), sprach Gott zu den ersten Menschen, und gestorben sind sie, sie starben einen geistlichen Tod, und alle ihre Kinder befinden sich gleichermaßen von Natur aus in diesem geistlichen

Tod, nicht in einem Scheintod, sondern in einem wirklichen, völligen, geistlichen Tod.

„Aber leben sie denn nicht?“, fragt man. Gewiss, aber nicht geistlich. Es gibt im Leben unterschiedliche Abstufungen. Da ist zuerst das Pflanzenleben, aber im Vergleich mit dem Tierleben ist es ein totes. Über dem Leben des Tieres steht das geistige Leben des Menschen als ein sehr überlegenes. Das Tier ist tot für die Leiden und Freuden des menschlichen Lebens. Dann, hoch über dem geistigen Leben, so hoch wie das geistige Leben über dem tierischen steht, erhebt sich, was in der Heiligen Schrift *geistliches* Leben, das Leben in Christus Jesus, genannt wird. Alle Menschen haben mehr oder weniger geistiges Leben, und es ist gut, dass sie es pflegen, dass sie es soviel wie möglich gebrauchen und den höchsten Zwecken dienstbar machen. Der Mensch, als geistig lebender betrachtet, ist nicht zu verachten oder gering zu schätzen, doch kann sich das geistige Leben nicht aus sich selbst zu geistlichem erheben, es kann nicht durch die geheimnisvolle Scheidewand durchdringen, die für immer das bloße Geistesleben von dem Leben jenes neuen Grundsatzes trennt, nämlich dem Leben im Heiligen Geist, dem Lebendigen, Unverweslichen, das der Geist Gottes der Seele mitteilt. Wenn ihr euch einen Menschen vorstellen könnt, der euch in jeder Hinsicht gleich wäre mit dem einen Unterschied, dass seine Seele in ihm erstorben wäre, dass er nur noch seine tierischen Fähigkeiten besäße und keine intellektuellen – dass er also atmen und gehen, schlafen, essen und trinken und Geräusche machen könnte, so würdet ihr von einem solchen sagen, er sei für geistige Zwecke völlig tot. Er wäre vielleicht ein kräftiges, wohl entwickeltes Lebewesen, aber seine Menschlichkeit wäre tot. Es wäre unnütz, ihm einen Vorschlag zu machen, oder an die Wandtafel eine Aufgabe zu schreiben, um ihn zu unterrichten, oder ihm das einfachste Schulbuch zu geben, denn wenn er keinen Sinn hat, etwas aufzufassen, wie könnte man ihm dann etwas beibringen?

Nun, das ist in geistlicher Hinsicht der Zustand eines nicht wiedergeborenen Menschen. Es hat überhaupt keinen Zweck, zu hoffen, die Menschen zum Verständnis geistlicher Dinge bewegen zu können, wenn diese vom Geist Gottes getrennt sind, denn wie der Apostel sagt, müssen diese geistlich gesinnt sein. Der fleischliche Sinn vermag nicht zu verstehen, was von Gott ist; wenn er auch auf das gründlichste gebildet ist, so hat er nicht einen Schimmer Ahnung von dem inneren Sinn geistlicher Dinge. Er stößt sich an den Buchstaben und verpasst den wirklichen Sinn, nicht wegen Mangel an geistiger Fähigkeit, sondern wegen Mangel an geistlichem Leben.

O, ihr Menschenkinder, wollt ihr Gott erkennen, so müsst ihr wiedergeboren werden! „Es sei denn, dass jemand geboren werde aus Wasser und Geist, so kann er nicht in das Reich Gottes kommen“ (Joh 3,5). Der natürliche Mensch versteht die göttlichen Dinge, die ewig und unsichtbar sind, nicht besser, als z.B. ein Ochse Astronomie verstehen oder ein Fisch die Klassiker bewundern kann. Die arme Menschheit ist tot, nicht im moralischen oder geistigen, sondern im *geistlichen* Sinn, wie es immer wieder im Wort Gottes auf das Entschiedenste bezeugt wird.

So steigt also mit mir in die Behausung des Todes hinunter, und was fällt euch bei jenen schlummernden Leibern auf? Sie sind ganz bewusstlos. Nichts um sie her veranlasst sie zu Freude oder Schmerz. Mögen auch über den Toten in ihren Gräbern triumphierende Heere marschieren, sie stimmen nicht in den Triumph mit ein. Oder an ihren Gräbern sitzen vielleicht hinterbliebene Freunde, die das Gras mit ihren Tränen benetzen – doch lässt sich kein Seufzer als Antwort aus der düsteren Behausung hören. Genauso ist es mit den geistlich Toten; sie bleiben unberührt von geistlichen Dingen. Von einem sterbenden Heiland, dessen Seufzer einen Stein bewegen und die Felsen erschüttern könnten, können sie ungerührt hören. Sogar der allgegenwärtige Geist bleibt von ihnen unbemerkt und sein Wirken unerkannt. Engel, fromme Menschen, göttliches Wirken, sein herzliches Sehnen – dies alles ist jenseits und über ihrer Welt. Die Schrecken der Hölle erschrecken sie nicht, die Freuden des Himmels haben für sie keinen Reiz. Sie hören in gewisser Hinsicht geistig, doch das geistliche Ohr ist fest verschlossen und sie hören nicht. Sie sind ohne Bewusstsein für alles, was einen geistlichen Charakter hat; sie haben Augen und sehen nicht, Ohren und hören nicht. Man kann in ihnen vielleicht ein Interesse wecken, wenn es um Geologie oder Entdeckungen der Kunst und Wissenschaft geht, aber man schafft es nicht, ihr Herz für geistliche Bewegungen und Ziele zu gewinnen, weil sie so wenig Verständnis dafür haben, wie z.B. eine Auster von der Irischen Kirche. Fleischlich Gesinnte missverstehen schon die ersten Worte über geistliche Erkenntnis, wie Nikodemus es tat, als er fragte: „Wie kann ein Mensch geboren werden, wenn er alt ist?“, oder wie die samaritische Frau, als sie von dem lebendigen Wasser hörte, die geistliche Wahrheit aber nicht verstand und verwundert fragte: „Herr, hast du doch nichts, womit du schöpfen könntest, und der Brunnen ist tief; woher hast du denn lebendiges Wasser?“ (Joh 4,11). Die Menschen sind geistlich bewusstlos im Blick auf geistliche Wahrheiten und insofern für diese tot.

Beachte jenen Toten: du kannst ihn schlagen oder verwunden – er schreit nicht auf. Du kannst Lasten auf ihn häufen, er wird nicht müde;

du kannst ihn in Finsternis einschließen – er fühlt es nicht. So ist der Unbekehrte beladen mit der Last seiner Sünde, ist sich dessen aber nicht bewusst; er ist eingeschlossen in dem Gefängnis von Gottes Gerechtigkeit, lechzt aber nicht nach Freiheit; er befindet sich unter dem Fluch Gottes, wie geschrieben steht: „Verflucht sei jeder, der nicht bleibt bei alledem, was geschrieben steht in dem Buch des Gesetzes, dass er es tue" (Gal 3,1) – aber weil er tot ist, ruft dieser Fluch keine Regung in seinem Geist hervor. Wohl mögen manche von euch innerlich ruhig sein, eben weil sie keine Ahnung haben von den Schrecken, die sie umringen. Ein völlig Tauber erschrickt nicht bei einem heftigen Donnerschlag; ein völlig Blinder entsetzt sich nicht bei einem grellen Blitz, er fürchtet nicht das Unwetter, das er nicht bemerkt.

Genauso ist es mit euch, die ihr ruhig in euren Sünden dahinlebt: Ihr erkennt nicht die Gefahr eurer Sünde, ihr nehmt den Schrecken nicht wahr, der ihr entspringt, sonst, wahrlich, käme kein Schlaf in jene lüsternen Augen, keine Ruhe in diese leichtfertigen Gemüter. Ihr würdet aufschreien vor Schmerz in genau jenem Augenblick, in dem ihr Leben in euch gespürt habt und würdet nicht ruhen, bis ihr von diesen Übeln befreit wärt, die euch jetzt der sicheren Verdammnis entgegen führen. O, wärt ihr doch lebendig, ihr würdet nicht still sein, bis ihr von dem zukünftigen Zorn befreit wärt! Der Mensch bleibt bewusstlos in geistlichen Dingen und unberührt von ihnen, weil er in geistlichem Sinne tot ist.

Nun fordere jene Leiche zur Mithilfe für die notwendigsten Arbeiten der Nächstenliebe auf. Die Pest ist ausgebrochen, fordere sie auf, mit dir niederzuknien und Gott um Hinwegnahme des schaurigen Boten anzurufen, oder wenn sie es vorzieht, fordere sie auf, dir zur Reinigung der Luft oder zur Anwendung ärztlicher Verordnungen behilflich zu sein. Aber dein Bitten ist vergeblich – wie einfach und notwendig auch das Geforderte sein mag, der Tote kann dir nicht helfen.

Genauso ist es in geistlicher Hinsicht bei denen, die ohne Gnade leben. Der natürliche Mensch kann wohl die äußere Haltung zum Gebet annehmen – aber *beten* kann er nicht. Er kann wohl den Mund zu schön klingenden Worten, zu Gebet und Gesang auftun, aber wahres Beten und Lobsingen ist ihm völlig fremd. Sogar Buße, die doch dem sündigen Menschen etwas Natürliches sein sollte, ist ihm etwas total Fremdes. Wie könnte er die Sünde bereuen, deren Last er nicht fühlt? Wie kann er einem Gott lobsingen, für den er kein Interesse empfindet, dessen Dasein ihm keine Freude ist? Ich sage, der Mensch ist für alle geistlichen Dinge genauso unfähig, wie ein Toter zu den natürlichen Verrichtungen und Arbeiten des täglichen Lebens unfähig ist.

„Und doch", höre ich sagen, „hast du am vorigen Sonntag aufgefordert, Buße zu tun und sich zu bekehren." Gewiss, das habe ich getan und werde es heute wieder tun. Aber weshalb rede ich denn zu den Toten und fordere sie auf, etwas zu tun, wozu sie nicht imstande sind? Weil mein Herr und Meister es mir aufgetragen hat und ich seinen Auftrag ausrichte. Von dem verkündigten Wort geht eine solche Kraft aus, dass die Toten sich regen und durch die Leben schaffende Macht des Heiligen Geistes erwachen, dass sie, die von Natur aus nicht Buße tun und glauben können, doch Buße tun und an Jesus glauben und ihrem früheren Sündenleben entfliehen. Ja, glaubt mir, es ist weder ihre eigene Kraft, durch die sie vom Schlaf aufgeschreckt werden, noch meine Predigt, die das schuldige, schlafende Gewissen fesselt – es ist vielmehr eine göttliche Macht, die das Wort, das er gegeben hat, begleitet, wo es ganz und treu gepredigt wird. Deshalb haben wir unseren Auftrag wahrgenommen und täglich Tote zum Leben erweckt, weil das Leben auf göttlichen Befehl kommt. Aber tot sind sie, gründlich tot, das fühlen wir desto mehr bestätigt, je länger wir leben. Je genauer wir auf unseren Zustand vor unserer Bekehrung zurückblicken und unseren jetzigen Zustand prüfen, desto völliger sind wir überzeugt, dass der Mensch tot ist in Sünde und dass das Leben eine Gabe vom Himmel, die Gabe unverdienter Liebe und allmächtiger Gnade ist, sodass jeder Lebende *nur* Gott und nicht sich selbst zu rühmen hat.

Einer der traurigsten Gedanken im Blick auf die arme tote menschliche Natur ist der, was aus dem armen Toten werden wird. Der Tod an und für sich, welch ernste Angelegenheit er auch sein mag, ist nicht so schrecklich wie das, was ihm folgt. Wie oft haben die trauernden Hinterbliebenen, gleich nachdem eine Seele den Leib verlassen hat, die Stirne der geliebten Leiche mit Küssen bedeckt! Das Angesicht des Entschlafenen sah im Tod noch lieblicher aus als zu seinen Lebzeiten, und sein Anblick hatte für die Freunde nichts Abschreckendes, sondern vielmehr etwas Anziehendes. Es kommt nicht selten vor, dass die Entschlafenen lächeln wie Engel, auch dann noch, wenn sie bestattet werden sollen. Aber ach, wer könnte das grausige Gefühl abschütteln, wenn man daran denkt, was sich mit Sicherheit bald an ihnen zeigen wird! Es ist nur eine Frage der Zeit, aber die Verwesung muss eintreten. Über kurz oder lang sieht die Leiche so grauenhaft aus, dass man auch beim besten Willen, trotz aller Liebe, sie nicht auf der Erde hätte behalten können. Ist doch die natürliche, unvermeidliche Folge des Todes Verderben und Verwesung.

So ist es mit uns allen. Manche sind ganz offensichtlich verdorben – o, wie schnell –, indem sie schon als Jünglinge und Jungfrauen in die schändlichsten Laster versinken. Ihre schlimme Zunge äußert sich in schändlichen, losen Reden, das Auge verrät in wollüstigen Blicken seine Verdorbenheit, ja, das ganze Herz und Leben ist verdorben. Ach, wie viele begegnen uns täglich auf der Straße, an denen der Verwesungsgeruch spürbar ist und die deshalb von der menschlichen Gesellschaft ausgestoßen worden sind, denn wir sind sehr anständig; sogar jene, die selber tot sind, sind sehr darauf bedacht, nicht mit denen in Verbindung gebracht zu werden, die es zu weit im Laster und Verderben getrieben haben. Die Toten begraben ihre Toten, wälzen den Stein vor und ziehen sich von den Liderlichen und Verdorbenen zurück. Wir laden keine verdorbenen Sünder in unsere Häuser ein, weil sie uns vielleicht anstecken könnten; wir schmeicheln uns selbst, dass wir ihnen weit überlegen sind, obwohl sie uns im Grunde nur einige Schritte in dem Lauf voran sind, den alle unwiedergeborenen Menschen gehen.

Diese Verdorbenheit, mag sie sich auch nicht in allen gleich sichtbar entwickelt haben, wird in jener Welt deutlich genug zu sehen sein. Wenn Gott uns tot findet, wird er uns hinausstoßen, dahin, wo der Wurm nicht stirbt und das Feuer nicht erlischt. Was es um die Entwicklung des Unbekehrten in der Hölle sein wird, kann ich nicht sagen, ich bin aber überzeugt, dass es etwas so Entsetzliches sein wird, dass ich vor dem Versuch zurückschrecke, es mir vorzustellen. Werden doch alle Rücksichten, die in diesem Leben den Menschen noch einigermaßen anständig und moralisch gehalten haben, in der anderen Welt der Sünde vollständig verschwunden sein. Wie der Himmel die Vollkommenheit der Heiligkeit der Kinder Gottes sein wird, so wird in der Hölle die Ekelhaftigkeit der Gottlosen vollkommen sein. Dort, wenn es mit der Sünde zum schlimmsten gekommen ist, werden alle Menschen zu der Erkenntnis kommen, was Sünde ist. „Danach, wenn die Begierde empfangen hat, gebiert sie die Sünde; die Sünde aber, wenn sie vollendet ist, gebiert den Tod“ (Jak 1,15).

Dies, lieber Zuhörer – wir rufen es dir mit allem Ernst zu –, wird auf ewig dein Teil sein, wenn du dich nicht durch den Geist Gottes lebendig machen lässt. Wenn es bei dir nicht geschieht, lebendig in Christus zu werden, bist du in dieser Welt tot und wirst vielleicht verdorben. Aber ganz sicher wird das in der anderen Welt der Fall sein, wo der schreckliche Einfluss der Sünde offenbar und völlig enthüllt sein wird, wo du von der Gegenwart Gottes und der Herrlichkeit seiner Macht ausgeschlossen sein wirst. Im Himmel gibt es keinen Tod; das Verwesliche kann nicht anziehen das Unverwesliche, und wenn du nicht im Geist und Sinn erneuert worden bist, kannst du nie deinen Anteil innerhalb der Perlentore haben, und da zu bleiben, wo das Licht des Himmels in fortwährendem Mittagsglanz leuchtet, kann nie dein Los sein. Bedenke diese Worte, ich bitte dich; wenn sie nicht im Einklang mit diesem heiligen Buch sind, so verwirf sie, da sie es aber ganz gewiss sind, so verwirf sie auf deine eigene Gefahr hin, oder lass vielmehr das Wort Gottes in deine Seele dringen und dich dahin führen, in Jesus Christus ewiges Leben zu suchen und zu finden.

Jetzt wollen wir ein angenehmeres Thema betrachten, indem wir auf *ein Wunder* blicken, oder anders gesagt: *Ein toter Mann wird lebendig gemacht.*

Das wichtigste Ziel des Evangeliums Christi ist, die Menschen zu neuen Geschöpfen in Christus Jesus zu machen. Sein Ziel ist Auferstehung und er ist Garant für dieses Ziel. Das Evangelium ist nicht nur in die Welt gekommen, um die Leidenschaften zu dämpfen und den Menschen andere Grundsätze beizubringen, sondern um ihnen neues Leben einzuflößen, ein Leben, das sie von Natur aus nicht besitzen.

Gestern sah ich etwas, was ich als ein Beispiel für solche Prediger benutzen möchte, deren einziges Ziel darin besteht, ihre Zuhörer moralisch zu belehren, die aber die Notwendigkeit eines neuen, übernatürlichen Lebens nie kennengelernt haben. Nicht weit vom Ufer war man in zwei Booten damit beschäftigt, zwei Ertrunkene aufzufischen. Man warf Leinen und Haken aus und bot überhaupt alles Mögliche auf, um der Verunglückten habhaft zu werden. Ich weiß nicht, ob es ihnen gelungen ist, und wenn, was blieb ihnen noch anderes übrig, als sie anständig in Mutter Erde zu bestatten? Der Prozess der Belehrung und überhaupt alles, was getrennt vom Heiligen Geist geschieht, ist wie ein Fischen nach Toten, um sie Seite an Seite, der Ordnung und dem Anstand des Todes gemäß, ordentlich zu begraben – aber weiter kann ein Mensch nichts für den anderen tun.

Das Evangelium Christi hat hingegen ein ganz anderes und höheres Ziel. Es verkennt ja nicht den Wert der Moralbestrebungen, noch bestreitet es die Erfolge der Bildung, es fragt aber: „Was könnt ihr mehr?“, und da muss die Antwort sein: „Nichts.“ Da heißt es für die Träger des Sarges, stille zu stehen und Jesus Raum zu machen, auf dessen Ruf der Tote sich aufrichtet. Der Prediger des Evangeliums kann sich nicht damit begnügen, wenn er einen Menschen aus dem Meer der äußeren Sünde gezogen hat, er sehnt sich vielmehr danach, das verlorene Leben wiederhergestellt zu sehen, er wünscht, dass ihnen ein neuer und höherer Lebensatem als vorher eingeblasen wird. Gehe deines Weges, Erziehung, tue dein Bestes, du bist in deinem Bereich durchaus nützlich; geht eures Weges, ihr Lehrer der Moral, tut euer Bestes, auch ihr seid auf eure Weise nützlich; wenn es aber darum geht, was der Mensch wirklich für die Ewigkeit braucht, habt ihr alle zusammen wenig Wert. Das Evangelium, das Evangelium allein erfüllt das Sehnen des Menschen. Der Mensch muss wiedergeboren, lebendig gemacht und erneuert werden, muss frische Himmelsluft eingeatmet haben – sonst hat das Heilswerk noch keinen Anfang in ihm genommen. Unser Text sagt uns, dass Gott dies für die Seinen, für die, die ihm vertrauen, getan hat. Lasst uns die trockenen Totengebeine beobachten, wie sie sich regen und vor dem Herrn stehen, und lasst uns den Herrn preisen, dass er nach seiner großen Liebe, mit der er uns geliebt hat, uns mit Christus lebendig gemacht hat.

In diesem Begriff des Lebendigmachens liegt ein *Geheimnis.* Was ist das unsichtbare Etwas, was den Menschen lebendig macht? Wer vermag dieses Geheimnis zu entschleiern? Wer könnte das Leben in seiner verborgenen Quelle nachvollziehen? Bruder, du bist ein lebendiges Kind Gottes; was hat dich zum Leben gebracht? Du weißt, dass es durch die Kraft des Heiligen Geistes geschah. In den Worten unseres Textes wird *Gott* das Werk zugeschrieben; du glaubst also, dass dir das neue Leben von *Gott* eingepflanzt wurde. Du glaubst an Übernatürliches; du glaubst, dass Gott dich besucht hat, wie er nicht alle Menschen besucht, und deinem Leben seinen Odem gegeben hat. Du glaubst das mit Recht, bist aber nicht imstande, es zu erklären. „Der Wind bläst. wo er will, und du hörst sein Sausen wohl, aber du weißt nicht, woher er kommt, und wohin er fährt. So ist es bei jedem, der aus dem Geist geboren ist" (Joh 3,8). Wer sich hinsetzen wollte, um die Wiedergeburt und ihren Ursprung genau zu erklären, könnte sitzen, bis er zu einer Marmorstatue würde, ehe er seine Aufgabe gelöst hätte. Der Heilige Geist zieht in uns ein, und wir, die wir zuvor tot waren in geistlichen Dingen, fangen durch seine Macht und sein Innewohnen an zu leben. Er ist der große Schöpfer, *wie* aber der Heilige Geist in uns wirkt, ist ein Geheimnis, das Gott sich selbst vorbehalten hat. Wir brauchen nicht zu verlangen, die Weise zu verstehen; es genügt für jeden, wenn wir an dem Ergebnis teilhaben.

Es ist also ein großes Geheimnis, doch während es ein Geheimnis bleibt, ist es eine große *Wirklichkeit.* Wir wissen und bezeugen und haben ein Recht zu beanspruchen, dass man uns glaubt, denn wir sind sicher, dass wir nicht unsere Natur mit einbezogen haben – also wir wissen es und bezeugen, dass wir jetzt im Besitz eines Lebens sind, von dem wir vor Jahren noch nichts wussten, dass wir angefangen haben, in einer neuen

Welt zu leben und dass das Ansehen aller äußeren Dinge gegenüber früher uns ein völlig anderes geworden ist. „Ist jemand in Christus, so ist er eine neue Kreatur; das Alte ist vergangen, siehe, Neues ist geworden“ (2.Kor 5,17). Ich gestehe, dass ich heute Sorgen habe, die mir keine Sorgen waren, bevor ich den Herrn kannte. Andererseits erlebe ich auch Freuden, die mir früher, ehe ich lebendig gemacht wurde, jemand in das Ohr hätte flüstern können, mir aber nur ein ungläubiges Lächeln entlockt hätten. Dies ist das Zeugnis von hunderten unter uns, und mögen auch andere es nicht glauben, so haben sie doch kein Recht, uns unseren bewussten Glauben deshalb streitigzumachen, weil sie ihn nicht teilen. Wie könnte der davon wissen, der nie einen Versuch mit dem neuen Leben gemacht hat? Angenommen, es würde eine Versammlung Blinder stattfinden und einem von ihnen würden die Augen aufgetan und er finge an zu reden von dem, was er sähe – würden nicht die anderen Blinden sagen: „Welch ein Tor ist dieser! Es gibt ja solche Dinge nicht!“? „Ich habe siebzig Jahre lang in dieser Welt gelebt“, sagt ein anderer, „und habe nie gesehen, was er ‚Farbe‘ nennt; ich glaube also nicht an seinen Unsinn von rot und lila, schwarz und weiß – es ist nichts als lauter Torheit!“ Ein anderer, der sich für sehr klug hält, erklärt: „Seit vierzig Jahren bin ich durch die Welt gegangen und muss trotzdem sagen, dass ich genauso wenig wie mein Vater je auch nur den geringsten Unterschied zwischen blau und grün entdeckt habe. Mein Vater war eine aufrechte, gute Seele und verteidigte stets die große alte Dunkelheit. ‚Gebt mir einen guten Stock und einen sensiblen Hund‘, pflegte er zu sagen; ‚alle unsinnigen Ideen über Sonne, Mond und Sterne überlasse ich den Toren.‘“ Der Blinde ist noch nicht in die Welt des Lichts und der Farben eingedrungen – der Nichtwiedergeborene hat nichts von der Welt des Geistes vernommen, deshalb ist keiner von beiden in der Lage, richtig zu urteilen.

Ich saß eines Tages bei einem öffentlichen Essen einem Herrn der Gattung Feinschmecker gegenüber, der eine enorme Kenntnis von verschiedenen Weinen und vom Fleisch auf dem Tisch zu haben schien. Er urteilte und kritisierte dermaßen, dass ich unwillkürlich denken musste, man hätte ihn in einer Delikatessenhandlung als Abschmecker anstellen sollen. Er hatte fein geformte Lippen und schmatzte häufig mit ihnen. Er ließ sichs wohl schmecken, ja, aß und trank so viel, dass sein Appetit mehr dem eines Tieres als dem eines Menschen entsprach. Schließlich, als er ein wenig von einem Gespräch über religiöse Dinge vernahm, öffnete er seine kleinen Augen und seinen großen Mund und verriet sich selbst mit der klugen Äußerung: „Ich habe sechzig Jahre in dieser Welt zugebracht und nie in meinem ganzen Leben etwas von geistlichen Dingen gefühlt oder geglaubt.“ Seine Rede war eine unnötige Ablenkung von seiner Beschäftigung mit der gebratenen Ente. Es wäre seinerseits überflüssig gewesen, uns das zu sagen. Mir war schon alles klar, ehe er den Mund zum Reden auftat. Wäre die Katze unter dem Tisch aufgesprungen, um sich auf den Stuhl zu setzen und dasselbe zu sagen, ich hätte der Äußerung eines unvernünftigen Tieres dieselbe Wichtigkeit beigemessen. So verrät ein Mensch dem anderen seinen geistlichen Tod. Bis der Mensch das göttliche Leben empfangen hat, sind seine Bemerkungen darüber, und wäre er auch ein Erzbischof, gar nichts. Seinem eigenen Zeugnis gemäß ist es ihm völlig unbekannt – weshalb sollte er versuchen, nicht mit seinen Witzen und Spottreden fortzufahren gegen die, die bekennen, dass sie ein solches Leben besitzen, und dass ihnen dieses Leben ein wirkliches ist, so wirklich, dass im Vergleich mit dem in der Seele wohnenden geistlichen Leben das geistige Leben eine untergeordnet Stellung einnimmt.

Dieses neue Leben *bringt die Ausübung erneuerter Tätigkeiten* mit sich. Wer anfängt, mit Gott zu leben, hat Kräfte, die er früher nicht hatte: die Kraft zu beten, von Herzen zu danken und zu lobsingen, die Macht, tatsächlich Umgang mit Gott zu haben, Gott zu sehen, mit ihm zu reden, Macht, von der unsichtbaren Welt zu hören, ja, die Macht, Bitten und Wünsche durch den Vorhang, der das Unsichtbare verbirgt, zum Thron Gottes hinaufzusenden. Statt zu fragen: „Gibt es einen Gott?“, fühlt der Wiedergeborene, dass es gar keinen Ort gibt, wo Gott nicht ist. Er sieht in allem Gott, hört ihn im Wind, findet ihn in allem, was ihn umgibt. Statt vor Gott Angst zu haben oder sich in äußere Formen und Zeremonien und andere Wege zu flüchten, um sich Gott vom Leib zu halten, kümmert er sich nicht mehr um die äußeren Formen, wirft seine armseligen Rituale über Bord, die ihn früher zufrieden gestellt haben und wendet sich in seinem Geist Gott zu. „Vater“, sagt er, und Gott erkennt die Verwandtschaft an. Wenn wir doch alle dieses Leben besitzen würden! Und ich bete, dass, falls wir es nicht haben, Gott es uns sendet, denn wenn wir es jetzt nicht haben, sind wir nach dem Zeugnis des Wortes tot, auch wenn wir lebendig scheinen.

Ich will nicht länger bei diesem Lebendigsein stehen bleiben, nur eben noch sagen, dass ihr euch sicherlich leicht die innere Erfahrung vorstellen könnt, die einer macht, wenn er als Toter neues Leben erhält. Stellt es euch an folgendem Bild vor.

Angenommen, ein Mensch ist gestorben und ist, wie andere in großen Totenstädten oder Katakomben auch, begraben worden. Ein Engel besucht ihn und durch eine Berührung der Barmherzigkeit lebt er. Nun, könnt ihr euch das erste Gefühl eines solchen vorstellen, wenn er anfängt zu atmen?

Da liegt er im Sarg; er fühlt sich so beengt, so eingeschränkt. Er war vielleicht schon seit zwanzig Jahren im Grab, hatte aber bis dahin nie ein solches Gefühl. Es war behaglich genug in seiner engen Behausung, wenn überhaupt Behaglichkeit sein kann, wo kein Leben ist. In demselben Augenblick, in dem er wieder lebt, hat er ein entsetzliches Gefühl von Beklemmung und Erstickung; das Leben kann es nicht aushalten, so grauenhaft zusammengedrängt zu sein, und der Erwachte fängt an, nach Befreiung zu ringen. Mit aller Macht hebt er den schrecklichen Sargdeckel auf. Welch eine Erleichterung, wenn die verfaulende Planke nachgegeben hat!

So ist der ohne Gott lebende Mensch bei seiner Sabbatentheiligung, seinem Weltsinn, seinem Geiz zufrieden, doch in dem Augenblick, in dem Gott ihn lebendig macht, ist dem Lebenden seine Sünde wie ein Grab. Er fühlt sich unaussprechlich elend, ist nicht in einer bequemen Lage und kämpft, um ihr zu entfliehen. Manchmal fällt bei der ersten Anstrengung der große, schwarze Deckel der Lästerung ab, um nie wieder ersetzt zu werden. Satan hatte zwar gedacht, er sei fest genug geschraubt, und das war er ja auch für einen *Toten* – aber das Leben macht kurzen Prozess damit, sowie mit manchen Übertretungen, die folgen mögen.

Doch um zu der Auferweckung in der Gruft zurückzukehren: Der Lebende schnappt eine Minute nach Luft und fühlt sich erfrischt durch die Luft, die ihm die Gruft bietet; doch schon bald nimmt er den muffigen Geruch um ihn herum wahr und fühlt sich schwach und einer Ohnmacht nahe. So empfindet der wiedergeborene Mensch zuerst wenig anderes als seine Unfähigkeit und seufzt nach Kraft. Er ruft: „Ich möchte Buße tun; ich möchte an Jesus glauben; ich möchte selig werden!" Der Arme! Vorher hat er das nie gefühlt – natürlich nicht, er war ja tot, nun ist er lebendig und sehnt sich nach Zeichen und Beweisen, nach Früchten und Erquickungen des Lebens. Seht ihr unseren armen Freund, der erst vor kurzem auferstanden ist? Er hat die Nische verlassen, wo er gelegen hat und reibt sich die Augen, um sich zu überzeugen, ob er denn wirklich lebt, oder ob alles nur ein Traum ist. Alles ist ihm so neu! Bei dem schwachen Lichtschimmer entdeckt er um sich herum hundert andere in demselben Todesschlaf, in dem er lag; er ruft entsetzt aus: „Großer Gott, welch ein grauenhafter Ort für einen Lebenden! Bin ich selbst wirklich am Leben?" Er wandert umher, um eine Tür zur Flucht zu entdecken. Wie ekelt ihm vor den Grabtüchern, in die man ihn gehüllt hatte. Er streift sie ab; sind sie doch für einen Lebenden nicht geeignet. Er schreit laut, ob nicht vielleicht ein Vorübergehender ihn hören und ihn aus seiner Gefangenschaft befreien könnte.

So ist ein durch die Gnade erneuerter Mensch. Wenn er anfängt zu erkennen, wo er ist, ruft er aus: „Dies ist kein Ort für mich!“ Jener Schwindel erregende Tanzsaal – nun, er mochte gut genug sein für einen, der nichts Besseres kannte. Einen Unbekehrten mochte die Bierhalle ansprechen – was könnte aber einen Himmelserben nach solchen Stätten ziehen! „Herr, erlöse, befreie mich! Gib mir Licht und Freiheit! Ziehe meine Seele aus der Grube, dass ich leben und dich preisen kann!“, seufzt er. Der Mensch sehnt sich nach Freiheit, und wenn er endlich an die Türe des Kerkers gewankt ist und in die frische Luft kommt – mit welch tiefen Zügen wird er sie einatmen! Mit welcher Freude wird er auf die grünen Wiesen und Blumen schauen! Es wird ihm wahrhaftig nicht in den Sinn kommen, ins Grab zurückzukehren, o nein, er wird sich vielmehr völlig von allen düsteren Behausungen trennen. Der Gedanke an die Vergangenheit lässt ihn schaudern; nicht um alles in der Welt würde er wieder das durchmachen wollen, was er durchgemacht hat; er ist unangenehm berührt bei jeder Erinnerung an die Vergangenheit und ist besonders ängstlich, dass da andere sein könnten, die wie er selbst auch zum Leben erwacht sind und seine Bruderhand brauchen, die ihnen zur Freiheit hilft; ihm graut vor der Stätte, wo er einst so ruhig schlief. Er schreckt jetzt vor den Vergnügungen zurück, die ihn damals so bezauberten. „Nein, das sind keine Freuden mehr für mich“, sagt er. „Konnten sie mich früher in meinem altem Zustand auch fesseln – jetzt, wo ich in ein neues Leben, in eine neue Welt eingetreten bin, bereiten sie mir ebenso wenig Freude, wie Spaten und Leichentuch einem Lebenden. Ich denke nur mit Schmerzen an sie zurück und an meine Befreiung mit großer Dankbarkeit.

Ich muss mit ganz wenigen Worten zum dritten Punkt weitergehen. Der Text deutet EINE VERBINDUNG an. „Er hat uns *mit Christus* lebendig gemacht.“

Was bedeutet das? Es bedeutet, dass das Leben, das in einem geretteten Sünder wohnt, dasselbe Leben ist, das in Christus wohnt. Zur einfachen Erläuterung sei hier auf Elisa hingewiesen. Als der Prophet schon einige Jahre im Grab gelegen hatte, lesen wir, wurde ein Toter in das Grab geworfen, in dem die Gebeine Elisas ruhten, und kaum hatte der Tote diese Gebeine berührt, wurde er wieder lebendig[29]. Da ist das Kreuz Christi, und

[29] 2. Könige 13,21.

sobald eine Seele im Glauben den gekreuzigten Heiland anrührt, lebt sie sofort. Hat doch der Vater ihm nicht nur gegeben, das Leben in sich selbst zu haben, sondern auch die Macht, es anderen mitzuteilen. Wer an den Herrn Jesus glaubt, hat ihn berührt und durch diese Berührung die Kraft des ewigen Lebens empfangen; an den Heiland der Welt zu glauben, ihm zu vertrauen, heißt, durch ihn und mit ihm lebendig gemacht zu werden.

Wir werden mit Christus lebendig gemacht in dreierlei Hinsicht. Zunächst *stellvertretend.* Christus vertritt uns vor dem ewigen Thron; er ist für die Seinen der zweite Adam. Solange der erste Adam lebt, lebt sein Geschlecht; solange der zweite Adam lebt, lebt das von ihm vertretene Geschlecht vor Gott. Wie Christus angenommen ist, so sind es auch die Gläubigen; wie er lebt, so sind auch die Kinder Gottes im Besitz und Genuss eines Lebens, das verborgen mit Christus ist in Gott.

Ferner leben wir *in Gemeinschaft* mit Christus. Solange das Haupt lebt, leben auch die Glieder. Da das Glied nicht vom Haupt getrennt werden kann, muss es leben, solange im Haupt das Leben ist. Solange Jesus lebt, lebt jede mit ihm vereinigte Seele, die ein Glied seines Leibes ist, den eigenen Worten des Herrn gemäß: „Ich lebe, und ihr sollt auch leben" (Joh 14,19b). Die arme Martha war sehr überrascht, dass ihr Bruder von den Toten auferstehen sollte, gleichsam, um sie noch mehr zum Staunen zu bringen, sagte der Herr weiter: „Wer da lebt und glaubt an mich, der wird nimmermehr sterben. Glaubst du das?" (Joh 11,26). Dies ist etwas, was wir zu glauben haben, dass, wenn wir das geistliche Leben empfangen haben, dieses Leben in inniger Gemeinschaft mit Christus ist, und wir folglich nie sterben können. Weil Christus lebt, muss das Leben auch in uns für immer bleiben.

Ferner verbindet unser Leben mit Christus eine *Ähnlichkeit.* Wir sind mit Christus lebendig gemacht, d.h. auf dieselbe Weise. Also, die Wiedererweckung Christi geschah auf folgende Weise: Er war tot durch die Wirkung des Gesetzes, aber jetzt, wo er wieder lebt, hat das Gesetz keine Herrschaft mehr über ihn. So bist du als Christ durch das alte Gesetz vom Sinai verflucht, es hat aber jetzt keine Macht mehr über dich, denn du bist mit Christus lebendig gemacht. Du bist nicht unter dem Gesetz; seine Schrecken und Drohungen haben nichts mit dir zu tun, gehen dich nichts an. Über unseren Herrn steht geschrieben: „... was er aber lebt, das lebt er Gott" (Röm 6,10). Christi Leben ist ein Leben für Gott. Das soll auch euer Leben sein. Ihr sollt hinfort nicht mehr dem Fleisch und seinen Lüsten leben, sondern Gott, der euch das Leben gegeben hat, soll euer großes Lebensziel sein; *in* ihm und *für* ihn lebt ihr. Außerdem heißt es: „Wir wissen, dass Christus, von den Toten erweckt, hinfort nicht stirbt; der Tod kann hinfort über ihn nicht herrschen" (Röm 6,9). In derselben Weise lebt auch der Christ. Niemals wird er zurückgehen in seinen geistlichen Tod, wenn er einmal das göttliche Leben empfangen hat, er wird es niemals verlieren. Gott spielt kein doppeltes Spiel mit seinen Erwählten; Gott errettet nicht heute und verdammt morgen. Er erweckt uns nicht zu geistlichem Leben, um uns dann verloren gehen zu lassen. Die Gnade ist ein lebendiger, unverweslicher Same, der ewig lebt und bleibt. „... das Wasser, das ich ihm geben werde, das wird in ihm eine Quelle des Wassers werden, das in das ewige Leben quillt" (Joh 4,14), sagt Jesus. Ehre sei Gott, denn ihr, die ihr im Glauben an Christus lebt, lebt ein unsterbliches Leben, ein Leben, dem Herrn geweiht, ein Leben, frei von der Dienstbarkeit des Gesetzes! Freut euch dessen und gebt allein Gott die Ehre!

So sind wir beim letzten Teil: *Ein Lied*.

Wir haben keine Zeit, es jetzt zu singen, sondern wollen uns nur die Worte einprägen und euch bitten, es in eurer Freizeit zu singen, dass eure Herzen eine Melodie für Gott hervorbringen.

Brüder und Schwestern, wenn ihr wirklich lebendig gemacht worden seid, wie so viele es nicht sind, so habt ihr zunächst, um in der Sprache unseres Textes zu reden, *die große Liebe Gottes zu preisen*, die alles andere übersteigt. Es war Liebe, die Gott veranlasste, Adam den Odem des Lebens einzublasen und armen Staub befähigte zu gehen und zu sprechen; es ist aber eine viel größere Liebe, die ihn jetzt treibt, nachdem wir durch den Fall sündig und verdorben sind, uns mit einem zweiten, viel höheren Leben zu erneuern. Welch ein Leichtes wäre es ihm gewesen, Millionen neuer Geschöpfe aus dem Nichts hervorzurufen! Er hätte nur zu sprechen brauchen, so hätten Engel die Luft gefüllt, oder Geschöpfe wie wir selbst, aber rein und nicht gefallen, würden sich in zahlloser Menge auf den Rasen herniedergelassen haben. Hätte er uns zur Hölle sinken lassen, wie vor uns die gefallenen Engel, wer hätte seine Gerechtigkeit angreifen können? Aber seine große Liebe ließ es nicht zu, seine Erwählten verloren gehen zu lassen. Er liebte die Seinen, deshalb konnte er sie von neuem geboren werden lassen. Seine große Liebe, mit der er uns geliebt hat, vernichtete Tod, Hölle und Sünde.

Versenke dich in diesen Gedanken, du, der du diese Liebe erfahren hast. Er liebte uns, die Allerunwürdigsten, die kein Recht zu solcher Liebe haben, es war nichts Liebenswertes an uns, und doch liebte er uns, liebte uns, als wir tot waren! Hier scheint seine große Liebe anzuschwellen und sich zu Bergeshöhen und gewaltigen Ausdehnungen zu erheben: Liebe zu elenden, ekelhaften Sündern, Liebe zu Toten und Verdorbenen! O, Höhen und Tiefen der allmächtigen Gnade, wo sind die Melodien, die würdig dein Lob erklingen lassen könnten? Singt, o, ihr Erlösten, von der großen Liebe, mit der er uns geliebt hat, sogar als wir tot waren in Sünden!

Und hört nicht auf, beim Gedanken an den *Reichtum seiner Barmherzigkeit*, Gott zu preisen, denn uns wird gesagt, dass er reich ist an Barmherzigkeit, reich an Barmherzigkeit in seinem Wesen, reich an überschwänglicher Barmherzigkeit in seinem Bund, reich zurückholender Barmherzigkeit in der Person seines lieben Sohnes, reich an versorgender Barmherzigkeit, doch am reichsten von allem der Barmherzigkeit, die Seelen rettet. Freunde, erforscht die Minen des Reichtums Jehovahs, wenn ihr es könnt! Nehmt den Schlüssel, öffnet die Vorratskammern eures Gottes und seht die Vorräte der Liebe, die er für euch angehäuft hat! Findet die lieblichsten Töne zum Preise eures Gottes, der da reich ist an Barmherzigkeit, um der großen Liebe willen, mit der er uns geliebt hat.

Und lasst den letzten Ton, den höchsten und lautesten eures Gesangs den sein, mit dem unser Text schließt: „Denn *aus Gnade* seid ihr selig geworden." O, versprecht euch hier nie! Brüder und Schwestern, was ihr auch tut, was ihr auch halten oder nicht halten mögt, seid nie langsam und zögernd mit dem Bekenntnis: „Wenn ich errettet und selig bin, so bin ich es durch Gnade, durch Gnade, im Gegensatz zu menschlichem Verdienst, denn ich habe keinen Verdienst. Durch Gnade, im Gegensatz zu meinem eigenen freien Willen; würde doch dieser mich immer weiter von Gott weggeführt haben. Zuvorkommende Gnade brachte mich ihm nahe!"

Da ihr alles der Gnade Gottes zu verdanken habt, verherrlicht und preist sie, und es sage ein jeder zu sich selbst: „Weg mit den Gedanken des Stolzes!" Weiht euch völlig dem Gott, dem ihr alles zu verdanken habt. Lasst es euer Trachten sein, den Duft der Gnade, die euch so viel Gutes gebracht hat, verbreiten zu helfen und gelobt im Namen des lebendig machenden Geistes, dass vom heutigen Tage an bis ihr zum Himmel eingeht, er, der euch durch Glauben Leben geschenkt hat, das Beste von euren Gedanken, von euren Worten und eurem Tun haben soll. Seid ihr doch nicht euer Eigen; deshalb müsst ihr, die ihr vom Tod zum Leben hindurchgedrungen seid, in einem neuen Leben wandeln.

Der Herr segne euch, liebe Freunde! Wer noch nie geistlich gelebt hat, dem wolle er Gnade schenken, an diesem Morgen an Jesus zu glauben – dann ist er von den Toten auferstanden. Und wenn du schon lebendig bist, dann möge er dich durch seinen Heiligen Geist mehr und mehr beleben, bis er dich zu den Lebenden jenseits des Jordan bringt. Amen.

DIE GLAUBWÜRDIGKEIT DER AUFERSTEHUNG[30]

„Warum wird das bei euch für unglaublich gehalten, dass Gott Tote auferweckt?“

Apostelgeschichte 26,8

Hinsichtlich der Seelen unserer gläubigen Freunde, die dieses Leben bereits verlassen haben, sind wir unbesorgt; wir sind sicher, dass sie dort sind, wo Jesus ist und seine Herrlichkeit schauen, ganz so, wie wir es in dem besonderen Gebet des Herrn selbst finden. Wir wissen zwar nur wenig von dem Zustand der Seele ohne ihren Leib, was wir aber davon wissen, genügt vollständig, um ohne jeden Zweifel zu wissen, dass sie ohne Sünde, Sorgen und Schmerzen in der Ruhe bei Jesus im Licht sind. Unser Hauptschmerz gilt ihrem Leib, den wir dem finsteren, einsamen Grabe übergeben haben. Wir können uns schwer mit dem Gedanken versöhnen, dass durch den Verfall ihr liebes Angesicht bald all seiner Schönheit beraubt sein wird und dass alle Zeichen des Menschseins der Verwesung anheim fallen. Es kommt uns hart vor, dass sich Hände und Füße und der ganze Aufbau ihrer edlen Gestalt in Staub auflösen und völlig vergehen sollen. Wir können nicht ohne Tränen am Grab stehen; sogar der vollkommene Mensch konnte sich am Grab des Lazarus nicht der Tränen erwehren. Der Gedanke an verstorbene Freunde ist ein wehmütiger; wir können das Grab nicht mit Wohlwollen ansehen, können nicht behaupten, dass wir an Katakomben und Grabgewölben Freude haben. Wir bedauern es vielmehr und halten es für ganz natürlich, dass wir traurig darüber sind, dass ein so schrecklicher Bann auf unser Geschlecht gefallen ist, demzufolge es allen Menschen gesetzt ist, zu sterben. Gott hat uns den Tod als Strafe auferlegt – wie könnten wir uns darüber freuen?

Die herrliche Lehre von der Auferstehung ist dazu bestimmt, den Grund des Trauerns hinwegzunehmen. Wir brauchen uns um den Leib nicht mehr Sorgen zu machen als um die Seele. Ein Glaube, der geübt ist, an die Unsterblichkeit zu glauben, befreit uns von aller Angst um den

---

[30] Gehalten am Sonntagmorgen, den 25. August 1872, im Metropolitan Tabernacle, Newington.

Geist der Gerechten; derselbe Glaube, der geübt ist, die Auferstehung zu glauben, wird mit der gleichen Gewissheit alles hoffnungslose Trauern um den Leib verbannen; denn, auch wenn er anscheinend zerstört wird, wird der Leib doch wieder leben; er ist keineswegs der Vernichtung preisgegeben. Dieselbe Gestalt, die wir ins Grab legen, wird dort nur eine Zeit lang schlafen, um dann beim Schall der Posaune des Erzengels in noch größerer Schönheit zu erwachen, bekleidet mit Eigenschaften, die ihr hier unbekannt waren.

Die Liebe des Herrn zu den Seinen erstreckt sich auf ihr ganzes Menschsein. Er hat sie nicht als körperlose Geister, sondern als in Fleisch und Blut bekleidete Männer und Frauen erwählt. Die Liebe des Herrn Jesus zu seinen Auserwählten ist nicht nur eine Zuneigung zu ihrer besseren Natur, sondern auch zu dem Teil, den wir für den niedrigeren, untergeordneteren halten. In der Bibel sind alle Glieder des Leibes verzeichnet; der Herr bewahrt alle menschlichen Gebeine, ja, auch die Haare des Hauptes der Seinen sind alle gezählt. Hat er nicht voll und ganz unser Menschsein angenommen? Er, der Gottmensch, der im Fleisch erschienene Gottessohn, hatte nicht nur eine menschliche Seele, sondern auch einen menschlichen Leib, und hat durch diese Tatsache uns Beweis und Zeugnis von seiner Verwandtschaft mit unserer ganzen menschlichen Natur, sowohl mit unserem Fleisch und Blut, als auch mit unserer Seele und unserem Geist, gegeben. Ja, noch mehr, unser Erlöser hat uns auch vollkommen freigekauft, beides: Leib und Seele. Es war keine partielle Erlösung, die unser Stellvertreter erwirkt hat. Wir wissen, dass unser Erlöser lebt, nicht nur im Blick auf unseren Geist, sondern auch auf den Leib, sodass, wenn auch Würmer Haut und Fleisch verzehren werden, doch der Leib wieder auferstehen wird, weil er ihn von der Gewalt des Todes erlöst und ihn aus dem Gefängnis des Grabes befreit hat.

Das ganze Menschsein des Christen ist schon geheiligt. Ein Kind Gottes dient nicht nur mit dem Geist seinem Gott, sondern gibt auch seine Glieder hin zu Werkzeugen der Gerechtigkeit, zur Verherrlichung seines himmlischen Vaters. „Wisst ihr nicht, dass euer Leib ein Tempel des Heiligen Geistes ist?“ (1.Kor 6,19). Wahrlich, was ein Tempel des Heiligen Geistes gewesen ist, kann nicht der völligen Vernichtung preisgegeben werden. Er mag, wie die Stiftshütte in der Wüste, abgebrochen werden, aber nur, um wieder aufgerichtet zu werden, oder, um ein anders Bild zu gebrauchen: die Stiftshütte mag aufgegeben werden, aber nur, um dem Tempel Platz zu machen. „Denn wir wissen: wenn unser irdisches Haus, diese Hütte, abgebrochen wird, so haben wir einen Bau, von Gott erbaut, ein Haus, nicht mit Händen gemacht, das ewig ist im Himmel“ (2.Kor 5,1).

Meine Brüder, es wäre kein vollständiger Sieg über Sünde und Satan, wenn der Heiland einen Teil seiner Erlösten im Grab ließe; es würde nicht danach aussehen, dass er alle Werke des Teufels zerstört hat, wenn er nur den Geist befreien würde. Es wird kein Glied eines Erlösten im Grab bleiben, auch nicht ein Teilchen von ihm. Der Tod wird auch nicht eine einzige Trophäe aufzuweisen haben; sein Gefängnis wird all der Beute beraubt werden, die er von unserer Menschheit gesammelt hat. In allen Dingen wird der Herr Jesus die Herrschaft haben. Er wird sogar in Bezug auf unsere Körperlichkeit Tod und Grab besiegen und unser Gefängnis gefangen führen. Es ist ein erfreulicher Gedanke, dass Christus den ganzen Menschen erlöst, den ganzen Menschen geheiligt hat und in der Errettung des ganzen Menschen geehrt werden will, sodass unser vollständiges Menschsein in der Lage sein wird, ihn zu verherrlichen.

Die Hände, mit denen wir gesündigt haben, werden sich zu ewiger Anbetung erheben; die Augen, die Böses angeschaut haben, werden den König sehen in seiner Schönheit. Nicht nur unsere Seele, die ihn jetzt liebt, wird dann vollkommen mit ihm verwachsen sein, nicht nur der Geist, der sich in ihn versenkt, wird sich ewig seiner freuen und in Gemeinschaft mit ihm sein, sondern auch der Leib, der dem Geist Fessel und Hindernis, ein arger Empörer wider die Souveränität Christi gewesen ist, wird ihm mit Stimme, Hand, Kopf, Ohr und Auge Huldigung darbringen. Wir warten auf die Zeit unserer Auferstehung zur Vollendung unserer Annahme an Kindes statt, nämlich: auf die Erlösung des Leibes.

Nun, dies ist unsere Hoffnung, doch obwohl wir das glauben und uns in einem gewissen Sinne auch daran freuen, so müssen wir trotzdem bekennen, dass manchmal Fragen in uns aufsteigen und das böse Herz ungläubig ruft: „Kann es wahr sein? Ist es möglich?“ In solchen Zeiten ist die Frage unseres Textes außerordentlich hilfreich: „Warum wird das bei euch für unglaublich gehalten, dass Gott Tote auferweckt?“

Zuerst also: Lasst uns dieser Schwierigkeit ins Auge sehen.

Wir werden uns jetzt nicht zurückziehen von der kühnsten und deutlichsten Behauptung unseres Glaubens an die Auferstehung, „sondern wollen all die Schwierigkeiten als nur oberflächliche deutlich machen. Irregeführte Christen haben zu verschiedenen Zeiten den Versuch gemacht, die Lehre von der Auferstehung oder ähnliche Wahrheiten entweder herunterzuspielen oder sie wegzuerklären, um sie dadurch philosophischen und skeptischen Gemütern akzeptabler zu machen – es ist ihnen aber nicht gelungen. Kein Mensch ist jemals von einer Wahrheit überzeugt worden, wenn er entdeckte, dass die, die sich zu ihr bekennen, sich ihrer fast schämen und in den Tonfall der Rechtfertigung geraten. Genauso wenig kann ein Mensch überzeugt werden von einem, der selber nicht glaubt. Wenn wir unsere Lehraussagen einschränken, anpassen und verwässern, machen wir Zugeständnisse, die wir nie wieder zurückholen können und sie werden nur als Zugeständnisse entgegen genommen, da wir selbst nicht glauben, was wir behaupten. Durch dieses beschneidende und sortierende Verhalten schneiden wir selbst die Locken unserer Kraft ab[31] und brechen unseren eigenen Arm. Nichts davon macht Eindruck auf mich, weder jetzt noch irgendwann sonst.

Wir glauben also wirklich, dass der Leib, der ins Grab gelegt wurde, wieder auferstehen wird, und was wir sagen, ist buchstäblich gemeint. Wir reden nicht von Mythen, sondern glauben, dass die Leiber der Toten *wirklich* aus dem Grab auferstehen werden. Wir geben zwar zu, und das mit großer Freude, dass mit dem Leib des Gerechten eine große Veränderung stattfinden wird, dass sein natürlicher Leib alle Schwerfälligkeit und Neigung zu dem jetzt uns umgebenden Verderben verloren hat und dass er für ein höheres Ziel verändert sein wird. Wie er jetzt nur eine der Seele und den niedrigeren intellektuellen Begabungen entsprechende Behausung ist, so wird er dann eine dem Geist und dem besseren Teil unserer Natur angemessene Wohnung sein. Wir freuen uns, dass das, was gesät wird in Schwachheit, auferstehen wird in Kraft, obwohl gesät in Unehre, auferstehen wird in Herrlichkeit, dass es aber trotzdem derselbe Leib sein wird. Derselbe Leib, der ins Grab gelegt wurde, wird wieder auferstehen. Zwischen dem Leib, in dem wir sterben und dem, in dem wir wieder vom Grab auferstehen, wird eine absolute Identität sein.

Es mag indes daran erinnert werden, dass Identität nicht dasselbe ist wie vollständige Gleichheit der Substanz und Fortsetzung der Atome. Wir erwähnen diese Eigenschaft allerdings nicht, um unserer Behauptung die Spitze zu nehmen, sondern einfach deshalb, weil sie der Wahrheit gemäß ist.

Wir sind doch zum Beispiel davon überzeugt, dass wir in *demselben* Leib leben, den wir z.B. vor zwanzig Jahren besaßen, und doch sagt man uns – und wir haben Grund, es zu glauben –, dass möglicherweise nicht ein einziges Teilchen von dem, woraus unser Leib jetzt besteht, vorher in ihm

[31] Vgl. Richter 16,19: Simson verliert seine Kraft.

war. Die Veränderungen, die unser Körper von der ersten Kindheit an bis zum Mannesalter durchgemacht hat, sind sehr groß, und doch haben wir noch denselben Körper.

Dieselbe Identität auf den Auferstehungsleib bezogen und angewandt, macht alles klar. Der Leib, in dem wir sterben, wird derselbe Leib sein, mit dem wir geboren wurden – das wird jeder zugeben, wenn er auch in all seinen einzelnen Teilen und Teilchen sicherlich nicht derselbe ist. Mag aber auch jeder Bestandteil verändert sein, so ist es doch derselbe Leib. So wird auch der Leib, mit dem wir auferstehen, derselbe Leib sein, mit dem wir sterben. Er mag zwar sehr verändert sein, diese Veränderung wird aber seiner Identität keinen Abbruch tun. Um den Verdacht aus dem Weg zu räumen, ich würde mit der Erwähnung dieser Tatsache dem Glauben die Lehre leichter machen wollen, versichere ich euch: Wenn ich in der Schrift lesen würde, dass jeder einzelne Rest von Fleisch, Bein, Muskeln, Sehnen, den wir in die Erde legen, wieder aufersteht, ich es mit derselben Leichtigkeit glauben würde, wie ich jetzt an die Lehre von der Identität des Leibes in der eben dargestellten Weise glaube. Es ist durchaus nicht unser Verlangen, unseren Glauben philosophisch oder einleuchtend erscheinen zu lassen – das sei ferne! Wir sind nicht darauf aus, dass die Menschen sagen sollten: „Das kann durch die Wissenschaft unterstützt werden." Lasst vielmehr die Gelehrten in ihren eigenen Sphären bleiben, wie wir in den unseren. Die Lehre, die wir verkündigen, greift weder menschliche Gelehrsamkeit an, noch fürchten wir uns vor ihr, wir schmeicheln ihr ebenso wenig, wie wir ihres Beistands bedürfen. Wir stehen auf einem ganz anderen Grund, wenn wir, die Worte unseres Textes benutzend, sagen: „Warum wird das bei euch für unglaublich gehalten, dass Gott Tote auferweckt?" Wir erwarten eine Auferstehung der Toten, beide, der Gerechten und Ungerechten. Wir glauben fest an die Auferstehung der Toten in wörtlichem Sinne.

Natürlich ist diese Hoffnung mit manchen Schwierigkeiten verbunden, weil zunächst natürlich bei den meisten Toten die Verwesung stattgefunden hat. Die große Mehrheit der Toten ist verfault und völlig aufgelöst, und der größere Teil wird ihnen voraussichtlich folgen. Wenn wir halb verweste Leichen oder einbalsamierte Mumien sehen, so kommt einem leicht der Gedanke, wenn alle Toten wie die letztgenannten erhalten geblieben wären, so wäre es leichter, an ihre Auferstehung zum Leben zu glauben. Wenn aber ein alter Sarkophag aufgebrochen und nichts vorgefunden wird als etwas feiner, brauner Staub, wenn wir an einem aufgegrabenen Grab auf dem Friedhof stehen und nur einige zerbröckelte Knochen sehen, wenn wir ferner an alte Schlachtfelder denken, auf denen Tausende gefallen sind und wo durch den Verlauf der Jahre keine Spur eines Menschen mehr übrig geblieben ist, weil die Gebeine vollständig mit der Erde verschmolzen und in manchen Fällen von Wurzeln und Pflanzen aufgesaugt worden oder in andere Organe übergegangen sind, so scheint es wirklich etwas Unglaubliches zu sein, dass die Toten wieder auferstehen werden. Außerdem sind Leichen verbrannt oder von Raubtieren, ja, gar von Menschen gefressen worden – wie sollen denn diese wieder auferstehen? Wie weit sind die Atome zerstreut, die damals lebendige Gestalten bildeten? Wer weiß, wo jetzt die Grabsteine sein mögen, die damals Kyros, Hannibal, Scipio oder Cäsar bedeckten! Teile des Menschen, die vormals zusammengehörten, mögen vielleicht so weit voneinander getrennt sein, wie ein Pol von dem anderen; während ein Atom vielleicht über die Wüste Sahara geweht wurde, mag ein anderes auf dem großen Weltmeer schweben. Wer weiß, wo unter den Erschütterungen der Erde in diesem Weltall die wesentlichen Bestandteile einer Leiche zu dieser Zeit sein mögen! Wo ist der Leib des Apostels Paulus, des Festus, der ihn nach Rom schickte und des Kaisers, der ihm zum Tode verurteilte? Wer könnte auch nur die entfernteste Ahnung davon haben! Kein Wunder also, dass die Auferstehung der Toten anscheinend etwas Unglaubliches ist!

Die Schwierigkeiten nehmen noch zu, wenn wir bedenken, dass der Lehre der Auferstehung gemäß *alle* Menschen auferstehen werden, nicht ein gewisser Teil des Menschengeschlechts, nicht einige Tausend, sondern *alle* Menschen. Es mag leichter sein zu glauben, dass ein Elias gelegentlich einen Toten auferweckte, oder dass Christus einen Jüngling an den Toren Nains oder einen Lazarus ins Leben zurückrief oder ein zwölfjähriges Mädchen mit seinem „talitha kumi!" vom Tod erweckte – aber es ist für die Vernunft schwer zu glauben, dass *alle* auferstehen werden. Alle: die zahllose Menge vor der Sintflut, die Massen von Ninive und Babylon, von Persien und Medien, die Millionen, die dem Xerxes und Alexander folgten und die unzähligen Millionen, die unter dem Schwert der Römer fielen. Denkt an die vielen Millionen, die in China und anderen großen Ländern den Weg des Todes gegangen sind! Und wie viele sind durch Schiffbruch, Plagen, Erdbeben und, was das Schlimmste von allem ist, durch Blutvergießen und Krieg umgekommen! Diese alle werden ohne Ausnahme wieder auferstehen. Kein Mensch vom Weibe geboren wird für immer weiter schlafen, sondern alle Leiber, die auf dieser Erde geatmet und gelebt haben, sollen wieder lebendig werden. „O, ungeheures Wunder!", ruft jemand aus. „Es klingt wie etwas Unglaubliches!"

Das Wunder vergrößert sich noch mehr, wenn wir bedenken, *an welch eigentümlichen Orten* diese Leiber jetzt sein mögen. Manche blieben in tiefen Minen, wo sie nie erreicht werden können, andere sind durch anschwellende Fluten in Höhlen gespült worden, liegen, weit, weit weg in unwegsamen Wüsten, wo nur das Auge des Raubtieres sie erspähen kann, oder sind unter herabgestürzten Felsbergen begraben. Überhaupt, wo wären Überreste des Menschen *nicht* zu finden! Schwebt auch nur ein einziges Sommerlüftchen durch unsere Straßen, ohne irgendetwas mit sich zu führen von dem, was vorher ein Mensch war? Gibt es auch nur eine einzige Woge, die sich an irgendeinem Ufer bricht, die nicht irgendetwas an Land spült, was einst menschlichen Ursprungs war? Die Toten liegen unter jedem Baum, befruchten die Felder, verunreinigen die Bäche und sind unter dem Gras auf der Wiese verborgen. Und doch werden sicherlich von allen Orten, von überall her, die zerstreuten Leiber zurückkehren wie Israel aus der Gefangenschaft. So gewiss und wahrhaftig Gott Gott ist, werden unsere Toten leben und auf ihren Füßen stehen – wahrlich, ein unvorstellbar großes Heer.

Und um das Wunder über jedes Vorstellungsvermögen hinaus zu vergrößern, werden alle Toten zugleich oder vielleicht in zwei großen Abteilungen auferstehen. Es gibt eine Stelle (Offb 20,5.6), die uns allem Anschein nach lehrt, dass zwischen der Auferstehung der Gerechten und der der Gottlosen *eine Zwischenzeit von tausend Jahren* liegen wird. Manche meinen zwar, dass diese Schriftstelle auf eine *geistliche* Auferstehung hindeutet, ich kann aber diese Ansicht nicht teilen, sondern bin vielmehr überzeugt, dass sie *buchstäblich* zu verstehen ist. Hört sie und urteilt dann selbst: „Die anderen Toten aber wurden nicht wieder lebendig, bis die tausend Jahre vollendet wurden. Dies ist die erste Auferstehung. Selig ist der und heilig, der teilhat an der ersten Auferstehung: Über diese hat der zweite Tod keine Macht; sondern sie werden Priester Gottes und Christi sein und mit ihm regieren tausend Jahre."

Zugegeben, dass diese große Zwischenzeit sein wird – welch eine Schar wird es dennoch sein, wenn die Gerechten auferstehen, „eine Schar, die niemand zählen kann". Welch eine unausdenkbar große Zahl, die nur von Gott gezählt werden kann, wird plötzlich aus den stillen Staubbetten des Grabes hervorkommen! Die Zwischenzeit von tausend Jahren ist vor Gott wie nichts; diese Zeit wird bald vorbei sein und danach werden auch die Ungerechten auferstehen. Welch unendliche Scharen! Wo werden sie stehen? Welche Ebene der Erde könnte sie fassen? Werden sie nicht den ganzen Erdboden bis auf die Bergspitzen bedecken? Wird nicht selbst das Meer als große Gerichtshalle benutzt werden? Wenn mit klaren, schrillen Tönen die Posaune des Erzengels erschallt und zum Erscheinen vor dem letzten Gericht ruft, werden alle in einem Augenblick vor Gott stehen. Es dauert nicht Jahre, bis in der großen göttlichen Werkstatt das Gebein seinem Gebein angepaßt und der wunderbare Mechanismus wiederhergestellt wird; ein Augenblick wird zur Wiederaufrichtung der Trümmer von Jahrhunderten genügen. Wunderbar geformt, wie unser menschlicher Leib ist, wird seine Wiederherstellung aus dem Tod in einem Augenblick geschehen sein. Der Mensch benötigt Zeit, Gott hingegen, der Schöpfer der Zeit, benötigt sie nicht. Tausende von Jahren sind für ihn wie ein Augenblick; seine größten Wunder sind in einem Augenblick vollbracht. Unvergleichliches Wunder! Wir wundern uns nicht, dass die Auferstehung der Toten von vielen für unglaublich gehalten wird.

Bedenkt, dass diese Auferstehung nicht eine bloße Wiederherstellung dessen sein wird, was schon vorhanden war, sondern die Auferstehung der Toten wird, was die Gerechten betrifft, *eine bemerkenswerte Veränderung in sich schließen,* so wie all das, was wir jetzt bemerken. Wir pflanzen eine Knolle in die Erde – es kommt eine goldene Lilie heraus. Wir lassen einen Samen in die Erde fallen – aus ihm wächst eine schöne Blume mit prachtvollen Farben. Jede ist derselben Knolle, demselben Samen entwachsen, der in die Erde gelegt wurde, also identisch mit Samen und Knolle, aber o, wie verschieden!

Ähnlich sind auch die Leiber, die beim Begräbnis gesät wurden, wie so viele Samen: Auch sie werden durch die göttliche Macht gewachsen, alle denkbare Schönheit weit übertreffend, hervorkommen. Dies vergrößert das Wunder noch mehr. Reißt doch der Herr Jesus nicht nur dem Zerstörer den Raub aus dem Rachen, sondern er erhebt auch das, was eine Speise der Würmer und zu Asche geworden ist, zu seinem heiligen, herrlichen Ebenbild. Es ist, als wäre ein gebrauchtes, von Motten zerfressenes Kleidungsstück in Lumpen zerrissen und dann durch ein göttliches Wort zur Vollkommenheit gebracht und obendrein weißer gemacht, als jeder Färber auf Erden es machen könnte, darüber hinaus mit kostbaren Fransen und Stickereien verziert, die früher nicht daran zu sehen waren – und dies alles geschieht in *einem* Augenblick. Lasst es stehen als eine Welt voller Wunder, wunderbar über alle Maßen. Wir wollen nicht für einen Augenblick versuchen, es wegzuerklären oder der Wahrheit die Spitze zu nehmen.

Eine von den Schwierigkeiten des Glaubens liegt darin, dass es tatsächlich in der Natur *keine exakte Analogie* gibt, die das bestätigen könnte. Es gibt zwar Erscheinungen, mit denen wir sie in etwa vergleichen könnten, ich glaube aber, es gibt keine Analogie in der Natur, auf die man mit Recht einen Beweis gründen könnte. Manche sagen z.B., der *Schlaf* sei die Analogie des Todes und das *Erwachen* eine Art Auferstehung. Dieses

Bild ist zwar schön, die Analogie ist aber zu weit hergeholt, um zutreffend zu sein. Ist doch im Schlaf noch *Leben vorhanden*. Und das zeigt sich dem Menschen selbst in seinen Träumen und zeigt sich auch dem Zuschauer, der den Schlafenden beobachtet, ihn atmen hört und fühlt, wie sein Herz schlägt. Dagegen schlägt im Tod kein Puls, kein Lebenszeichen ist geblieben; der Tote bleibt nicht mal erhalten, wie der Leib des Schläfers. Würde er auseinander gerissen, ein Glied nach dem anderen, in einem Mörser zu Pulver zerstampft und dieses Pulver würde mit Staub und Erde vermischt – und er würde dann auf deinen Ruf hin erwachen, so hättest du etwas, was einigermaßen eine Analogie genannt werden könnte. Aber ein bloßer Schlaf, aus dem der Schläfer geweckt wird, kann vielleicht ein guter Vergleich sein, ist aber weit davon entfernt, ein Gegenstück oder eine Vorhersage der Auferstehung zu sein.

Häufiger wird die *Entwicklung der Insekten* als eine auffallende Analogie erwähnt. Die Raupe ist der Mensch in seinem jetzigen Zustand, die Larve der Insekten ein Bild des Menschen im Tod, der Schmetterling und das vollkommene Insekt ist der Auferstehungsmensch. Wirklich ein hervorragendes Bild, aber weiter nichts, sind doch in der Larve Leben und Organismen, und damit ist das vollständige Insekt vorhanden. Kein Beobachter könnte die Puppe für ein totes Ding halten; nimm sie in die Hand und du wirst alles finden, was später aus ihr hervorkommt. Würde man aber eine Puppe zermalmen, all ihre Lebenssäfte austrocknen und sie zu Staub machen, sie durch verschiedene chemische Prozesse völlig auflösen und sie dann später zu einem Schmetterling zurückrufen – das wäre allerdings eine Analogie von der Auferstehung. Aber so etwas gibt es in der Natur ja nicht. An und für sich habe ich nichts gegen das Bild einzuwenden, es ist vielmehr interessant und lehrreich – doch aus ihm einen Beweis ziehen zu wollen, wäre höchst kindisch.

Auch die Analogie von dem *Samen* ist nicht überzeugender. Der Same, in die Erde gelegt, stirbt und steht in gewisser Zeit wieder auf, deshalb wird er von dem Apostel als Bild des Todes benutzt. Er sagt, dass der Same nicht zum Leben kommt, ohne dass er stirbt. Was ist der Tod? Er ist die Auflösung eines Organismus in seine ursprünglichen Teile. So fängt der Same an, sich in seine Elemente zu teilen; es bleibt aber doch ein Lebenskeim und der aufgelöste Organismus wird seine Nahrung, von der er sich wieder aufbaut.

Ist es so mit dem toten Leib, von dem nicht einmal eine Spur bleibt? Wer würde in einer verwesten Leiche einen Lebenskeim entdecken können, und wenn wirklich ein solcher vorhanden wäre, wo in dem verwesten Leib könnte er wohnen? Im Gehirn? Gehört dies nicht zu den ersten Dingen, die verschwinden und die Hirnschale leer lässt? Im Herzen? Seine Lebensdauer ist ebenfalls kurz, viel kürzer als die der Glieder. Auch mit Hilfe des besten Mikroskops würde in einem der Erde entnommenen Toten nichts zu entdecken sein, was an einen Lebenskeim erinnert. Nimm die Erde auf, in die der Same gesät wurde; du wirst ihn finden, wo du ihn gesät hast, wenn er überhaupt je aus der Erde hervorkommen wird. Das ist aber nicht der Fall bei einem Menschen, der vielleicht vor einigen hundert Jahren begraben wurde; auch der letzte Rest von ihm ist wahrscheinlich weit entfernt von jeglicher Wiedererkennung. Die kommenden Geschlechter sind nicht einfacher zu identifizieren als die vergangenen. Denkt an die, die vor der Flut begraben oder von der Flut verschlungen wurden – wo ist auch nur das geringste Überbleibsel von diesen? Mahlt euer Korn zu feinem Weizen, streut es in die Winde und seht Kornfelder daraus entstehen – dann würdet ihr eine vollkommene Analogie haben; aber bis dahin glaube ich nicht, dass die Natur einen derartigen Fall aufzuweisen hat.

Die Auferstehung steht ganz für sich allein, und der Herr konnte im Hinblick darauf wohl sagen: „Siehe, ich will ein Neues schaffen“. Mit Ausnahme der Auferstehung des Herrn und der, die durch ein Wunder einigen Personen gewährt wurde, gibt es in der Geschichte nichts, was mit dieser Tatsache verglichen werden könnte. Wir brauchen aber auch nicht nach Beweisen zu suchen; haben wir doch, dem Herrn sei Dank, einen viel sichereren Grund, auf dem wir stehen. Hier also liegt die Schwierigkeit, und zwar keine geringe. Können die trockenen Totengebeine leben? Ist es glaubwürdig, dass die Toten wieder auferstehen werden?

Wie sollen wir diesen Fragen begegnen? Wir sagten, dass wir im zweiten Teil die *Schwierigkeit beseitigen* wollten. Wir nehmen den Mund nicht zu voll; die Sache ist ganz einfach.

Lest den Text noch einmal mit der richtigen Betonung, und schon wird es klar: „Warum wird das bei euch für unglaublich gehalten, dass *Gott* Tote auferweckt?“, heißt es. Es mag unglaublich scheinen, dass Tote auferweckt werden; doch warum sollte es unglaublich scheinen, wenn *Gott*, der Allmächtige, der Unendliche, sie auferweckt? Gebt zu, dass es einen *Gott* gibt, so bleiben keine Schwierigkeiten übrig. Gebt zu, dass Gott allmächtig ist, gebt zu, dass *er* gesagt hat, dass die Toten auferstehen sollen, und der Glaube ist nicht mehr schwer, sondern sogar unvermeidlich. Unmöglichkeit und Unglaube – beide verschwinden in der Gegenwart Gottes.

Ich glaube, dies ist der einzige Weg, auf dem die Schwierigkeiten des Glaubens gelöst werden können. Es hat keinen Zweck, mit Vernunftwaffen gegen den Unglauben anzutreten; das *Wort Gottes* ist die wahre Verteidigung des Glaubens. Es ist töricht, mit Holz und Stoppeln zu bauen, wenn feste Steine zu haben sind. Wenn mein himmlischer Vater ein Versprechen gibt oder eine Wahrheit offenbart, sollte ich ihm da nicht glauben, ehe ich die Philosophen befragt habe? Ist denn Gottes Wort nur dann wahr, wenn die Wissenschaft ihm zustimmt? Schließlich: Ist denn das Urteil des Menschen das letztgültige und Gottes Wort nur heranzuziehen, wenn wir selbst es auch so sehen und folglich gar keine Offenbarung brauchen? Ein solcher Sinn sei ferne von uns! Lasst Gott wahr sein, und jeden Menschen einen Lügner. Wir sind nicht überrascht, wenn sich die klugen Menschen über uns lustig machen, sondern bleiben dabei: „So spricht der Herr." *Ein* Wort von Gott ist für uns bedeutender als eine ganze Bibliothek von menschlichem Wissen. Bei einem Christen hat das „Gott sprach" weit mehr Gewicht als alle Vernunft. Wenn *Gott* sagt, dass die Toten auferstehen sollen, ist uns die Auferstehung nichts Unglaubliches. In dem Wörterbuch der Gottheit ist das Wort „Schwierigkeit" nicht zu finden. Sollte dem Herrn etwas zu schwer sein? Bringt nur alle Schwierigkeiten zusammen, macht die Lehre von der Auferstehung der Toten für die Vernunft immer unbegreiflicher, wenn ihr wollt – so lange, bis sie keine selbstverständlichen Widersprüche und Unvereinbarkeiten mehr enthält, – wir freuen uns über die Gelegenheit, von einem großen Gott Großes zu glauben.

Als Paulus die Worte unseres Textes äußerte, sprach er mit *einem Juden*, er richtete sie an König Agrippa, einen, dem er die Frage stellen konnte: „Glaubst du, König Agrippa, den Propheten? Ich weiß, dass du glaubst" (Apg 26,27). Er hatte also guten Grund, zu Agrippa zu sagen: „Warum wird das bei euch für unglaublich gehalten, dass Gott Tote auferweckt?" Als Jude hatte Agrippa zunächst das Zeugnis Hiobs: „Aber ich weiß, dass mein Erlöser lebt, und als der Letzte wird er über dem Staub sich erheben. Und ist meine Haut noch so zerschlagen und mein Fleisch dahingeschwunden, so werde ich doch Gott sehen. Ich selbst werde ihn sehen, meine Augen werden ihn schauen und kein Fremder" (Hiob 19,25-27). Er hatte ferner das Zeugnis Davids, der im 16. Psalm sagt: „Mein Leib wird sicher liegen", dazu das Zeugnis des Propheten Jesaja Kapitel 26,19: „Aber deine Toten werden leben, deine Leichname werden auferstehen. Wachet auf und rühmet, die ihr liegt unter der Erde! Denn ein Tau der Lichter ist dein Tau, und die Erde wird die Toten herausgeben.“ Weiterhin hatte er die Weissagung des Propheten Daniel, die folgendermaßen lautet: „Und viele, die unter der Erde schlafen liegen, werden aufwachen, die einen zum ewigen Leben, die anderen zu ewiger Schmach und Schande. Und die da lehren, werden leuchten wie des Himmels Glanz, und die viele zur Gerechtigkeit weisen, wie die Sterne immer und ewiglich“ (12,2.3). Aus Hosea 13,14 hätte Agrippa das Wort bekannt sein sollen: „Aber ich will sie aus dem Totenreich erlösen und vom Tode erretten. Tod, ich will dir ein Gift sein; Totenreich, ich will dir eine Pest sein. Rache kenne ich nicht mehr.“ Gott hatte also in den Schriften des Alten Testamentes klar die Auferstehung verheißen, und diese Tatsache hätte dem Agrippa völlig genügen sollen. Wenn der *Herr* es gesagt hat, ist es nicht mehr zweifelhaft.

Uns als *Christen* sind noch kräftigere Beweise gegeben. Beachtet, wie der Herr über die Auferstehung gesprochen hat; er hat seine Absicht, die Toten aufzuerwecken, nicht hinter vorgehaltener Hand verkündigt. Wunderbar ist die Stelle in Johannes 5,28.29: „Wundert euch darüber nicht, denn es kommt die Stunde, in der alle, die in den Gräbern sind, seine Stimme hören werden, und werden hervorgehen, die Gutes getan haben, zur Auferstehung des Lebens, die aber Böses getan haben, zur Auferstehung des Gerichts.“ Und in Johannes 6,40 heißt es: „Denn das ist der Wille meines Vaters, dass, wer den Sohn sieht und glaubt an ihn, das ewige Leben habe; und ich werde ihn auferwecken am Jüngsten Tage.“ Der Heilige Geist hat durch die Apostel dieselbe Wahrheit bezeugen lassen. In dem köstlichen achten Kapitel des Römerbriefes heißt es im elften Vers: „Wenn nun der Geist dessen, der Jesus von den Toten auferweckt hat, in euch wohnt, so wird er, der Christus von den Toten auferweckt hat, auch eure sterblichen Leiber lebendig machen durch seinen Geist, der in euch wohnt.“ Im ersten Brief des Apostels Paulus an die Thessalonicher heißt es in Kapitel 4,13-18: „Wir wollen euch aber, liebe Brüder, nicht im Ungewissen lassen über die, die entschlafen sind, damit ihr nicht traurig seid wie die anderen, die keine Hoffnung haben. Denn wenn wir glauben, dass Jesus gestorben und auferstanden ist, so wird Gott auch die, die entschlafen sind, durch Jesus mit ihm einherführen. Denn das sagen wir euch mit einem Wort des Herrn, dass wir, die wir leben und übrigbleiben bis zur Ankunft des Herrn, denen nicht zuvorkommen werden, die entschlafen sind. Denn er selbst, der Herr, wird, wenn der Befehl ertönt, wenn die Stimme des Erzengels und die Posaune Gottes erschallen, herabkommen vom Himmel, und zuerst werden die Toten, die in Christus gestorben sind, auferstehen. Danach werden wir, die wir leben und übrigbleiben, zugleich mit ihnen entrückt werden auf den Wolken in die Luft, dem Herrn entgegen; und so werden wir bei dem Herrn sein allezeit. So tröstet euch mit diesen Worten untereinander.“ In Philipper 3,21 heißt es: „Der unseren nichtigen Leib verwandeln wird, dass er gleich werde seinem verherrlichten Leibe nach der Kraft, mit der er sich alle Dinge untertan machen kann.“ Ich brauche euch wohl kaum an das großartige Kapitel 15 im ersten Korintherbrief mit seinen unumstößlichen Beweisen zu erinnern. Das Zeugnis des Heiligen Geistes über die Auferstehung der Toten ist über jeden Zweifel erhaben, und da wir außerdem an einen allmächtigen Gott glauben, finden wir in der Annahme der Lehre von der Auferstehung der Toten keine Schwierigkeit und freuen uns an ihr.

Es mag aber gut sein, dass wir uns umsehen und beachten, welche Stützen hier der Herr unserem Glauben bietet. Ich bin fest davon überzeugt, liebe Freunde, dass es viele Wunder in der Welt gibt, denen wir auch nicht auf einen einfachen Bericht hin Glauben geschenkt hätten. Der elektrische Telegraph, auch wenn er nur eine menschliche Erfindung ist, wäre tausend Jahre vorher genauso schwer zu glauben gewesen wie die Auferstehung von den Toten. Wer hätte in der Zeit der schwerfälligen Postkutschen und Packpferde glauben können, wie schnell jetzt Nachrichten von Europa nach Amerika und umgekehrt gelangen können? Als unsere Missionare den Eingeborenen tropischer Länder von der Bildung des Eises erzählt haben, und dass man über das gefrorene Eis gehen und fahren könne, ferner von Schiffen, die auf offener See von mächtigen Eisbergen bedroht werden, dass rund um sie her das Wasser so hart wie ein Fels geworden sei – als die Missionare das alles erzählten, haben die Leute einfach solchen Berichten als geschmacklosen, unglaubwürdigen Neuigkeiten den Glauben versagt. Alles ist voller Wunder, bis wir durch Gewohnheit mit etwas vertraut sind; und die Auferstehung hat diese unglaubliche Portion eines Wunders deshalb an sich, weil wir in unserer Wahrnehmung nie auf sie gestoßen sind – das ist alles. Nach geschehener Auferstehung werden wir sie als eine großartige Entfaltung göttlicher Macht ansehen, die für uns ähnlich der Schöpfung und Erhaltung der Welt ist. Ich bezweifle nicht, dass wir für ewig über die Auferstehung staunen und Gott anbeten werden, es wird aber in dem Sinn geschehen, in dem jetzt gottesfürchtige Herzen über Gottes Schöpfung staunen. Wir werden uns an das neue Werk Gottes gewöhnen, wenn wir ins längere Leben eingegangen sind. Wir sind erst wie gestern Geborene und haben nur wenig gesehen. Die Werke Gottes brauchen weit mehr als nur unsere wenigen Erdenjahre der Beobachtung; in der Ewigkeit sind wir aus der Minderjährigkeit heraus und volljährig geworden. Was uns jetzt in Erstaunen versetzt, wird uns dann zu einem vertrauten Thema unseres Lobes geworden sein.

Wird die Auferstehung ein größeres Wunder sein als die Schöpfung? Wir glauben, dass Gott die Welt aus dem Nichts hervorgebracht hat. Er sprach: „Es werde!“, und die Welt war da. Etwas aus dem Nichts hervorzubringen ist genauso wunderbar, wie zerstreute Bestandteile zu sammeln und sie wieder zusammenzusetzen zu dem, was sie vorher gewesen sind. Zu jedem von beiden Werken bedarf es göttlicher Allmacht – doch wäre zwischen beiden zu wählen, so wäre vielleicht die Auferstehung das leichtere Werk. Wenn es nicht so oft geschehen würde, würde die Geburt eines jeden Kindes auf der Welt uns mit Staunen erfüllen; wir würden jede Geburt als das ansehen, was sie wirklich ist: als eine sichtbare Offenbarung der Allmacht Gottes. Nur weil dieses Wunder sich so oft wiederholt, sehen wir in den menschlichen Geburten und unserem Dasein nicht die Wunder wirkende Hand Gottes. Wie gesagt, beim Gedanken an die Auferstehung schwindelt uns jetzt, weil wir mit ihr noch nicht vertraut geworden sind. Es gibt andere Taten Gottes, nicht weniger wunderbar.

Beachtet ferner, dass es eins gibt, was ihr zwar nicht gesehen, was ihr aber auf glaubwürdiges Zeugnis hin als Teil einer historischen Wahrheit empfangen habt, nämlich dass *Jesus Christus von den Toten auferstanden* ist. Er ist für euch die Ursache für eure Auferstehung, Bild, Vorschatten und Bürgschaft derselben. So sicher wie er auferstand, werdet auch ihr auferstehen. Durch seine Auferstehung hat er bewiesen, dass sie möglich ist, ja, noch mehr, dass sie Gewissheit ist, weil er der Stellvertreter ist und für alle auferstand, die er vertritt. „Denn wie sie in Adam alle sterben, so werden sie in Christus alle lebendig gemacht werden“ (1.Kor 15,22). Die Auferstehung unseres Herrn aus dem Grab sollte für immer jeden Zweifel an die Auferstehung der Seinen verbannen. „Denn wenn die Toten nicht auferstehen, so ist Christus auch nicht auferstanden“ (1.Kor 15,16), weil er aber lebt, werden auch wir leben.

Bedenkt auch, meine Brüder und Schwestern, dass ihr als Christen *schon in euch selbst ein großes Auferstehungswerk erfahren* habt, denn ihr seid doch in eurer innersten Natur von den Toten auferstanden. Ihr, die ihr tot wart in Übertretungen und Sünden, seid lebendig gemacht worden zu einem neuen Leben. Natürlich wird der Unbekehrte hierin nichts sehen. Er wird sogar fragen, was denn das bedeutet, ihm kann es also kein Beweis sein. Ist es doch eine Sache der Erfahrung, die kein Mensch dem anderen erklären kann. Um das zu können, muss man selbst wiedergeboren sein. Ihr Gläubigen habt also schon eine Auferstehung aus dem Grab der Sünde von der Fäulnis und dem Verderben böser Leidenschaften und unreiner Lüste durchgemacht, und diese Auferstehung hat Gott in euch gewirkt durch eine Macht, ähnlich der, durch die er in Christus wirkte, als er ihn von den Toten auferweckte und ihn zu seiner Rechten auf seinen Thron erhob. Euch ist also die Belebung eurer geistlichen Natur ein sicherer Beweis, dass der Herr auch euren sterblichen Leib lebendig machen wird.

Das Ganze beruht darauf, dass unsere Überzeugung von der Gewissheit der allgemeinen Auferstehung auf Gott und sein Wort gegründet ist. Es ist töricht und nutzlos, nach etwas anderem Ausschau zu halten. Wer der Aussage Gottes nicht glauben will, muss Rechenschaft über seinen Unglauben vor ihm ablegen.

Mein lieber Zuhörer, gehörst du zu den Auserwählten Gottes, so wirst du deinem Gott glauben, denn Gott gibt seinen Auserwählten Glauben. Wenn du aber das göttliche Zeugnis verwirfst, so beweist du eben damit, dass du in der Galle der Bitterkeit bist und verloren gehst, wenn du dich nicht durch die Gnade zur Buße führen lässt. Das Evangelium und die Lehre von der Auferstehung wurde allen Menschen in all ihrer Herrlichkeit entfaltet und zieht eine Scheidewand zwischen die Frommen und Gottlosen. „Wer von Gott ist, der hört Gottes Worte" (Joh 8,47). Wahrer Glaube ist das sichtbare Kennzeichen der verborgenen Erwählung. Wer an Christus glaubt, gibt damit Zeugnis von der Gnade Gottes, die er erfahren hat, wer aber nicht glaubt, gibt damit einen sicheren Beweis, dass er die Gnade nicht empfangen hat. „Aber ihr glaubt nicht", sagt Christus, „denn ihr seid nicht von meinen Schafen. Meine Schafe hören meine Stimme, und ich kenne sie, und sie folgen mir" (Joh 10,26.27). Deshalb muss diese Wahrheit zusammen mit den anderen christlichen Wahrheiten aufrechterhalten, behauptet und der ganzen Menschheit vollständig vorgetragen werden, damit sie eine Scheidewand zur Scheidung der Israeliten von den Ägyptern aufrichte, des Weibessamens von dem Schlangensamen. Die, die Gott erwählt hat, sind zu erkennen an ihrem Glauben an das, was Gott gesagt hat, während die, die im Unglauben beharren, in ihrer Sünde verloren gehen durch die Wahrheit, die sie eigenwillig verwerfen.

So viel zu diesen Punkten. Nun lasst uns *unser Verhältnis zu dieser Wahrheit* betrachten.

Unser erster Bezug zu dieser Wahrheit ist dieser: „Kinder Gottes, tröstet euch untereinander mit diesen Worten." Ihr habt solche, die euch lieb waren, verloren – oder besser gesagt: sie sind in ein besseres Land eingegangen; der Leib, der zurückbleibt, ist nicht verloren, sondern zu einem heiligen Anrecht herausgerufen. Ihr dürft trauern, aber trauert nicht wie die, die keine Hoffnung haben. Ich weiß nicht, warum wir bei der Beerdigung von Gläubigen immer Trauerlieder singen und uns in Schwarz kleiden. Ich wünsche, wenn ich einmal sterben muss, zu meinem Grab mit weißen Pferden gefahren zu werden oder auf den Schultern von solchen Männern getragen zu werden, die durch ihre Kleidung zugleich Freude und Trauer ausdrücken, denn warum sollten wir über die trauern, die zur Herrlichkeit eingegangen und Erben der Unsterblichkeit geworden sind? Mir gefällt die alte puritanische Sitte, nach der der Sarg auf den Schultern von Gläubigen getragen wird und sie einen Psalm singen, während sie zum Grab gehen. Warum auch nicht? Was gibt es schließlich zu weinen, was die Vollendeten betrifft? Lasst die frohe Trompete erklingen! Lasst die hellen Trompetenklänge die frohe Nachricht des Sieges hinausschmettern! Der Überwinder hat den Kampf gewonnen; der König hat den Thron bestiegen. „Freut euch", rufen unsere Brüder von oben; „freut euch mit uns, denn wir sind zur Ruhe eingegangen!" „Selig sind die Toten, die in dem Herrn sterben von nun an. Ja, spricht der Geist, sie sollen ruhen von ihrer Mühsal; denn ihre Werke folgen ihnen nach" (Offb 14,13). Wenn wir auch die Zeichen des Leids weiter beibehalten, was ganz natürlich ist, so lasst doch euer Herz nicht beunruhigt sein, denn das wäre ungeistlich. Dankt vielmehr Gott, sodass wir über den frommen Verstorbenen seine lebendigen Verheißungen singen dürfen!

Lasst uns im Blick auf unser eigenes Abscheiden voller Vorfreude sein. Wir werden schon bald nicht mehr da sein. Meine Brüder, auch wir müssen sterben; es gibt aus diesem Kampf keine Entlassung. Es gibt einen Pfeil und es gibt einen Schützen; der Pfeil ist auf mein Herz gerichtet, und der Schütze hat eine tötende Absicht. Es gibt einen Ort, an dem du schlafen wirst, vielleicht in einem einsamen Grab in einem fernen, fremden Land, oder vielleicht in einer Nische, wo deine Gebeine Seite an Seite mit denen deiner Vorfahren liegen werden – auf jeden Fall musst du zum Staub zurückkehren. Ja, doch lasst uns nicht klagen, es ist ja nur für eine kurze Zeit, ist es nur eine Ruhezeit auf dem Weg zur Unvergänglichkeit. Der Tod ist ein vorübergehendes Ereignis zwischen diesem und dem zukünftigen Leben – lasst uns also dem Tod nicht nur mit Gleichmut, sondern erwartungsvoll entgegengehen, da es ja nicht nur der Tod ist, sondern die Auferstehung, auf die wir warten.

Also noch einmal: Da wir den Segen der Auferstehung erwarten, so lasst uns auf unsere Leiber achthaben. Lasst uns unsere Glieder nicht als Werkzeuge zum Bösen gebrauchen, lasst sie nicht durch Sünde verunreinigt werden. Ein Christ darf seinen Leib niemals beflecken, weder durch

Gefräßigkeit, noch durch Trunksucht, weder durch unreines Handeln noch durch irgendetwas anderes, denn er ist ein Tempel des Heiligen Geistes. „Wenn jemand den Tempel Gottes verdirbt, den wird Gott verderben; denn der Tempel Gottes ist heilig, der seid ihr“ (1.Kor 3,17).

Bleibt rein. In der Taufe wurde euer Leib mit reinem Wasser gewaschen, um euch zu lehren, dass ihr hinfort rein sein sollt von allem Bösen. Wirf alles Böse aus dir heraus. Körper, die zum ewigen Wohnen im Himmel bestimmt sind, sollten hier unten nicht Gegenstand der Verschmutzung sein.

Zuletzt, und das ist ein sehr ernster Gedanke: auch die Gottlosen müssen auferstehen, aber es wird eine Auferstehung zum Elend werden. Ihr Leib hat gesündigt, und ihr Leib wird bestraft werden.„Fürchtet euch ...vor dem“, sagt Christus, „der Leib und Seele verderben kann in der Hölle“ (Mt 10,28). Er wird beide in ein Leiden werfen, das ihnen unaufhörlich ständige Vernichtung zufügen wird; das ist in der Tat schrecklich. In einem Grab zu schlummern, wäre zweifellos solch einer Auferstehung vorzuziehen; „die Auferstehung zur Verdammnis“ nennt die Schrift dies; ein Auferstehen „zu ewiger Schmach und Schande“ (Dan 12,2) nennt es Daniel. Das ist in der Tat eine furchtbare Auferstehung; man kann froh sein, ihr zu entkommen. Es wäre sicher schon allein für die Seele schrecklich genug, ewig den Zorn Gottes erleiden zu müssen, ohne dass der Leib dabei ist, doch ist es so: wenn Leib und Seele sündigen, müssen Leib und Seele leiden, und das für immer.

Jeremy Taylor erzählt uns von einem gewissen Acilius Aviola, der einen Schlaganfall erlitt und von seinen Freunden, die ihn für tot hielten, zur Verbrennung getragen wurde, doch als die Hitze seinen Körper erwärmte, wachte er auf und fand sich hoffnungslos von den Bestattungsflammen umzingelt. Vergeblich rief er nach Hilfe, er konnte nicht gerettet werden, sondern ging von der Erstarrung unmittelbar in unerträgliche Qual über.

So wird das schreckliche Erwachen von jedem sündigen Leib sein, wenn er aus seinem Schlummer im Grab wachgerüttelt wird. Der Leib wird sich erheben, um gerichtet, verdammt und aus der Gegenwart Gottes in ewige Qualen getrieben zu werden. Gott möge es schenken, dass dies weder bei euch noch bei mir auf keinen Fall sein wird, sondern dass wir jetzt an Jesus Christus glauben und so eine Auferstehung zum ewigen Leben erlangen. Amen.

Die in der Auferstehung veranschaulichte Macht Christi[32]

„Unser Bürgerrecht aber ist im Himmel; woher wir auch erwarten den Heiland, den Herrn Jesus Christus, der unsern nichtigen Leib verwandeln wird, dass er gleich werde seinem verherrlichten Leibe nach der Kraft, mit der er sich alle Dinge untertan machen kann.“

Philipper 3,20.21

Wenn ich diese Verse meinen Text nennen würde, wäre das für euch irreführend, denn ich beabsichtige, nur auf die letzten Aussagen einzugehen, und ich las diese beiden Verse, weil sie für die Erklärung notwendig sind. Es wären noch viele Auslegungen erforderlich, um einen so inhaltsreichen Abschnitt wie diesen zu erklären.

Ihr Lieben, wie eng ist doch unser ganzes Leben mit dem Leben Christi verwoben! Sein erstes Kommen geschah zu unserer Rettung und wir sind durch ihn vom Zorn Gottes befreit. Wir leben noch, weil er lebt, und niemals ist unser Leben glücklicher, als wenn wir unverwandt auf ihn blicken. Und auch die Vollendung unseres Heils in der Befreiung unserer Leiber von den Fesseln der Verweslichkeit und in der Auferstehung aus dem Staub zur herrlichen Unsterblichkeit ist verborgen in der leiblichen Auferstehung und lebendig machenden Kraft des Herrn Jesus Christus. Wie sein erstes Kommen unsere Rettung von der Sünde war, so wird sein zweites Kommen unsere Rettung von dem Grab sein. Er ist im Himmel, doch, wie der Apostel sagt: „Wir erwarten den Heiland, den Herrn Jesus Christus, der unsern nichtigen Leib verwandeln wird, dass er gleich sein werde seinem verherrlichten Leib.“ Getrennt von ihm haben wir nichts, sind wir nichts. Die Vergangenheit, die Gegenwart und die Zukunft sind nur hell, wenn er auf sie scheint. Jeden Trost, jede Hoffnung, jede Freude, die wir haben, haben wir bekommen und nehmen wir in Anspruch

---

[32] Gehalten am Sonntagmorgen, den 29. Januar 1871, im Metropolitan Tabernacle, Newington.

aufgrund unserer Verbindung mit Jesus Christus, unserem Herrn. Ohne ihn sind wir mittellos, arm und erbärmlich. Ich möchte es euch ganz fest einprägen, und besonders mir selbst, wie notwendig es für uns ist, beständig in ihm zu bleiben.

Um euch als eifrige Arbeiter zur Verherrlichung Gottes bin ich darum ganz besonders besorgt, dass auch ihr in täglichem Umgang mit Jesus bleibt, denn genauso wie unser geistliches Heil, so hängt auch unser Werk des Glaubens und unsere Arbeit der Liebe von ihm ab. „Ohne mich könnt ihr nichts tun" (Joh 15,5). Unsere Kraft zum Arbeiten kommt nur von *seiner* Kraft. Wenn wir wirksam sein wollen, muss es immer seiner wirksamen Kraft in uns und durch uns entsprechen. Brüder, ich bete, dass in dieser Jahreszeit, in der unsere besonderen Gottesdienste beginnen, unsere Augen fest auf unseren Meister gerichtet sind. In der Erkenntnis und dem Bekenntnis unserer Abhängigkeit von ihm, in erneuerter Zuversicht zu ihm, werden wir mit doppelter Kraft unser Werk beginnen. Wenn wir nur nicht vergessen, wo unsere große Stärke liegt und zu ihm, zu ihm allein aufblicken, nicht nur weg von unserer eigenen Schwachheit, sondern auch von unserer eigenen Kraft – um *in ihm* all unser Wirken an anderen zu entdecken, wie wir ja auch in der Errettung unserer eigenen Seele alles in ihm gefunden haben!

Als die Tausenden gespeist wurden, verteilten zwar die Jünger Brot und Fisch, aber die Hauptquelle ihres Amtes war die Hand des Meisters selbst. *Er* segnete, *er* brach, *er* gab es den Jüngern, und darauf gaben diese es dem Volk. Bezeichnend ist auch eine der letzten Erscheinungen des Herrn vor seinen Jüngern, ehe er zum Himmel auffuhr. Sie hatten die ganze Nacht gearbeitet und gar nichts gefangen. Erst als er kam und sie auf sein Wort hin das Netz zur rechten Seite des Schiffes auswarfen, wurde das Netz voll großer Fische. So sollte es immer sein. Nur wo *er* ist, werden Seelen durch Menschenfischer gefangen, sonst nirgends. Nicht die Predigt seiner Diener allein, nicht das Evangelium selbst, sondern sein Nahesein ist das Geheimnis des Erfolges seiner Diener und ihrer Predigt. „Und die Hand des Herrn war mit ihnen und eine große Zahl wurde gläubig und bekehrte sich zum Herrn" (Apg 11,21). Seine mitwirkende Gegenwart im Evangelium ist es, wodurch es die Kraft Gottes zur Seligkeit wird.

So hebt denn eure Augen empor, meine Brüder; arbeitet mit uns für die Verbreitung des Evangeliums und das Reich unseres Erlösers, für unseren Heiland, unseren Herrn Jesus Christus, den Herzog unserer Seligkeit. Durch ihn, mit ihm soll alles, was wir tun, geschehen zur Ehre Gottes, aber ohne ihn werden auch die eifrigsten Bemühungen und die tatkräftigsten Anstrengungen sicher ihr Ziel verfehlen. Ich habe meinen Text mit keiner geringeren Absicht gewählt als der, dass jedes Auge dadurch auf ihn, den allmächtigen Heiland, gerichtet wird, bevor wir mit dem heiligen Werk, das uns erwartet, beginnen.

Der Text verweist zuallererst auf *das Wunder, das von unserm Herr vollbracht wird, wenn er kommt;* dann entnehmen wir ihm an zweiter Stelle Hilfen zur Erwägung *der Kraft, die jetzt in dieser Zeit von ihm ausgeht und in ihm reichlich vorhanden ist;* und drittens betrachten wir *das Werk, das wir so gerne vollendet sehen wollen, und das, wie wir glauben, durch die Kraft, die unserm Herrn innewohnt, vollendet wird.*

Erstens bitten wir euch, *DAS WUNDER ZU BEDENKEN, DAS VON UNSERM HERRN VOLLBRACHT WIRD, WENN ER KOMMT.*

Wenn er zum zweiten Mal kommt, wird er unseren wertlosen Leib verwandeln und ihn gleich seinem herrlichen Leib gestalten. Was für eine wunderbare Veränderung! Was für eine Verwandlung! Was für eine Erhebung! Unser Körper in seinem gegenwärtigen Zustand wird in unserer Übersetzung ein „nichtiger Leib" genannt, doch wenn wir das Griechische wörtlicher übersetzen, ist es wesentlich ausdrucksstärker, denn dort finden wir die körperliche Gestalt „den Leib unserer Erniedrigung" genannt. Nicht „dieser bescheidene Körper", das ist hier nicht gemeint, sondern der Leib, in dem unsere Erniedrigung offenkundig wird und eingeschlossen ist. Diesen Leib unserer Erniedrigung will der Herr verwandeln, bis er seinem eigenen gleich wird. Lest hier nicht nur: „*... seinem verherrlichten Leibe*", denn das ist nicht die ganz wörtliche Übersetzung, sondern „*dem Leib seiner Herrlichkeit*", dem Leib, in dem er sich seiner Herrlichkeit erfreut und sie darstellt.

Unser Herr hatte auf Erden einen Leib in Niedrigkeit; sein Leib war in allen Dingen wie der unsrige, ausgenommen, dass dieser keine Verwesung sehen konnte, weil er nicht durch Sünde verunreinigt war. Der Leib, in dem der Herr weinte und Blutschweiß vergoss, in dem seine Seele betrübt war, war der Leib seiner Erniedrigung. Er stand jedoch von den Toten auf in demselben Leib, der auffuhr zum Himmel, wobei er aber seine Herrlichkeit in großem Maße verbarg, sonst wäre sie für sterbliche Augen zu glänzend gewesen. Nur als die Wolke ihn den Augen der nachschauenden Jünger entrückt hatte, leuchtete die Herrlichkeit seines Leibes in vollem Glanz, um die Augen der Engel und seligen Geister zu entzücken. Dann wurde sein Angesicht wie die Sonne, die in vollem Glanz leuchtet.

Geliebte, wie auch immer der Leib des Herrn in seiner Herrlichkeit sein mag – dieser unser Leib, jetzt ein Leib der Erniedrigung, soll seinem verklärten, verherrlichten Leib entsprechen; Jesus ist der Typus und das Vorbild des Menschen in Herrlichkeit. „Wir werden ihm gleich sein, denn wir werden ihn sehen, wie er ist" (1.Joh 3,2). Hier wohnen wir in dem Leib der Erniedrigung, aber er wird eine Verwandlung durchmachen, „und das plötzlich in einem Augenblick, zur Zeit der letzten Posaune. Denn es wird die Posaune erschallen, und die Toten werden auferstehen unverweslich, und wir werden verwandelt werden" (1.Kor 15,52). Dann werden wir zu unserer Herrlichkeit gelangen; der Leib wird unserem verklärten Zustand entsprechend sein und mit Recht der „Leib der Herrlichkeit" genannt werden können.

Wir wollen weder neugierig in die Einzelheiten dieser Verwandlung dringen, noch versuchen, alle Unterschiede zwischen den beiden Arten unseres Leibes zu erforschen, denn „es ist noch nicht erschienen, was wir sein werden" (1.Joh 3,2). Doch obwohl wir nur undeutlich durch ein Glas sehen, so sehen wir doch wenigstens etwas und wollen vor diesem Wenigen nicht die Augen verschließen. Wir wissen noch nicht, wie wir erkannt sind, doch wir wissen ein Stückchen davon, und dieses Stückchen unserer Kenntnis ist kostbar. Die Tore waren hin und wieder halboffen, und die Menschen konnten für kurze Zeit schauen, betrachten und sich wundern. Mindestens dreimal haben menschliche Augen etwas von der Herrlichkeit des Leibes geschaut. Als Mose vom Berg Sinai herunterkam, glänzte sein Angesicht so sehr, dass die um ihn Versammelten ihn nicht ansehen konnten und er es mit einer Decke verhüllen musste. In dem glänzenden Angesicht des Mannes, der vierzig Tage lang Umgang mit Gott gepflegt hatte, erkennen wir einige Strahlen, einen Schimmer und Abglanz von dem Glanz eines verklärten Menschen.

Der Herr zeigte eine noch deutlichere Offenbarung seines verklärten Leibes, als er in der Gegenwart der drei Jünger verklärt wurde. „Und seine Kleider wurden hell und sehr weiß, wie sie kein Bleicher auf Erden so weiß machen kann" (Mk 9,3), „und er wurde verklärt vor ihnen, und sein Angesicht leuchtete wie die Sonne" (Mt 17,2). Da sahen die Jünger seine Herrlichkeit und staunten. Das Angesicht des Stephanus ist ein drittes Fenster, durch das wir einen Blick auf die Herrlichkeit werfen können, die offenbart wird; ja, sogar seine Feinde, als sie den Märtyrer in seinem Zeugnis für Christus anstarrten, sahen sein Angesicht, als wäre es das Angesicht eines Engels. Diese drei kurzen Schimmer des Morgenlichtes mögen uns als Zeichen dienen und uns helfen, eine kleine Vorstellung davon zu bekommen, wie der verklärte Leib Christi ist und wie unser Leib in der Herrlichkeit sein wird.

Wenn wir jene wunderbare Stelle im Korintherbrief näher ansehen, in der der Schleier mehr angehoben wird, als je vorher oder nachher, so nehmen wir *einige Einzelheiten* wahr, die es wert sind, sie ganz genau zu lesen. Auf der Erde ist der Leib veränderlich und fällt der Verwesung zum Opfer, er wird nach und nach schwach durch Alter, verfällt endlich dem Tod, kommt in die Erde und wird eine Speise der Würmer. Der neue Leib dagegen ist unverweslich, keiner Krankheit, keiner Schwäche noch dem Verderben preisgegeben, nie wird er im Laufe der Zeit der Gewalt des Todes verfallen. Er wird der unsterbliche Genosse des unsterblichen Geistes sein. Im Himmel gibt es keine Gräber; kein Grabgeläut hat je das neue Jerusalem in Trauer versetzt. Hier ist unser Leib schwach, wie der Apostel sagt: „Es wird gesät in Schwachheit." Im Leben ist er allen Schwächen und Gebrechen unterworfen und verliert im Tod alle Kraft. Er ist schwach in der Ausübung unseres eigenen, schwächer noch im Tun des himmlischen Willens, schwach im Handeln, schwach im Leiden, er wird aber auferstehen in Kraft. Wie weit sich diese Kraft auf das Physische, wie weit sie sich auf das Geistige und Geistliche erstrecken, wo das Materielle enden und das Geistige beginnen wird, darüber wollen wir nicht grübeln. Wir werden sein wie die Engel, damit wollen wir unsere Neugierde befriedigt sein lassen. Wir wissen, dass die Engel, diese reinen Geister, große Kraft und Stärke haben. Auch unser Leib wird auferstehen in Kraft.

Auf der Erde ist der Körper ein natürlicher oder seelischer Körper – ein Körper für die Seele, für die niedrigste Fähigkeit unserer geistigen Natur, doch nach den Worten des Apostels im Korintherbrief wird ein geistlicher Körper auferstehen, der an den edelsten Teil unserer Natur angepasst und geeignet ist, ein Wohnplatz und ein Werkzeug unseres aus der Gnade wiedergeborenen neuen Lebens zu sein. Dieser jetzige Leib ist dem Geist des Gebets und des Lobens keine Stütze; er ist den geistlichen Übungen sogar eher hinderlich als behilflich. Wie oft ist der Geist wirklich willig, aber das Fleisch ist schwach. Wir schlafen, wenn wir wachen sollten, und ermatten, wenn wir vorwärts gehen sollten. Nicht nur Schmerzen, sondern auch Freuden können die Andacht stören. Aber wenn dieser Leib verwandelt sein wird, wird er ein Körper sein, der dem höchsten Sehnen der Menschheit nach Vollkommenheit und Herrlichkeit entspricht, ein geistlicher Leib, ähnlich dem verklärten Leib Christi. Hier ist der Leib sündig, seine Glieder sind Werkzeuge der Ungerechtigkeit. Es ist ja wahr, dass unser Leib der Tempel des Heiligen Geistes ist, aber ach, er trägt auch Spuren davon, dass er vorher eine Räuberhöhle war! Die Flecken und Runzeln der Sünde sind noch nicht ganz verschwunden. Seine Substanz ist noch nicht so geläutert, dass er dem Geist eine Stütze sein kann; er zieht nach unten und hat eine Neigung zur falschen Seite hin; aber er wartet auf die letzte Verwandlung, und dann wird er vollkommen sündlos sein, weiß und rein wie Alabaster, als wäre niemals ein Sündenfleck auf ihn gekommen, wie frisch gefallener Schnee, tadellos rein. „Wie wir getragen haben das Bild des irdischen, so werden wir auch tragen das Bild des himmlischen" (1.Kor 15,49).

Da der Körper, wenn er auferstehen wird, sündlos sein wird, wird er *auch schmerzlos* sein. Wer könnte unser ganzes Elend in dieser vorläufigen Behausung aus Staub aufzählen? Wahrlich, wir leiden sehr in dieser Hütte. Sieht es nicht manchmal bei den von Krankheit Heimgesuchten so aus, als wäre dieser Leib zum Leiden geschaffen, als wären all seine Nerven, Sehnen und Adern, jeder Pulsschlag, jedes Gefäß und jedes Gelenk an seinem Körper Teil eines geheimnisvollen Instrumentes, auf dem jeder Ton der gesamten Schmerzenstonleiter vorgetragen werden soll? Habt Geduld, die ihr in dieser geschundenen Wohnung aushaltet – euch erwartet ein Haus, das nicht mit Händen gemacht ist. Dort oben gibt es keine Schmerzen und Seufzer mehr; die Zuchtrute wird nicht mehr gebraucht, wenn alle Mängel beseitigt sind. Wie der neue Leib ohne Schmerzen sein wird, so wird er auch alle Ermüdung hinter sich lassen. Der Herrlichkeitsleib wird sich nicht der Schwäche hingeben, auch nicht an Kraftlosigkeit kranken. Wenn wir lesen, dass die Heiligen Gott Tag und Nacht in seinem Tempel dienen, bedeutet das nicht, dass der geistliche Leib keinen Schlaf mehr braucht? Mit einem Wort: Der Leib der Heiligen wird wie der Leib Christi vollkommen sein, ohne Flecken und ohne Tadel. Wenn ein Gläubiger an Altersschwäche stirbt, wird er nicht schwach wieder auferstehen; oder wenn einer einen Sinn oder ein Glied verloren hat, wenn er lahm oder verwachsen war, wird er nicht in diesem Zustand in den Himmel gehen, denn beide, Leib und Seele „sind untadelig", ohne Fehler, vor dem Thron Gottes (Offb 14,5). Wir werden ihm gleich sein – das gilt für alle Kinder Gottes, deshalb wird keines von ihnen anders als schön, lieblich und vollkommen sein. Der Gerechte wird Christus gleich sein, von dem immer noch gilt, dass ihm nicht ein Knochen gebrochen werden soll; so wird auch kein Teil unseres Körpers nach unserer Verwandlung beschädigt oder verwundet, sondern ganz vollkommen sein.

Tragt dies alles zusammen, Brüder, und überlegt, wie groß der Unterschied zwischen diesem nichtigen Leib und unserem verklärten Leib sein wird! Doch wenn Christus wiederkommt, wird dieses Wunder aller Wunder in einem Augenblick vollzogen sein. Tragt alle Aussagen über die Nichtigkeit des Leibes zusammen, bedenkt ihn in seiner ganzen

Schwachheit, Unvollkommenheit, Sünde und Todverfallenheit; und dann bewundert den Leib unseres Herrn in seiner Heiligkeit und Reinheit, Freude, Vollkommenheit und Unsterblichkeit und tröstet euch damit, dass beim Kommen des Herrn diese Verwandlung bei jedem Erwählten Gottes gleichfalls stattfinden wird. Alle Gläubigen werden in *einem* Augenblick diese wunderbare Veränderung erfahren.

Siehe und staune! Stell dir vor, diese Verwandlung würde jetzt bei dir eintreten! Was für eine Machtentfaltung! Meine Vorstellungskraft reicht nicht aus, um euch von dieser Verwandlung eine Beschreibung geben zu können; aber die, die bei der Wiederkunft des Sohnes Gottes noch am Leben sind, werden sie erfahren und ohne Tod in die Herrlichkeit eingehen. „Dies Verwesliche muss anziehen die Unverweslichkeit, und dies Sterbliche muss anziehen die Unsterblichkeit" (1.Kor 15,53). Darum werden die Leiber der dann noch lebenden Gläubigen in einem Augenblick von einem Zustand in den anderen versetzt, von der Nichtigkeit zur Verklärung, vom Zustand der Erniedrigung in den Stand der Herrlichkeit – und das alles durch die Macht des wiederkommenden Heilandes.

Das Wunder, das an denen geschehen soll, die bei der Wiederkunft des Herrn noch leben, ist erstaunlich. Doch bedenkt, dass, wenn der Herr zum zweiten Mal kommt, eine große Zahl von Gläubigen schon lange im Grab gelegen hat und die meisten schon längst in Verwesung übergegangen sind. Wenn das Grab aufgegraben würde, würde man nichts als Moder und Verwesung finden. Aber diese vermoderten Gebeine sind Überreste des Leibes der Erniedrigung des Gläubigen, und genau dieser wird verwandelt und dem verklärten Leib Christi ähnlich werden. Ja, staunt und betet im Blick auf dieses Wunder an und stellt euch die völlige Veränderung dieser zu Staub verfallenen Masse vor. Ja, auch dieser Staub wird zu der Herrlichkeit Christi verklärt werden. Welch ein Werk ist das und was für ein Heiland ist das, der ein solches Werk vollbringen wird!

Darüber hinaus sind viele von denen, die Christus auferwecken wird, schon vor so langer Zeit begraben worden, dass jegliche Spur von ihnen verschwunden ist; sie sind total mit der Erde verschmolzen und wenn nach ihren Gebeinen gesucht würde, wäre kein Stäubchen zu finden. Auch der zuverlässigste Forscher würde nicht ein einziges Teilchen von ihnen finden. Die Verstorbenen sind so sehr ein Teil der Mutter Erde geworden und mit ihr vereinigt, dass gar nichts von ihnen übrig geblieben ist, wie ein auf eine Meereswoge gefallener Regentropfen eins mit dem Wasser wird – und doch werden sie auferstehen. Der Posaunenschall wird sie zurückrufen aus dem Staub, mit dem sie vermischt sind. Der Staub wird sich zu Staub sammeln, die Atome werden wieder zusammengefügt und neu gebildet werden. Wächst nicht angesichts solcher Gedanken euer Staunen? Nimmt nicht euer Glaube mit Freuden dieses unbeschreibliche Wunder wahr?

Du Menschenkind, ich will dich in eine Kammer mit noch mehr Wundern führen. Es gibt viel tausende Kinder Gottes, denen ein Grab versagt wurde. Es sind Märtyrer, die wilden Tieren vorgeworfen oder ein Raub der Flammen wurden. Die Asche von Tausenden und Abertausenden, die auf dem Scheiterhaufen starben, wurde in alle Winde zerstreut, ja, sogar die Handvoll Asche, die im Scheiterhaufen übrig blieb, wurde von den erbarmungslosen Verfolgern in die Flüsse geworfen, um in den Ozean getragen zu werden. Die Körper der Märtyrer sind zerhackt und zerschlagen worden, und wer weiß, in welche Pflanzen und Gewächse oder in welche Tiere ihre Gebeine übergegangen sind. „Wie sollen denn diese wieder geformt und gebildet werden?", fragt ihr. „Wie ist es möglich, dass sie auferstehen?" Ich antworte: Dazu bedarf es eines Wunders und nur dadurch wird das Unmögliche möglich. Er, der jedes Atom aus dem Nichts erschaffen hat, kann auch jedes Atom aus der Zerstreuung sammeln. Der allwissende Herr der Natur macht jedes Molekül ausfindig und kennt seinen Ort und Geschichte wie ein Hirte seine Schafe. Wenn es für die Identität des Leibes nötig ist, jedes Atom zurückzuholen, so kann er es. Es wird allerdings nicht notwendig sein – und ich behaupte auch nicht, dass es notwendig wäre. Denn es kann sehr wohl noch echte Identität geben, ohne dieselbe Substanz. Wie ja auch mein jetziger Leib derselbe ist wie der, in dem ich vor 20 Jahren lebte; obwohl jetzt aller Wahrscheinlichkeit nach nicht das geringste Teilchen mehr das gleiche wie damals ist. Gott kann machen, dass derselbe Leib der Erniedrigung, den wir auf Erden tragen, den wir einen nichtigen Leib nennen, dem verklärten Leib Christi ähnlich werden wird. Keine Schwierigkeiten, wie groß sie auch sind, die von der Wissenschaft oder der Physik erhoben werden, können auch nur für einen Augenblick der Ausführung dieser Verwandlung durch Christus, den König, im Wege stehen.

Welche Wunder stehen uns bevor! Und in der Tat, es braucht Glauben, und wir danken Gott, dass wir ihn haben. Die Auferstehung Christi hat für immer in uns – über alle umstrittenen Fragen hinweg – die Gewissheit der Auferstehung aller derer, die in ihm sind, fest verankert. „Denn wenn wir glauben, dass Jesus gestorben und auferstanden ist, so wird Gott auch die, die entschlafen sind, durch Jesus, mit ihm einherführen" (1.Thess 4,14). Doch ist es ein Wunder aller Wunder, zu dem die Fülle der Gottheit erforderlich ist. Von wem anders, als von Gott, dem einen wahrhaftigen, wahren Gott, könnte gesagt werden, dass er unseren Leib verklären und seinem verklärten Leibe gleich machen wird!

Ich weiß wohl, wie schwach mein Zeugnis über dieses gewaltige Thema ist, es tut mir indes nicht allzu Leid. Denn ich möchte nicht, dass ihr auch nur für einen Moment bei meinen Worten stehen bleibt, sondern ich möchte einzig und allein, dass ihr den großen Gedanken von der Macht Christi, mit der er die Seinen auferwecken und ihren nichtigen Leib seinem verklärten Leibe gleich machen wird, selbst verstehen und ergreifen möchtet.

Nun wollen wir weitergehen. Jetzt kommen wir an die Stelle, auf die wir hinauswollten. Bedenkt zweitens: *DIESELBE KRAFT, DIE DIE TOTEN AUFERSTEHEN LÄSST, WOHNT JETZT IN DIESEM MOMENT IN CHRISTUS.*

In unserem Text heißt es: „... der unsern nichtigen Leib verwandeln wird, dass er gleich werde seinem verherrlichten Leibe nach der Kraft, mit der er sich alle Dinge untertan machen kann" (Phil 3,21). Es ist nicht irgendeine neue Kraft, deren Christus sich in den letzten Tagen bedienen und die er dann zum ersten Mal entfalten wird, sondern die Kraft, mit der er die Seinen von den Toten auferwecken wird, ist auch in diesem Augenblick vorhanden und geht inmitten seiner Gemeinde und unter den Menschenkindern von ihm aus. Ich bitte euch, das zu beachten und lade euch ein, mit mir der Spur des Textes zu folgen.

Lasst uns zuerst beachten, dass *alle Macht, durch die die letzte Verwandlung gewirkt wird, unserem Herrn Jesus Christus als dem Heiland zugeschrieben wird.* „...wir ... erwarten den Heiland, den Herrn Jesus Christus" (Phil 3,20). Wenn der Herr Jesus die Toten auferweckt, wird er es als *Heiland* tun, und gerade in dieser Hinsicht benötigen wir auch jetzt die Ausübung seiner Macht. Prägt dies tief in eure Herzen ein, meine Brüder! Wir suchen das Heil der Menschen und suchen nicht etwas Hoffnungsloses, denn Jesus Christus ist als Heiland imstande, sich alle Dinge untertan zu machen – das wird ausdrücklich in unserem Text gesagt. Es wird nicht gesagt, dass er sich als Totenerwecker alle Dinge untertan machen kann, sondern dass er es als Heiland tut, der Herr Jesus Christus. Er wird uns dargestellt als der Herr, der Heiland und der Gesalbte, der als solcher sich alle Dinge untertan machen kann.

Erfreuliche Nachrichten für uns! Meine Brüder, wie lang dürfen unsere Gebete für die Bekehrung von Menschenseelen sein, wie groß unsere Erwartungen, wie zuversichtlich unsere Bemühungen! Nichts ist unserem Herrn Jesus Christus zu schwer; nichts auf dem Weg des

Erlösungswerkes ist außerhalb seiner Macht! Wenn er als Heiland demnächst die Toten auferweckt, so kann er auch jetzt die geistlich Toten erwecken. Diese Scharen toter Seelen um uns herum in diesem Raum und auf den Galerien kann er wohl durch seine lebendig machende Stimme und seinen lebendigen Geist erwecken. Die Auferstehung wird durch die Wirksamkeit seiner allmächtigen Kraft geschehen, und dieselbe Tatkraft ist auch jetzt tätig. Die Kraft wohnt in ihm in aller Fülle, deshalb lasst uns ihn mit Macht anrufen und ihm keine Ruhe lassen, bis er diese gleiche Kraft jetzt wirken lässt.

Meint nicht, meine Brüder, dass dies etwas Außerordentliches und Ungewöhnliches wäre. Eure eigene Bekehrung geschah, wenn ihr wahrhaftig von eurem geistlichen Tod auferstanden seid, durch dieselbe Kraft und Wirkung, die wir auch an anderen wirken lassen möchten. Eure eigene Erweckung war in der Tat genauso bemerkenswert ein Erweis von göttlicher Macht, wie die Auferstehung selbst es sein wird. Ja, ich wage sogar zu behaupten, dass euer geistliches Leben heute oder an einem beliebigen Tag, in sich selbst eine Entfaltung derselben Wirkung ist, die euren nichtigen Leib in seinen herrlichen Zustand verwandeln wird. Die Kraft der Auferstehung tritt noch heute hervor, sie pulsiert durch den zum Leben gekommenen Teil dieser Versammlung, sie belebt jedes Herz, das mit Liebe für Gott schlägt; sie bewahrt den Lebenslauf in der Seele aller geistlich Lebendigen, sodass sie nicht wieder in ihren ehemaligen Sündentod zurückkehren. Die Wirkung der Auferstehung wird zwar eine wunderbare, aber keine neue sein. Sie ist überall in der Arbeit der Kirche Gottes genau in diesem Augenblick zu sehen, wenn man Augen hat, es zu sehen; und hier stimme ich mit dem Apostel in sein Gebet ein, „dass der Gott unseres Herrn Jesus Christus, der Vater der Herrlichkeit, euch gebe den Geist der Weisheit und der Offenbarung, ihn zu erkennen. Und er gebe euch erleuchtete Augen des Herzens, damit ihr erkennt, zu welcher Hoffnung ihr von ihm berufen seid, wie reich die Herrlichkeit seines Erbes für die Heiligen ist und wie überschwänglich groß seine Kraft an uns, die wir glauben, weil die Macht seiner Stärke bei uns wirksam wurde, mit der er in Christus gewirkt hat. Durch sie hat er ihn von den Toten auferweckt und eingesetzt zu seiner Rechten im Himmel über alle Reiche, Gewalt, Macht, Herrschaft und alles, was sonst einen Namen hat, nicht allein in dieser Welt, sondern auch in der zukünftigen. Und alles hat er unter seine Füße getan und hat ihn gesetzt der Gemeinde zum Haupt über alles, welche sein Leib ist, nämlich die Fülle dessen, der alles in allem erfüllt“ (Eph 1,17-23).

Beachtet weiter, dass der Text einschließt, *dass Widerstand gegen diese Macht zu erwarten ist*, dass aber alles Widerstreben überwunden werden wird. Der Ausdruck „untertan machen" setzt eine Gewalt voraus, die überwunden und unterworfen werden muss. „Er kann sich alle Dinge untertan machen." Hierin liegt ein großes Wunder. Gegen die Auferstehung wird es keinen Widerstand geben. Der Posaunenschall wird die Toten aus den Gräbern rufen, und kein Teilchen wird da sein, das diesem Ruf nicht folgt – aber die geistliche Auferstehung stößt auf Widerstand, auf einen Widerstand, der nur durch die Allmacht überwunden werden kann. Bei der Bekehrung von Sündern ist die natürliche Verdorbenheit eine widerstrebende Macht; denn der Mensch ist auf Sünde ausgerichtet und liebt göttliche Dinge nicht, genauso wenig hat er ein Ohr für die Stimme der Gnade. Meine Brüder, um all unsere Befürchtungen über die Fähigkeit unseres Herrn zu erretten hinwegzunehmen, heißt es: „Er kann" – nicht nur alle von den Toten auferwecken, sondern – „sich alle Dinge untertan machen."

An dieser Stelle möchte ich euch noch einmal bitten, die Ermutigung anzunehmen, die euch der Text bietet. Mag auch das Evangelium mit Widerstand zu kämpfen haben, Christus kann ihn überwinden. Wenn es bei einem Menschen Vorurteile gibt, oder das Herz eines anderen finster ist im Irrtum, wenn jemand schon allein den Namen Jesus hasst und ein anderer so sehr mit der Sünde verwachsen ist, dass er sich nicht von ihr trennen kann, wenn bei einigen anderen entschiedener Widerstand zu erkennen ist, trifft nicht unser Text auf jeden Fall zu? Er kann „sich alle Dinge untertan machen". O, tragt dies vor den Gnadenthron, ihr, die ihr in diesem Monat Menschenseelen gewinnen wollt! Tragt es ihm vor und erbittet dieses Wort des Heiligen Geistes in einfältigem, kindlichem Glauben. Wenn euch Schwierigkeiten entgegentreten, die ihr nicht überwinden könnt, tragt sie zu ihm, denn „er kann sich alle Dinge untertan machen".

Bemerkt als Nächstes, *dass die Ausdrucksweise unseres Textes alle möglichen Fälle einschließt* ... „Er kann sich alle Dinge untertan machen", nicht hier und dort einmal, sondern *alle* Dinge. Brüder, es gibt keinen Menschen in der Welt, der so gefallen, so schlecht, so tief gesunken und willentlich gottlos ist, dass Jesus ihn nicht retten könnte – nicht einmal unter denen, die jenseits der Reichweite von gewöhnlicher Seelsorge sind. Er kann die Heiden zum Evangelium oder das Evangelium zu ihnen bringen. Die Räder der Vorsehung können so eingestellt werden, dass den Verworfenen das Heil gebracht wird; sogar Krieg, Pest und Hungersnot können Christi Boten werden, er fährt auch auf den Flügeln des Windes.

Vor einigen Jahren lebte in Perugia in Italien ein Mann, im höchsten Grade unmoralisch und in denkbar schlechter Verfassung. Er hatte jegliche Religion aufgegeben, hasste Gott und war in einen derart verzweifelten Gemütszustand geraten, dass er eine Zuneigung zu dem Teufel gewonnen hatte und sich bemühte, ihn anzubeten. Da er Satan für den Inbegriff und die Verkörperung aller Empörung, aller Beliebigkeit und Gesetzlosigkeit hielt, vergötterte er ihn in seinem Sinn und wünschte nichts sehnlicher, als selbst ein Teufel zu sein. Eines Tages, als ein protestantischer Missionar in Perugia gepredigt hatte, geschah es, dass ein Priester in Hörweite dieses Mannes davon sprach, dass Protestanten in Perugia seien, die Stadt sei verunreinigt durch Ketzer. „Und was denkt ihr, was Protestanten sind?“, fragte der Priester. „Es sind Leute, die Christus verleugnen und den Teufel anbeten.“ Dies war eine schwere, unverschämte Lüge, doch sie nahm einen ganz anderen Ausgang, als der Sprecher beabsichtigte. Als der erwähnte Mann diese Worte hörte, dachte er: „O, dann will ich zu diesen Leuten gehen, denn ich teile ihre Ansicht!“, und er ging in die evangelische Versammlung, in der Hoffnung, dort eine Gemeinschaft zu finden, die Gesetzlosigkeit und Teufelsdienst veranstaltete. Statt dessen hörte er hier das Evangelium und wurde gerettet.

Wie deutlich ist hier wie in tausend ähnlichen Fällen die Wirkung unseres Herrn zu erkennen, der sich alle Dinge untertan machen kann! Wie könnte irgendjemand, den Gott zur Rettung auserkoren hat, der ewigen Liebe entrinnen, die so allgegenwärtig ist wie die Gottheit selber! Wenn die Fernstehenden nicht mit seinem Schwert zu erreichen sind, so kann er sie mit seinen Pfeilen erreichen und diese in die Herzen der Feinde dringen lassen. Kein trotziger Goliath kann vor unserem David bestehen; auch wenn die Waffe, die er heute benutzt, nur ein Steinchen vom Bach ist – doch Christus wird die Philister überwinden. Sollte hier ein Gottesleugner, ein Ungläubiger, ein Katholik, ja, selbst ein Teufelsdiener anwesend sein – er ist doch ein Mensch, darum kann ihn die Gnade erreichen. Jesus Christus kann ihn wohl sich untertan machen. Keiner ist zu weit abgewichen, keiner ist zu verhärtet. Weil Christus im Himmel wohnt, brauchen wir nie an einem Menschen zu verzweifeln, solange er in diesem Leben ist. Er kann „sich alle Dinge untertan machen“.

Ihr werdet bemerken, dass in unserem Text *nichts über die Untüchtigkeit der Werkzeuge gesagt wird.* Ich befürchte oft, dass manche Seelen aufgrund unserer unvollkommenen Mitwirkung nicht gerettet werden, ich fürchte, wir könnten nicht gebetsfreudig oder tatkräftig oder ernsthaft genug gewesen sein, oder dass es in Bezug auf uns heißen müsste: „Er tat dort nicht viele Zeichen wegen ihres Unglaubens“ (Mt 13,58). Doch der

Text scheint den Menschen völlig auszublenden. „Er kann sich alle Dinge untertan machen“, heißt es, das bedeutet, *Jesus* tut es, *Jesus* kann es tun, er wird es ausschließlich tun. Durch die schwächsten Werkzeuge kann er machtvoll wirken, kann von uns Besitz ergreifen; untüchtig, wie wir zu seinem Dienst sind, kann er uns tüchtig machen; er kann uns in unserer Torheit ergreifen und kann uns Weisheit lehren, nimmt uns in unserer Schwachheit und macht uns stark. Meine Brüder, wenn wir in uns selbst Hilfsquellen finden könnten und auf uns selbst angewiesen wären, so müsste wohl unser Vorhaben verfehlt sein; da aber *er* es kann, wollen wir die Last dieses Unternehmens auf *ihn* werfen, in gläubigem Gebet zu *ihm* gehen und *ihn* bitten, dass er mächtig durch uns wirke zum Preis seiner Herrlichkeit, denn „er kann sich alle Dinge untertan machen“.

Der Text sagt, wie ich schon angedeutet habe, dass *der Herr Jesus diese Kraft auch jetzt schon besitzt.* Ich habe schon darauf hingewiesen, doch will ich noch einmal darauf zurückkommen. Die Auferstehung ist zwar ein Ereignis der Zukunft, doch die Wirkung, die Kraft, durch die sie ausgeführt werden wird, ist eine Sache der Gegenwart. „... nach der Kraft, mit der er sich alle Dinge untertan machen kann“, ist der Herr Jesus jetzt genauso mächtig, wie er es immer war und sein wird, denn er ändert sich nicht. Er kann in diesem Augenblick genauso Seelen zur Umkehr bewegen, wie er es zur Zeit der herrlichsten Erweckung und auch am Pfingstfest getan hat. In seiner Macht gibt es weder Ebbe noch Flut. Die Allmacht ist in der Hand, die einst durchbohrt wurde und bleibt dort immerdar. O, wenn wir sie nur wecken, wenn wir nur den Herzog unserer Seligkeit auf das Feld hinabrufen könnten, um für seine Gemeinde zu kämpfen, durch seine Knechte zu wirken! Welche Wunder würden wir sehen! In *ihm* sind wir nicht eingeschränkt, sondern nur in uns selbst.

Noch einmal, zu euerm Trost sei daran erinnert: auch wenn sich seit einiger Zeit nicht viele zu Christus bekehrt haben, ist dies kein Beweis, dass die Macht des Herrn kleiner geworden ist. Es ist ja bekannt, dass bis jetzt leider verhältnismäßig wenige von den Toten auferstanden sind, dass zum Beispiel nur Lazarus oder der Jüngling vor den Toren von Nain erweckt wurde. Bezweifelt aber deshalb nicht die Macht des Herrn, Tote zu erwecken! Mag er auch verziehen, wir wollen seiner Macht nicht misstrauen, als ob er nicht zu seiner Zeit seine Verheißungen erfüllen könnte. Die Macht, die sozusagen verzieht und nicht jetzt das Werk der Auferstehung ausführt, ist dieselbe, die sich für eine Weile in der christlichen Kirche zurückhält, die sich aber so gewiss zu seiner Zeit in der Bekehrung von Seelen offenbaren wird, wie am Ende der Tage in der Auferstehung der Toten. Lasst uns nur ernsthaft und inbrünstig zum Herrn rufen! Er braucht es nur zu wollen, so werden tausende von Sündern bekehrt; lasst uns unsere Herzen zu ihm emporheben, bei dem es nur eines Wortes bedarf, dass die Völker sich zu ihm bekehren. Die Auferstehung wird kein Werk sein, das Jahrhunderte in Anspruch nimmt, sie geschieht vielmehr schnell. Könnte es nicht auch in diesem Gotteshaus, in London, in der ganzen Welt so sein, dass der Herr zum Erstaunen aller Zuschauer plötzlich ein großes Werk verrichtet? „Der Herr wird das Zepter deiner Macht ausstrecken aus Zion. Herrsche mitten unter deinen Feinden!" (Ps 110,2). Er wird die Bataillone von ihnen entwaffnen, die Minen sprengen, ihre Stadt einnehmen und siegreich durch ihre Reihen ziehen. Wer könnte *ihm* widerstehen!

Ich wünschte, wir könnten die Parallele zwischen der Auferstehung und dem „sich alle Dinge untertan machen" heute näher beleuchten. Die durch göttliche Allmacht gewirkte Auferstehung und das „sich alle Dinge untertan machen" ist ein genaues Bild von der Errettung der Sünder. Alle Menschen sind tot in Sünden, aber Jesus kann sie erretten. Viele sind durch Laster verdorben, *er* aber kann sie wohl umwandeln. Manche sind anscheinend aller Hoffnung beraubt, wie die toten Körper in alle Winde zerstreut, verzweifelte Fälle, an denen, wie es scheint, sogar Mitleid seine Seufzer nur verschwendet; aber er, der Tote aller Art auferweckt, kann mit einem Wort durch dieselbe Macht auch Sünder aller Art ins Leben rufen. Wie die auferstandenen Gläubigen dem Heiland gleich gemacht werden, so soll auch der Gottlose, wenn er sich bekehrt, Christus ähnlich werden. Die, die in schrecklichen Lastern versunken waren, sollen zu leuchtenden Monumenten der göttlichen Gnade erhoben, die Lasterhaftesten und Ausschweifendsten sollen die eifrigsten und ernsthaftesten Kinder Gottes werden. Von dem nichtigen Leib zur Herrlichkeit des Auferstehungsleibes – welch ein Sprung! Von einem verdammungswürdigen Sünder zu einem Heiligen, leuchtend im Glanz der Heiligkeit – welch eine Verwandlung! Der Sprung erscheint sehr groß, aber die Allmacht kann den Graben überbrücken. Der Heiland, der Herr Jesus Christus, kann es. Er kann es in tausend und abertausend Fällen, kann es in genau diesem Augenblick tun.

Es ist mein sehnlichster Wunsch, meine Brüder und Schwestern, euch diesen einen Gedanken tief ins Herz zu prägen, ja, ihn euch in die Handflächen zu schreiben, mit denen ihr dem Herrn dienen werdet. Lernt ihn, und vergesst ihn nicht: Allmächtige Kraft liegt auf Jesus, um das zu vollenden, worauf unser Herz gerichtet ist, nämlich viele zu ihm zu bekehren.

Drittens wollen wir uns noch *das Werk ansehen, das wir so gerne vollendet sehen wollen.*

Brüder, wir sehnen uns danach, die Seelen dem *Herrn selbst* untertan zu machen. Nicht unserer Denkweise, nicht unserer Kirche, nicht zu Ehren unserer Überredungsgabe, sondern ihm selbst. „Er kann sich alle Dinge untertan machen." O Sünder, wie sehr wünsche ich, dass du Jesus untertan wärst, dass du die teuren Füße küsst, die für dich durchbohrt wurden, dass du den im Leben liebst, der dich bis in den Tod geliebt hat! O Seele, es wäre eine gesegnete Unterwerfung für dich! Kein Untertan eines irdischen Monarchen wäre unter der Herrschaft seines Königs so glücklich wie du! Gott ist unser Zeuge, dass wir, die wir das Evangelium verkündigen, nicht darauf aus sind, euch uns selbst untertänig zu machen, als wollten wir über euch regieren und Herren über euren Geist sein – nein, für Jesus, nur für ihn, möchten wir euch gewinnen. O, dass ihr diese Unterwerfung doch begehrt! Ihr würdet erfahren, dass dies Freiheit, Friede und Freude für euch bedeutet!

Beachtet, dass dieses Untertansein äußerst begehrenswert ist, da es Verwandlung in sich schließt. Begreife den Gedanken in diesem Text: Christus verklärt den nichtigen Leib, dass er ähnlich werde seinem verklärten Leib, und dies ist ein Teil von dem „sich selbst alle Dinge untertan machen". Doch nennt ihr das Unterwerfung? Ist das nicht eine Unterwerfung, nach der wir uns mit unstillbarem Verlangen sehnen sollten, Christus so untertan zu sein, dass ich, ein armer, unwürdiger Sünder heilig, unschuldig, unbefleckt, ihm ähnlich werden kann?

Dieses Untertansein wünschen wir euch, ihr Unbekehrten! Wir sind gewiss, dass wir selbst es erfahren haben und bitten, dass auch ihr es erfahrt. Er kann euch dazu verhelfen. Bittet ihn sofort darum! Sendet ein stilles Gebet empor, glaubt, dass der Heiland jetzt das Werk der Verwandlung in euch verrichten kann, jetzt, in diesem Augenblick! Und ihr, meine Brüder im Glauben, habt jetzt Glauben für die Sünder! Vereinigt eure Gebete mit den ihrigen, dass diese Unterwerfung, die eine Erhebung und eine Befreiung ist, in ihnen gewirkt werden mag!

Christus untertan sein heißt, geeignet für den Himmel zu sein. Er wird unseren nichtigen Leib verklären, dass er ähnlich werde seinem verklärten Leib. Der verklärte Leib ist ein Leib, der für die Herrlichkeit geeignet ist, ein Leib, der teilnimmt an der Herrlichkeit. Der Herr Jesus kann dich, o Sünder, obwohl du jetzt nur für die Hölle tauglich bist, für den Himmel geschickt und für die Herrlichkeit geeignet machen. Er kann dir durch die Vergebung deiner Sünden deiner Seele Freude und Frieden und dadurch einen Vorgeschmack von jener Herrlichkeit schenken.

Es kann eine sehr schlimme Sache sein, unter bestimmten Umständen Soldat zu sein, zu zerstören, zu töten und Blut zu vergießen, auch für eine gerechte Sache ist es eine grausame Arbeit; aber ein Streiter des Königs Jesus zu sein, ist nur eine Ehre und Freude. Der Dienst für Jesus ist ein herrlicher Dienst. Brüder, wir haben versucht, viele Herzen der hier Anwesenden zu erobern, sie für Jesus zu gewinnen. Bis zu dieser Stunde ist es eine lange, ermüdende Belagerung gewesen. Wir haben sie zur Übergabe aufgefordert und das Feuer des Evangeliums auf sie eröffnet, doch wohl vergeblich. Indem ich sie warnte und sie ermahnte, habe ich versucht, einige Lebensbomben in ihre Stadt zu werfen. Ich weiß, es hat in einigen Herzen von euch wohl Explosionen gegeben, die unter euren alten Sünden großen Schaden angerichtet und kleinere, die vielleicht zu großen Verbrechen herangewachsen wären, getötet haben. Ihr seid durch Vorsehung und Gnade umsorgt und zurückgehalten worden. Eure Herzen haben in der Sünde keinen Grund zu Freude und in der Ungerechtigkeit keine Hilfe zum Frieden gefunden. Wie gern möchte ich euch aushungern lassen, bis ihr euch meinem Herrn, dem Kronprinzen, unterwerft, der euch auch heute wieder auffordert, euch ihm zu übergeben! Es ist schrecklich, eine Stadt zu zwingen, dem Feind wider Willen ihre Tore zu öffnen, denn wie milde auch der Feind sein mag, sein Angesicht ist den Besiegten ein höchst unwillkommener Anblick. Aber wie sehr wünsche ich, heute die Tore eines Sünderherzens aufzuschließen, damit der Fürst Immanuel seinen Einzug halten kann! Er, der an deinen Toren steht, ist kein feindlicher Herrscher, sondern dein rechtmäßiger König, dein Freund, der dich liebt. Du wirst kein fremdes Angesicht sehen, wenn Jesus kommt, um in dir zu regieren. Wenn der König in seiner Schöne deine Seele erobert, wirst du dich für einen tausendfachen Toren halten, weil du ihn nicht eher aufgenommen hast. Statt zu fürchten, dass er dich berauben und ausplündern wird, wirst du ihm alle Türen deines Herzens auftun und ihn bitten, jeden Raum, jede Ecke zu durchsuchen. Du wirst rufen: „Nimm alles hin, du gesegneter Herrscher; wenn es dein ist, wird es erst recht mein sein! Nimm alles, herrsche und regiere!“

Ich lege dir Bedingungen zur Kapitulation vor, o Sünder. Es sind nur diese: Übergib dich selbst dem Herrn Jesus, gib deine eigenen Werke und Wege auf, beide, gute und böse, übergib dich ganz ihm zur Errettung und diene ihm hinfort für immer. Während ich dich so einlade, vertraue ich darauf, dass er durch mich zu dir redet und dich für sich gewinnt. Ich werde nicht umsonst bitten und werben; sein Wort wird nicht auf die Erde fallen. Ich komme noch einmal auf das köstliche Trostwort aus unserem Text zurück: „Er kann sich alle Dinge untertan machen.“ Möge er heute Morgen seine Macht unter Beweis stellen! Amen, ja, Amen.

Die kommende Auferstehung[33]

„Wundert euch darüber nicht. Denn es kommt die Stunde, in der alle, die in den Gräbern sind, seine Stimme hören werden, und werden hervorgehen, die Gutes getan haben, zur Auferstehung des Lebens, die aber Böses getan haben, zur Auferstehung des Gerichts."

Johannes 5,28.29

Der Glaube an die Auferstehung der Toten ist das Einzigartige des christlichen Glaubens. Ein paar Philosophen kamen zwar mit dem natürlichen Menschenverstand und unter Zuhilfenahme von einem Rest verbliebener Tradition oder auch Anleihen beim Judentum auf die Unsterblichkeit der Seele; dass aber der Leib wieder auferstehen sollte, dass es dort ein anderes Leben für diese leibliche Gestalt geben sollte, das war eine Hoffnung, die erst durch die Offenbarung Jesu Christi ans Licht gebracht wurde. Kein Mensch hätte sich ein so großes Wunder ausdenken können, vielmehr beweist der Mensch seine Unfähigigkeit, so etwas überhaupt denken zu können, dadurch, dass er noch immer, wie die Athener, als sie zum ersten Mal davon hörten, darüber spottet. „Können diese vertrockneten Totengebeine leben?", so höhnt der Spötter immer noch.

Das Licht von der Auferstehung der Toten ist durch die Hand, die einst durchbohrt war, entzündet. Sie ist wirklich in mancher Hinsicht der Hauptschlüssel zur christlichen Arche. Und sie ist in unserem Glauben eng mit der Person Jesu Christi verbunden und einer der glänzendsten Edelsteine in seiner Krone. Oder soll ich sie den Siegelring an seinem Finger nennen, durch den Christus als der mit königlicher Autorität bekleidete Gesandte Gottes ausgewiesen ist? Die Lehre von der Auferstehung sollte viel häufiger gepredigt werden, gehört sie doch wesentlich zum Evangelium.

---

[33] Gehalten im Metropolitan Tabernacle, Newington, ohne Datum.

Hört, was der Apostel Paulus sagt, als er das Evangelium beschreibt, das er verkündigt und durch das selig wird, wer es glaubt: „Ich erinnere euch aber, liebe Brüder, an das Evangelium, das ich euch verkündigt habe, das ihr auch angenommen habt, in dem ihr auch fest steht, durch das ihr auch selig werdet, wenn ihr es festhaltet in der Gestalt, in der ich es euch verkündigt habe; es sei denn, dass ihr umsonst gläubig geworden wärt. Denn als Erstes habe ich euch weitergegeben, was ich auch empfangen habe: Dass Christus gestorben ist für unsere Sünden nach der Schrift; und dass er begraben worden ist; und dass er auferstanden ist am dritten Tage nach der Schrift" (1.Kor 15,1-4).

Mit der Auferstehung Christi beweist er die Auferstehung aller Toten und hebt ausdrücklich hervor, dass sowohl der Glaube der Christen wie auch das Predigen vergeblich sind, wenn Christus nicht auferstanden wäre. In den ersten christlichen Gemeinden war die Lehre von der Auferstehung die Streitaxt und Hauptkriegswaffe des Predigers. Wohin die ersten Missionare auch kamen, machten sie dies ganz deutlich, dass es nach dem Evangelium ein Gericht geben wird und dass die Toten wieder auferstehen werden, um durch den Mann Christus Jesus gerichtet zu werden. Wenn wir Jesus Christus, den Auferstandenen, ehren wollen, so müssen wir auch dieser Wahrheit eine ganz besondere Bedeutung einräumen.

Außerdem ist diese Lehre das hauptsächliche Mittel gewesen, um den Menschen in seinem Herzen zu wecken. Wenn wir davon ausgehen, dass sich unser Tun nur auf das gegenwärtige Leben auswirkt, leben wir gedankenlos; wenn wir aber die Entdeckung machen, dass unser Tun die weitreichendsten Folgen hat und davon unser ewiges Wohl oder Wehe abhängt, so sehen wir es mit ganz anderen Augen. Welcher Posaunenton könnte dem gleichgültigen Sünder erschreckender, welcher Weckruf könnte aufrüttelnder sein, als die Nachricht, dass es nach diesem Leben ein jenseitiges gibt, dass die Menschen vor dem Richterstuhl Christi stehen müssen, um Rechenschaft abzulegen, wie sie in ihrem Leben gehandelt haben, es sei gut oder böse! Diese Lehre werde ich an diesem Morgen versuchen zu verkündigen, mit dem Ziel, zur Ehre Christi und zur Erweckung der Gleichgültigen zu predigen. Gott möge es gelingen lassen und reichlich den ersehnten Erfolg schenken!

Zunächst wollen wir versuchen, den *Text zu erklären* und zweitens uns bemühen, *zu lernen, was er uns zu sagen hat.*

Zuerst werden wir den Text erklären. Keine Ausführung kann lehrreicher sein als die wortgetreue Betrachtung. Wir wollen uns jedes Wort vornehmen und seinen Sinn erwägen.

Zunächst heißt es: „Wundert euch darüber nicht." Der Heiland redet hier von zwei verschiedenen Arten von Leben, die er als Sohn Gottes geben kann.

Die erste ist seine Macht, die Toten aus ihren Gräbern zu einem neuen, körperlichen Leben zu erwecken. Er bewies diese Macht bei einigen Gelegenheiten in seinem Leben, nämlich vor den Toren Nains, in der Kammer des Töchterchens des Jairus und am Grab des schon in Verwesung übergegangenen Lazarus. Als Jesus auf der Erde war, hatte er Macht und hat sie noch jetzt, sodass er, wenn es ihm gefiele, er auch jetzt die Entschlafenden auferwecken und sie in dieses sterbliche Leben zurückholen könnte, damit sie wieder die Freuden und Schmerzen und Pflichten dieses Lebens teilen. „Denn wie der Vater die Toten auferweckt und macht sie lebendig, so macht auch der Sohn lebendig, welche er will" (Joh 5,21).

Nachdem der Herr einige Augenblicke bei dieser seiner Leben gebenden Macht verweilt hatte, geht er *zu einer zweiten Entfaltung* über, indem er bezeugt, dass jetzt die Zeit da ist, in der seine Stimme *zur Belebung der geistlich Toten* zu hören ist. Die geistlich Toten, das sind Menschen, die tot sind für Glauben und Heiligkeit, tot für Gott und die Gnade; Menschen, die eingesargt sind in den Grabgewändern übler Gewohnheiten und in den Särgen ihrer Verdorbenheit, die tief unten in den Gräbern ihrer Missetaten verfaulen. Von diesen Menschen sagt der Herr Jesus im Evangelium, dass sie leben sollen; ihnen soll geistliches Leben geschenkt werden. Ihre toten Seelen werden aus dem langen, schrecklichen Schlaf aufgeweckt und durch das Wirken Gottes belebt.

Beide Auferstehungsweisen sind wahrlich Wunder. Die Auferstehung des natürlichen Menschen zum natürlichen Leben ist ein großes Wunder; wer würde nicht tausend Meilen gehen, um so etwas zu sehen! Aber die Auferstehung des toten Geistes zu geistlichem Leben ist ein noch viel größeres Wunder. Aber obwohl beides großartige Wunder sind, die wir mit Recht bestaunen, so gibt es doch auch misstrauischen Unglauben, der eine Beleidigung für den Herrn ist. Der sanfte, milde Heiland will den Gegnern, die über seine Ansprüche erstaunt waren, gleichsam sagen: „Ihr braucht euch über diese beiden Ansprüche nicht zu wundern; ich beanspruche noch eine andere Macht der Neubelebung, über die ihr noch viel mehr staunen werdet. Es wird sich etwas ereignen, was ihr jedenfalls für viel staunenswerter halten werdet, als irgendetwas, was ihr mich habt tun sehen oder worauf ich Anspruch erhebe. Es wird eine Zeit kommen, dann werden alle, die in den Gräbern sind, unzählige Scharen in den Todestälern, auf meinen Ruf alle zugleich auferstehen und vor meinem Richterstuhl stehen.

Euch, liebe Brüder im Glauben, ist die Auferstehung der Toten ein nicht so großes Wunder wie die Errettung toter Seelen, und tatsächlich ist die Auferstehung einer Leiche aus dem Grab keineswegs ein so großes Wunder wie die Auferstehung einer toten Seele aus dem Sündenschlaf. Gibt es doch in der Auferstehung eines toten Leibes keinen Widerspruch und Widerstand gegen die Hand der Allmacht. Gott spricht und es geschieht. Dagegen ist bei der Errettung einer toten Seele die innere Todesnatur mächtig, und diese widersteht der Leben spendenden Macht der Gnade, sodass die Wiedergeburt weniger ein Sieg als vielmehr eine Schöpfung ist, ein vollständiges Wunder, eine glorreiche Entfaltung von zwei Dingen, nämlich von Gnade und Macht. Trotzdem scheint allen, die sich noch durch den fleischlichen Sinn regieren lassen, aus verschiedenen Gründen die Auferstehung von den Toten ein größeres Wunder. Zu Lebzeiten unseres Heilandes waren nur verhältnismäßig wenige geistlich auferstanden, dagegen gilt die Auferstehung der Toten für alle Menschen, die je gelebt haben.

Wahrlich ein großes Wunder! Alle Adamskinder, alle, deren Leiber die Erde befruchtet haben, jeder einzelne von ihnen, soll wieder auferstehen! Wie in unseren Tagen, so wurden auch zur Zeit des Heilandes einzelne Seelen erweckt. In all den Jahren der Geschichte der Menschheit geschieht die Wiedergeburt der Erwählten. Doch wird die Auferstehung der Toten auf einmal stattfinden. Beim Schall der Posaune des Erzengels werden die Gerechten auferstehen zu ihrer Herrlichkeit; nach ihnen werden die Ungerechten auferstehen zu ihrer Schande. Doch wird die Auferstehung nicht nach und nach stattfinden, keine lange Entwicklung sein, sondern alle unzähligen Millionen werden sich auf einmal erheben. Kein Wunder, dass dies für einen bloß natürlichen Sinn ein großes Wunder ist. Einen Friedhof plötzlich von einer großen Versammlung belebt zu sehen; ein Schlachtfeld, wo Tausende gefallen sind, das alle Erschlagenen wieder herausgibt – was muss das sein! Der plötzliche Vorgang müsste ja auch den fleischlichsten Sinn in Staunen und Schrecken versetzen und das Wunder zu einem unvergleichlich großen machen.

Außerdem, meine Brüder, ist die Auferstehung von den Toten eine Sache, die auch solche Menschen wie die Juden gut begreifen konnten, weil sie mit etwas Gegenständlichem, mit dem Leib, zu tun hat. Hier gibt es etwas zu sehen, zu betasten und zu befühlen, sie ist etwas, was Ungeistliche Wirklichkeit nennen. Wenn auch euch und mir, sofern wir geistliche Menschen sind, die geistliche Auferstehung ein größeres Wunder ist, ihnen scheint die Auferstehung der Toten wunderbarer, weil sie sie begreifen können und sich einen Begriff davon in ihr ungeistliches Wesen prägen können. Der Heiland sagt ihnen deshalb, wenn schon die ersten Aussagen sie zum Staunen und Zweifeln gebracht haben, was dann wohl diese Lehre bewirkt, dass nämlich auf den Ruf Christi hin in einem Augenblick alle Toten auferstehen werden?

Geliebte, lasst uns hieraus in aller Demut eine Lehre ziehen. Wir sind von Natur aus den damaligen Juden sehr ähnlich: wir wundern uns misstrauisch, ungläubig, wir wundern uns, wenn wir neue Erweise der Größe des Herrn Jesus Christus erfahren. Unsere Herzen sind so eng, dass wir nicht in der Lage sind, seine Herrlichkeit in ihrer Fülle aufzunehmen. Ja, wir lieben ihn und trauen ihm, wir halten ihn für den Schönsten, den Größten, den Besten und Mächtigsten, hätten wir aber eine umfassendere Sicht von dem, was er tun kann, so wäre wahrscheinlich unser Staunen nicht mit dem geringstem Zweifel vermischt. Bis jetzt haben wir nur eine schwache Ahnung von der Macht und Herrlichkeit des Herrn. Wir akzeptieren natürlich die Lehre von seiner Gottheit, sind orthodox genug, haben es aber nicht wirklich erfasst, dass er Herr Gott, der Allmächtige, ist.

Kommt es uns nicht manchmal unglaublich vor, dass sich dieser oder jener schrecklich gottlose Mensch bekehren könnte? Und doch, wie könnte es unmöglich sein bei dem, der Tote auferwecken kann! Scheint es dir nicht unmöglich, dass du die Trübsal, die dich drückt oder dir droht, ertragen kannst? Wie könnte es aber unmöglich sein bei dem, der die vertrockneten Gebeine lebendig macht und die Toten aus den Gräbern ruft? Es kommt dir manchmal unwahrscheinlich vor, dass du je von deiner Verdorbenheit befreit und vollkommen, ohne Flecken, sein solltest, – aber weshalb solltest du es denn nicht? Was könnte er, der Tausende und Millionen, die schon lange im Grab geruht haben, aus dem Grab rufen und vor seinen Thron versammeln kann, an den Seinen ausrichten! O, zweifle doch nicht länger; lass auch die größten Wunder seiner Liebe und Gnade, seiner Macht und Herrlichkeit dich nicht zu einem ungläubigen Verwundern veranlassen, sondern sag vielmehr, wenn sich wieder ein neues Wunder vor deinen Augen erhebt: „Es ist von einem solchen Gott zu erwarten. Kann er sich doch alle Dinge untertänig machen. Hat er doch die Welt erschaffen, das Firmament gebaut und den Sternen ihre Bahn gewiesen; hat doch durch ihn alles sein Bestehen – wie sollte ich denn auch beim Anschauen des größten Wunders erstaunt sein!" Die ersten Worte unseres Textes drängen uns also zum Glauben und tadeln alles ungläubige Staunen.

Lasst mich jetzt eure Aufmerksamkeit auf den *zweiten* Satz lenken. „Es kommt die Stunde", sagt der Herr. Ich denke, er nennt es „die Stunde", um uns darauf aufmerksam zu machen, wie nahe in seinen Augen die Zeit ist, zumal wir ja nicht nach der genauen Stunde eines Ereignisses Ausschau halten, wenn es noch in weiter Ferne ist. Man pflegt bei einem Ereignis, das sich vielleicht erst in hunderten von Jahren ereignen wird, zuerst nur nach Jahren zu rechnen; erst, wenn es ziemlich nahe gekommen ist, spricht man von Monaten oder dem Tag des Monats. Wenn man von der genauen Stunde spricht, so ist das ein Zeichen, dass es ziemlich nahe sein muss.

Der Herr Jesus will uns sagen, dass nach Gottes Auffassung, mögen wir es für wahr halten oder nicht, der Tag der Auferstehung ganz nahe ist. Mögen auch jetzt noch tausend Jahre vergehen, vor Gott sind ja tausend Jahre wie ein Tag. Der Herr Jesus will uns veranlassen, uns über Gottes Zeitrechnung Gedanken zu machen, die eine ganz andere ist. Wenn es sich überhaupt um Zeit handelt, muss es eine kurze sein; und auch wir werden sie, wenn sie erst vergangen und der Tag gekommen ist, als eine solche ansehen. Das ist nützliche Weisheit, das, was unvermeidbar ist, nahe heranzulassen, umso mehr, wenn wir leben, als wäre schon morgen der Tag, an dem der Posaunenton erschallt und uns vor Gottes Richterstuhl ruft.

„Es kommt die Stunde", sagt der Heiland und will uns damit *die unzweifelhafte Tatsache des Gerichtes* bezeugen. Es gibt manche Ereignisse, die sich ereignen können oder auch nicht. Kaiser und Könige können vielleicht leben oder sterben, ihre Söhne können nach ihnen den Thron besteigen, oder der Thron kann gestürzt und in alle Winde zerstreut werden; Dynastien können bestehen oder auch wie Herbstblätter verwelken; es kann sein, dass die größten Ereignisse, die wir für unvermeidlich halten, nie eintreten werden; ein anderes Rad in dem großen Geschehen der Vorsehung, das bis dahin unseren Augen verborgen geblieben ist, mag vielleicht die Ereignisse in eine ganz andere Richtung lenken, als wir es uns in unserem kurzsichtigen Denken vorgestellt hatten – aber die Stunde der Auferstehung ist gewiss, wie fraglich und zweifelhaft alles andere auch sein mag. Die Stunde kommt, sie kommt ganz gewiss. Im göttlichen Ratschluss ist dieser Tag der Tag, für den alle anderen Tage gemacht wurden; und sollte es auch möglich sein, dass ein Beschluss des Allmächtigen geändert werden könnte, dieser könnte es nie, „denn er hat einen Tag festgesetzt, an dem er den Erdkreis richten will mit Gerechtigkeit durch einen Mann, den er dazu bestimmt hat, und hat jedermann den Glauben angeboten, indem er ihn von den Toten auferweckt hat“ (Apg 17,31).

„Es kommt die Stunde.“ Bedenkt, meine Lieben, dass diese allerernsteste Stunde im Kommen ist, dass jeder Augenblick, jede Sekunde, sie näher bringt. Während ihr hier in diesem Gotteshaus sitzt, seid ihr diesem Ereignis schon näher gekommen. Wie der Klöppel einer Glocke unaufhörlich weiter schlägt, wie das Herz der Zeit, wie die Morgendämmerung dem Abendschatten Platz macht und die Jahreszeiten sich in beständigem Kreislauf folgen, so sind wir in dem Strom der Zeit dem Ozean der Ewigkeit näher getrieben. Wie auf den Flügeln eines mächtigen Engels getragen, der in seinem unvergleichlichen Flug nie ruht, so reise ich vorwärts dem Richterthron Gottes entgegen. Meine Brüder, durch diesen selben Flug werdet auch ihr vorwärts getrieben. Seht also die Auferstehung als ein Ereignis an, das stets im Kommen ist, das sich geräuschlos Stunde um Stunde immer weiter nähert. Solche Betrachtungen werden euch von großem Segen sein.

Die Worte unseres Herrn hören sich an, als würde die eine Stunde, von der er sprach, alle anderen Ereignisse völlig in den Schatten stellen, als würde die Stunde, die eine Stunde, die letzte Stunde, *die* Stunde, die königliche Stunde von allen kommenden Stunden die einzige unvermeidliche und wichtige sein. Wie Aarons Stab, so verschlingt die Gerichtsstunde jede andere Stunde.[34] Wir hören von Stunden, die für das Schicksal der Völker bedeutsam gewesen sind, von Stunden, in denen das Wohl von Millionen am Zünglein der Waage hing, von Stunden, in denen die Würfel für Krieg oder Frieden geworfen wurden, von Stunden, die in der Weltgeschichte als eine Krise bezeichnet wurden. Hier aber erreicht die Krise ihren Höhepunkt, hier ist die eiserne Stunde der Strenge, die goldene Stunde der Wahrheit, die kristallklare Stunde der Offenbarungen. In dieser besonderen Stunde geschieht die Urteilsverkündung aufgrund der unbestechlichen Entscheidungen unseres Herrn Christus über die Seelen und Leiber der Menschen.

O, was für eine Stunde ist das, die so schnell kommt! Meine lieben Brüder, hin und wieder wünsche ich mir eine Zunge der Beredsamkeit, und

[34] Vgl. 2. Mose 7,12.

so geht es mir jetzt, dass ich bei so einem Thema wie diesem eure Vorstellung davon anregen und eure Herzen entzünden möchte! Ich bitte euch, dass ihr jetzt einen Augenblick mitgeht mit mir, um euch diese Stunde als eine ganz nahe vorzustellen. Angenommen, sie käme *jetzt,* während wir hier versammelt sind; angenommen, dass jetzt die Toten auferstehen würden und dass innerhalb eines Augenblicks diese Versammlung eine unendlich größere wäre und kein Auge auf den vergessenen Prediger gerichtet sein würde, sondern dass aller Augen auf den Richter schauen würden, der in großer Majestät auf seinem weißen Thron sitzt – ich bitte euch, denkt euch hinein, als wäre in diesem Augenblick der Vorhang aufgehoben. Stellt euch den Urteilsspruch vor, der von dem Thron der Gerechtigkeit aus über einen jeden von euch ausgesprochen werden wird! Versenkt euch darin, als würde es in diesem Augenblick geschehen! O, prüft euch selbst, als wäre dieser große Tag schon gekommen. Solche Selbstprüfung wird denen, die schon gerettet sind, von großem Segen sein und mag die Unbekehrten aufwecken, um ihrer Seelen Seligkeit zu suchen.

Doch wir müssen weitergehen im Text. „Wundert euch darüber nicht, denn es kommt die Stunde, in der alle, die in den Gräbern sind, seine Stimme hören werden.“ Beachtet es genau: „... *alle, die in den Gräbern sind.*“ Mit diesem Ausdruck ist gemeint, nicht alle, deren Leiber um diese Zeit wirklich im Grab liegen, sondern alle, die begraben wurden, jetzt aber nicht mehr im Grab sind, deren Gebeine sich mit den Elementen vermischt haben oder durch die Winde zerstreut sind, die in den Meereswogen aufgelöst oder in das Pflanzenreich übergegangen sein mögen. Alle, die gelebt haben und gestorben sind, werden ganz gewiss wieder auferstehen. *Alle*! Wer könnte sich die unzähligen Scharen ausdenken! Wie viele haben schon vor der Sintflut gelebt! Man vermutet, dass durch das ungeheuer lange Alter der damals lebenden Menschen die Zahl der Erdbewohner zur Zeit der Sintflut eine größere gewesen sei als vielleicht jetzt; die Reihen der Lebenden wurden damals nicht so durch den Tod gelichtet wie heutzutage. Denkt von der Zeit der Sintflut an weiter, alle Adams Nachkommen. Von Tarsis bis Sinim waren die Länder mit Menschen bedeckt. Welch große, gewaltige Städte und Reiche waren Ninive, Babylon, Chaldäa, Persien, Griechenland, Rom! Wer könnte die Zahl der Parther, Skythen und Tataren berechnen! Und dann noch diese nördlichen Schwärme der Goten, Hunnen und Vandalen, die im Mittelalter unaufhörlich wie ein Bienenschwarm herbeiströmten, dazu die große Menge der Franken, Sachsen und Kelten. Doch diese Nationen waren lediglich einige Beispiele für eine zahllose Reihe anderer Völker. Denkt an Äthiopien und den ganzen Kontinent Afrikas, an Indien, Japan und das Reich der untergehenden Sonne. In all diesen Ländern sind mächtige Stämme aufgekommen und ins Grab gegangen. Wie viele Millionen mögen allein in China und Birma begraben sein! Wie viele unzählige Scharen ruhen in dem Land der Pyramiden und Mumiengruften? Wer könnte sich die Zahl der im alten Ägypten Einbalsamierten, der Großen und der Kleinen, ausdenken! Und nun hört und glaubt: von allen von Frauen Geborenen, die je gelebt haben, soll auch nicht einer im Grab gelassen werden, alle, alle werden auferstehen!

Hier kann man wohl sagen, was der Psalmist in einem anderen Zusammenhang ausrief: „Diese Erkenntnis ist mir zu wunderbar und zu hoch, ich kann sie nicht begreifen!" (Ps 139,6). Wie hat Gott all diese Personen aufgezeichnet, wie hat er die Spur eines jeden ausfindig gemacht? Wie wird Jesus Christus imstande sein, diese alle aufzuwecken? Ich weiß nicht wie, er *wird* es aber tun, denn das hat er gesagt, und so hat Gott es bestimmt: „*Alle*, die in den Gräbern sind, werden seine Stimme hören." Alle Gerechten, alle Gottlosen, alle, die vom Meer verschlungen wurden oder im Schoß der Erde schlafen, alle Großen, alle Scharen der Arbeiter, alle Weisen und alle Toren, alle Beliebten und alle Verachteten – nicht eine einzige Persönlichkeit wird übersehen werden.

Mein lieber Freund, es wird für dich das Beste sein, dies in einem persönlichen Licht zu sehen. Auch *du* wirst nicht übersehen werden. Dein separater Geist wird seinen bestimmten Platz haben und der Leib, in dem er vormals wohnte, wird beim Schall der letzten Posaune durch die Macht Gottes mit deinem Geist vereinigt werden. Du, mein Zuhörer, wirst wieder auferstehen. So gewiss wie du hier an diesem Morgen sitzt, so gewiss wirst du vor dem einst gekreuzigten Menschensohn stehen. Es ist nicht möglich, dass du vergessen wirst. Du wirst nicht zur Vernichtung verwesen und in der Finsternis der Vergessenheit gelassen werden, sondern du wirst, du musst auferstehen, wie jeder ohne eine einzige Ausnahme. Es ist eine wunderbare Wahrheit, wir sollen uns aber nicht so darüber wundern, dass wir sie bezweifeln. Wir sollen vielmehr darüber staunen und den Herrn bewundern, der das Wunder ausführen wird.

Weiter. „Alle, die in den Gräbern sind, *werden seine Stimme hören*. Hört! Das Ohr ist ja tot! Ein Mensch wurde vor tausend Jahren begraben – von seinem Ohr ist nicht das Geringste übrig geblieben, alles ist vergangen; wird denn dieses Ohr hören? Ja, gewiss. Denn der, der es zum ersten Mal hörend gemacht hat, wirkt ein ebenso großes Wunder, wenn er es zum zweiten Mal tut. Zur Erschaffung des hörenden Ohres eines neugeborenen Kindes bedurfte es eines Gottes; und es wird nicht weniger nötig sein, um zum zweiten Mal das Hören zu erneuern. Und durch welchen Ton wird das aufs neue erwachte Ohr geweckt und neu gebildet werden? Es wird die Stimme des Sohnes Gottes, die Stimme Jesu Christi selber sein. Ist es nicht wunderbar – dieselbe Stimme Jesu ertönt jetzt an diesem Ort, wie sie es tausendmal getan hat, und es gibt Menschen, die Ohren haben und die doch niemals seine Stimme gehört haben; doch wenn seine Stimme dann zu Menschen sprechen wird, die keine Ohren haben, dann werden sie hören und zum Leben auferstehen. Wie taub müssen doch diese sein, die noch tauber sind als selbst die Toten! Wie groß ist die Schuld derer, die Ohren haben zu hören, und doch nicht hören, die, wenn immer wieder in der Predigt des Evangeliums die Stimme Gottes durch das Gotteshaus schallt, nicht mehr davon bewegt werden, als die Ziegel vom Regen, die es bedecken. Wie tot müssen die sein, ich wiederhole es, die nicht von dem Wort bewegt werden, das sogar Tote auferweckt, mögen sie auch tausend Jahre lang und noch länger im Grab gelegen haben!

Meine Brüder, während uns dies die Härte und Verdorbenheit des menschlichen Herzens lehrt, erinnert es euch gleichzeitig daran, die ihr so gleichgültig seid, dass es kein Entrinnen für euch gibt. Wer *jetzt* die Stimme Jesu nicht hören will, muss sie dann hören. Ihr könnt heute die Finger in die Ohren stecken, das wird es aber beim Schall der letzten Posaune nicht geben – dann *müsst* ihr hören! O, dass ihr *jetzt* hören wolltet! Ihr müsst den Ruf zum Gericht hören; Gott gebe, dass ihr den *Gnadenruf* hört, ihm folgt und lebt. „Alle, die in den Gräbern sind, *werden* seine Stimme hören“, wer sie auch gewesen sein mögen, sie werden der Macht des allmächtigen Befehls folgen und vor dem Richterstuhl erscheinen müssen.

Es heißt weiter: „... *und werden hervorgehen.*“ Damit ist natürlich gemeint, dass ihre Leiber aus dem Grab, aus der Erde, dem Wasser, der Luft, oder wo sie sonst sein mögen, hervorkommen werden. Ich denke aber, in den Worten „und werden hervorgehen“ liegt noch mehr. Es scheint *offenbar werden* einzuschließen; in der ganzen Zeit waren Menschen hier, in ihren Gräbern verborgen, doch wie die Stimme Gottes Wälder entlaubt und Hirschkühe zum Kalben bringt, so wird die Stimme Gottes in der Auferstehung die Verstecke der Menschen entdecken und sie dazu bringen, ihr wahres Ich ans Licht zu bringen, um zuletzt offenbar zu werden. In Psalm 29, Vers 9 heißt es: „Die Stimme des Herrn lässt Eichen wirbeln und reißt Wälder kahl.“ Der Heuchler, welch versteckter Schuft er auch sein mag, wird zwar jetzt häufig nicht entdeckt, wenn aber die Stimme Christi erschallt, wird er mit einem Gefühl hervorkommen, das ihm schrecklich sein wird, all der Zierden seines Maskenspiels beraubt, die äußere Maske seines Bekenntnisses weggerissen – so wird er, mit Aussatz auf der Stirn gezeichnet, vor Engeln und Menschen dastehen, ein Gegenstand allgemeiner Verachtung, verworfen von Gott, verachtet von Menschen.

O, liebe Zuhörer, seid ihr bereit, jetzt hervorzukommen? Möchtet ihr, dass das Innerste eures Herzens laut verlesen würde? Möchtet ihr, dass alle es sehen können? Gibt es nicht vieles in und an euch, was das Licht der Sonne nicht ertragen könnte? Wieviel weniger wird es dann das Licht dessen ertragen können, dessen Augen wie Feuerflammen sind, die alles sehen und alles in einem unfehlbaren Gericht prüfen. Euer Hervorgehen an jenem Tag wird nicht nur ein Wiedererscheinen aus dem dunklen Grab sein, sondern ein Hervorkommen in das Licht der Wahrheit Gottes, in dem ihr wie bei mittäglicher Helligkeit offenbar werden müsst.

Unser Text sagt weiter, dass sie hervorgehen werden als solche, die *Gutes* und als solche, die *Übles* getan haben. Aus diesen Worten können wir erkennen, dass der Tod den Charakter eines Menschen nicht verändert, dass wir also nach dem Tod keine Veredelung des Menschen zu erwarten haben. „Wer Böses tut, der tue weiterhin Böses, und wer unrein ist, der sei weiterhin unrein; aber wer gerecht ist, der übe weiterhin Gerechtigkeit, und wer heilig ist, der sei weiterhin heilig" (Offb 22,11). Die Menschen, die Gutes getan haben, werden auch als gute Menschen auferstehen, die Menschen, die Übles getan haben, werden auch als schlechte Menschen auferstehen. Erwartet also nach diesem Leben keinen Ort zur Buße, keine Gelegenheit zur Besserung, keinen Gnadenruf, keine Hoffnungstür. *Jetzt* oder *nie* – beherzigt das!

Beachtet weiter, dass *nur zweierlei Arten von Menschen auferstehen*, wie es ja in Wirklichkeit unter allen Lebenden nur zwei Arten gibt: solche, die Gutes und solche, die Übles getan haben. Wo sind die dazwischen, deren Leben weder gut noch böse oder beides war? Es gibt solche nicht. „Aber tun nicht die Guten auch Böses?", fragt ihr. „Können nicht solche, die böse sind, auch Gutes tun?" Die Antwort ist: Wer Gutes tut, ist ein solcher, der, nachdem er Jesus Christus im Glauben angenommen hat und eines neuen Lebens teilhaftig geworden ist, in seiner neuen Natur, mit seinem neugeborenen Geist, mit allem Drang seines Herzens Gutes tut. Seine Sünden und Gebrechen, in die er durch seine alte Natur immer wieder fällt, sind durch das kostbare Blut Jesu hinweggewaschen und werden deshalb am Tage der Abrechnung nicht erwähnt. Er steht auf als ein Mensch, der Gutes getan hat, eben weil nur an sein Gutes gedacht wird und das Schlechte hinweggetan ist.

Was die Bösen anbetrifft, von denen behauptet wird, dass sie doch auch Gutes tun können, so antworten wir, dass sie wohl nach dem Urteil ihrer Mitmenschen Gutes tun können, aber aus einem bösen Herzen kann *vor Gott* nichts Gutes hervorkommen. Wenn die Quelle unrein ist, muss auch der ganze Strom unrein sein. Gut ist ein Wort, das für die zutreffend ist, die es als Bewertung gebrauchen. Das Gute eines bösen Menschen mag dir, seiner Frau, seinem Kind, seinem Freund gut sein, doch er kümmert sich nicht um Gott, hat keine Achtung, keine Ehrfurcht vor dem großen Gesetzgeber. Deshalb kann das, was in euren Augen gut scheint, vor Gott böse sein, weil es nicht aus dem rechten, vielleicht aus einem schlechten Beweggrund geschehen ist, sodass derselbe Mann, der seinem Freund geholfen hat, dabei Gott entehrt.

Gott wird die Menschen nach ihren Werken richten, es wird aber nur die beiden Unterschiede geben: Gute und Böse. Dies macht es zu einer sehr ernsten Angelegenheit für jeden Menschen, es sich klarzumachen, wo er sein wird, was die allgemeine Richtung seines Lebens gewesen ist und wie das wahre Urteil darüber sein wird. O meine Herren, es gibt einige von euch, die bei all ihrer Vortrefflichkeit und sittlichen Vornehmheit nie Gutes getan haben nach dem Maß, wie Gott misst. Haben sie doch nie daran gedacht, durch ihr Tun Gott zu ehren, sie haben nicht einmal bekannt, dass sie Gott verunehrt haben und sind im Blick auf Gottes Urteil über sie als Sünder in stolzer Gleichgültigkeit geblieben, in der Annahme, dass sie alles getan hätten, was von ihnen verlangt werden könne. Wie wäre es möglich, dass ihr, solange ihr im Unglauben gegenüber Gott verharrt, etwas ihm Wohlgefälliges tun könntet! In Gottes Augen ist euer ganzes Leben böse, nur böse. Und ihr, die ihr seinen Namen fürchtet, ich bitte euch, gebt Acht auf euer Tun. Gibt es doch, wie unser Text sagt, solche, die Gutes getan haben und solche, die Schlechtes getan haben. Macht es eurem eigenen Gewissen klar, macht es euch angesichts des Urteils anderer, die euch beobachten, deutlich, (auch wenn dies weniger wichtig ist) und macht euch vor Gott klar, dass eure Werke gut sind, dass es in eurem Herzen richtig steht, weil euer Verlangen den Geboten Gottes gemäß ist.

Ich will euch nicht länger mit der Erklärung aufhalten, nur noch bemerken, dass die Weise des Gerichts bemerkenswert ist. Die, die in der Schrift forschen, wissen, dass *das Urteil am jüngsten Tag ganz nach den Werken* geschehen wird. Wird denn der Mensch gerecht durch seine *Werke*? Nein, auf keinen Fall. Die Seligkeit ist in jedem Fall das Werk und Geschenk der *Gnade*. Doch wird das Gericht durch unsere Werke geleitet. Es ist für die, die gerichtet werden, erforderlich, dass sie alle nach dem gleichen Maßstab beurteilt werden. Nun kann es ja bei Gerechten und Ungerechten keinen gemeinsamen Maßstab geben, höchstens den ihres moralischen Verhaltens, und dieser Maßstab wird im Gericht bei allen angelegt werden. Wenn Gott in dir, mein Freund, nicht irgendwelche Heiligkeit des Lebens findet, wird er dich nicht annehmen. „Was?“, sagt einer, „wie war es denn bei dem sterbenden Schächer?“

Es war die Gerechtigkeit des Glaubens in ihm, er wies alle geheiligten Werke auf, die jene Umstände zuließen: im selben Augenblick, in dem er an Christus glaubte, bekannte er Christus und trat für ihn ein, und weil alle seine Sünden hinweggewaschen waren, erwies er sich durch diesen Glaubensbeweis als ein Freund Gottes.

Möge Gott auch euch Gnade schenken, so eure Sünden zu bekennen und im Glauben an Jesus dessen gewiss zu sein, dass alle eure Übertretungen vergeben sind. Es muss aber irgendein *Beweis eures Glaubens* da sein. Vor den versammelten Scharen wird das kein Glaubensbeweis sein, was ihr im Inneren gefühlt habt, sondern der Beweis wird in unseren sichtbaren Taten gefunden werden. Es wird heißen: „Denn ich bin hungrig gewesen, und ihr habt mir zu essen gegeben. Ich bin durstig gewesen, und ihr habt mir zu trinken gegeben. Ich bin ein Fremder gewesen, und ihr habt mich aufgenommen. Ich bin nackt gewesen, und ihr habt mich gekleidet. Ich bin krank gewesen, und ihr habt mich besucht. Ich bin im Gefängnis gewesen, und ihr seid zu mir gekommen" (Mt 25,25.36). Achtet also gut auf die praktische Frömmigkeit und hütet euch vor jeder Predigt, die Heiligkeit des Lebens zur Nebensache macht! Wir werden zwar gerecht durch den Glauben, aber nicht durch einen *toten* Glauben, der rechtfertigende Glaube ist der, der Heiligung hervorbringt. „Jagt dem Frieden nach mit jedermann und der Heiligung, ohne die niemand den Herrn sehen wird" (Hebr 12,14). Ihr seht also die beiden Kriterien, nach denen die Menschen geschieden, sowie die strenge Regel, nach der sie gerichtet werden. Richtet euch deshalb selbst, damit ihr nicht mit den Gottlosen verdammt werdet.

Zwei unterschiedliche Schicksale für die beiden Gruppen werden im Text erwähnt. Die eine wird auferweckt zur Auferstehung des Lebens. Dies meint nicht bloß existieren; beide werden existieren – beide werden für immer existieren –, sondern „Leben" bedeutet, wenn es richtig verstanden wird, Glück, Seligkeit, Macht, Tätigkeit, Privilegien, Tüchtigkeit, es ist überhaupt ein so umfassender Begriff, dass es nicht wenig Zeit in Anspruch nehmen würde, um es nur einigermaßen zu erklären. Das Leben, das die Gottlosen haben werden, wird ein Tod im Leben sein, aber unser Leben wird ein Leben im Leben sein – wahres Leben, nicht ein bloßes Dasein, sondern ein Dasein in Tatkraft, Ehre, Frieden, Vollkommenheit. Dies ist die Auferstehung zum Leben. Für die Gottlosen dagegen ist es eine Auferstehung zur Verdammnis, in der beide, Leib und Seele, ganz offenkundig der göttlichen Verdammung anheimfallen. Wie der Heiland in unserem Text sagt, werden sie hervorgehen zur Auferstehung des *Gerichts*.

O, welch eine Auferstehung! Und doch können wir ihr nicht entfliehen, auch wenn wir die große Errettung ignoriert haben. Wenn wir uns hinlegen und schlafen könnten und nie wieder erwachen würden, welch ein Segen wäre das für einen gottlosen Menschen! Welch ein Segen für ihn, wenn das Grab seine letzte Station wäre und er wie ein Hund nie wieder vom Schlummer erwachen würde! Aber dieser Segen wird ihm nie zuteil, das kann niemals sein. Deine Seele muss leben und dein Körper muss leben. O, ich bitte dich, fürchte ihn, der „Leib und Seele verderben kann in der Hölle!" (Mt 10,28). Ja, ich sage es dir eindringlich, fürchte ihn!

Unsere Zeit ist fast vorbei, die verbleibenden Minuten muss ich für den zweiten Teil nutzen: *Wir wollen aus dem Text lernen, was er uns zu sagen hat.*

Das Erste, was wir aus ihm lernen sollen, ist *anbetende Ehrfurcht.* Wenn es so ist, dass alle Toten auf die Stimme Christi hin auferstehen werden, so lasst uns ihn anbeten. Was für ein Heiland, der am Kreuz geblutet hat! Wie herrlich ist er, der früher verachtet und verworfen war, jetzt erhöht! O, Brüder, wenn wir auch nur den Saum dieser Wahrheit erfassen könnten, dass er alle Toten aus ihren Gräbern erwecken wird, wenn wir nur anfangen könnten, die Größe dieser Bedeutung zu erahnen, ich glaube, wir würden zu Füßen des Heilandes niederfallen, und es würde uns zumute sein wie Johannes, als er sagte: „Ich fiel zu seinen Füßen nieder wie tot" (Offb 1,17). O, welch unendliche Macht ist dein, mein Herr und Meister! Welche Huldigung gebührt dir! Heil sei dir, Immanuel! Du hast die Schlüssel von Tod und Hölle! Meine Seele liebt dich und betet dich an, du Fürst auf dem ewigen Thron, dich, der du bist Wunderbar, Rat, Kraft, Held, Ewig-Vater, Friedefürst!

Das Zweite, was wir unserem Text entnehmen, ist *Trost* für das blutende Herz im Blick auf unsere lieben Entschlafenden. Wir trauern ja nicht um die *Seelen* der Gerechten, wissen wir doch, dass sie auf ewig daheim sind, um bei dem Herrn zu sein allezeit. Die einzige Trauer der Christen betrifft den *Leib,* der vergangen ist wie eine verwelkte Blume. Wenn wir bei Beerdigungen das herrliche Kapitel 15 im ersten Korintherbrief lesen, finden wir darin keinen Trost in Hinsicht auf den unsterblichen Geist – dafür ist ja kein Trost erforderlich –, sondern viel Trost im Blick auf das, „was gesät ist in Unehre, was aber auferstehen wird in Herrlichkeit". Deine Toten werden leben, der zu Staub gewordene Leib soll wieder leben! Trauere also nicht, als hättest du deinen Schatz ins Meer geworfen, wo du ihn nicht wiederfinden kannst; du hast ihn vielmehr nur in einen Kasten gelegt, aus dem du ihn wieder zurückbekommen wirst, herrlicher als je zuvor. Du wirst mit eigenen Augen wieder in diese Augen blicken, aus denen so oft Liebe zu dir sprach, die aber jetzt geschlossen im Grab liegen. Du wirst dein Kind wiedersehen, du wirst es erkennen; wird doch derselbe Leib auferstehen. Dein entschlafender Freund wird wieder zu dir kommen, und wie er mit dir den Heiland geliebt hat, so wirst du dich mit ihm freuen in dem Land, in dem es keinen Tod mehr gibt. Der kurzen Trennung wird eine ewige Wiedervereinigung folgen. Auf ewig bei dem Herrn – so werden wir auch auf ewig mit unseren vorangegangenen Lieben beisammen sein. So wollen wir uns denn untereinander trösten mit diesen Worten.

Die letzte Lehre aus unserem Text ist eine Mahnung zur *Selbstprüfung*. Wenn wir auferstehen werden, manche zur Belohnung, manche zur Strafe – was wird dann mein Platz sein? „Was wird *mein* Platz sein?", so frage jeder sich selbst. Wie ist euch bei der Aussicht auf eine Auferstehung zumute, liebe Zuhörer? Bringt euch der Gedanke einen Schimmer Freude? Oder löst er in euch einen bestimmten Alarm aus? Wenn euer Herz schon beim bloßen Gedanken daran zittert, wie werdet ihr es ertragen, wenn es wirklich so weit ist, und nicht mehr nur ein Gedanke? Was ist euer Leben gewesen? Wenn ihr nach diesem Leben gerichtet werden sollt – wie wird das Urteil lauten? Was ist bis auf diese Stunde euer wichtigster Grundsatz gewesen? Glaubt ihr an Gott? Lebt ihr im Glauben an den Sohn Gottes? Ich weiß, ihr seid unvollkommen, aber jagt ihr der Heiligung nach? Ist es euer Wunsch, Gott zu ehren? Das wird für das Urteil über dein Leben entscheidend sein; was ist das Ziel, das Streben, die Richtung? An Unvollkommenheit fehlt es ja nicht, aber ist *Aufrichtigkeit* in dir? Hat die göttliche Gnade, die Sünder im Blut Jesu Christi rein wäscht, sich dadurch in euch erwiesen, dass ihr den Sünden entsagt habt, die ihr vorher liebtet, dass sie euch zu den Pflichten geführt hat, die ihr vernachlässigt hattet? Ist es notwendig, mit solchen Fragen zu drängen? Ich weiß, sie sind denen peinlich, die sie nicht freudig und getrost beantworten können. Und doch muss ich sie euch mit allem Ernst ans Herz legen und euch dringend bitten: unterzieht euch der schmerzlichen Selbstprüfung; ihr werdet dem Feuer des allwissenden Herzenskündiger doch nicht entfliehen können.

Kannst du aber sagen, mein Lieber: „Ja, mein Gott, trotz meiner unzähligen Sünden habe ich von dem Tag an, an dem du mich gefunden hast, dich zu ehren gesucht"? O, was für ein herrlicher, herrlicher Gedanke, in der gefürchteten Stunde zu wissen, dass das Blut mich gereinigt und die Gerechtigkeit Christi mich bedeckt hat, dass ich also ganz sicher bin! Wer aber sagen müsste: „Nein, bis zu diesem Augenblick habe ich mich nicht um Gott gekümmert, mein Tun stand in keinerlei Beziehung zu ihm, nie habe ich mich durch seine Majestät auch nur zu einer einzigen Tat veranlasst gefühlt, nie einer einzigen Sünde entsagt" – o, ein solcher *ist* schon gerichtet! Ich bitte dich, zittere und fliehe zu dem, der dich von aller Missetat rein machen kann und dich mit unaussprechlicher Freude dem Vater tadellos vorstellen will!

Ich will dir noch eine andere Frage stellen: Wenn du dich auch beim Gedanken an dich selbst nicht glücklich fühlst, bist du denn im Blick auf die Auferstehung aller anderen ganz ruhig? Bist du darauf vorbereitet, jene vor Gott zu treffen, mit denen du unter den Menschen gesündigt hast? Es ist ein Gedanke, der dem Sünder durch Mark und Bein gehen sollte, wie groß der Schrecken der Männer und Frauen sein muss, ihre Mittäter wiederzutreffen. Lag nicht dieser Gedanke der Bitte des reichen Mannes in der Qual zugrunde, Lazarus zurückzusenden auf die Erde, um die fünf Brüder des Unglücklichen zu warnen, damit sie nicht auch an diesen Ort der Qual kämen? Fürchtete er sich nicht davor, sie bei sich zu sehen, weil sie durch ihre Beschuldigungen sein Elend noch vergrößern würden? Es wird etwas Entsetzliches sein für einen Wollüstigen, wieder auferstehen und den Opfern gegenüberstehen zu müssen, die er durch seine Laster hinunter in die Hölle gezogen hat. Wie wird er stöhnen, wenn sie ihm ihre Verdammnis zuschieben und ihm wegen seiner Unzüchtigkeit fluchen! „O, sie ist längst begraben!", sagt ein Leichtfertiger, indem er lustig seines Weges geht. Aber die Verführte wird ihn sehen; im Licht der Ewigkeit werden ihre Augen wie die eines Basilisk zornfunkelnd auf dich blicken, und sie wird dich als den Teufel ansehen, der sie zu Grunde gerichtet hat.

Lass jeden hier, der gegen seinen Nächsten gesündigt hat, zittern; lass jeden, der eine Seele hinunter zur Hölle gebracht hat, jetzt Buße tun, damit er nicht verloren geht! O Mensch, deine Sünde ist nicht gestorben und begraben! Dein Gefährte, mit dem du Hand in Hand den Weg der Sünde und der Schande gegangen bist, wird als Zeuge gegen dich aufstehen! Das Verbrechen, die Schuld, die Strafe werden zugleich mit dem Schuldigen da sein, der für immer den Tag bereuen wird, an dem er sich so versündigte.

Wenn es den Gottlosen schon so schrecklich sein wird, die Auferstandenen wieder zu sehen, wie werden sie es denn ertragen können, den Richter selbst, *den Heiland, zu sehen*? Von allen Menschen, die je gelebt haben, ist er der, vor dem ihr euch am meisten fürchten solltet. Ist doch er es, den ihr bis auf diesen Tag am meisten lieben solltet, um den ihr euch aber nicht kümmert. Wie oft habe ich euch von dieser Kanzel aus dringend gebeten, euch Jesus zu übergeben, und wie oft habt ihr ihn geradewegs abgewiesen! Mancher mag das vielleicht nicht so unumwunden getan haben, hat aber die Entscheidung aufgeschoben und mit Felix gesagt: „Für diesmal geh! Zu gelegener Zeit will ich dich wieder rufen lassen" (Apg 24,25). Wenn er kommt, was wollt ihr ihm antworten? Mensch, wie willst du ihm antworten? Womit willst du dich entschuldigen? Als deinen *Heiland* hast du ihn nicht annehmen wollen, musst ihn aber als *Richter* akzeptieren, der das Urteil über dich ausspricht. Seine Gnade hast du verachtet, seinem Gericht kannst du nicht entfliehen. Doch wenn du jetzt auf Jesus schauen willst, so wirst du in diesem Aufblick Heil und Seligkeit finden; wenn du dich aber weigerst, es zu tun, so wirst du seinen Zorn auf dich häufen. Was wird es sein, wenn jener schreckliche, unausweichliche Blick auf dich gerichtet sein wird, von welchem es in Offenbarung 1,7 heißt: „... und es werden wehklagen um seinetwillen alle Geschlechter der Erde." O, reize nicht seinen Zorn! Verachte nicht den Gekreuzigten! O, tritt sein Blut nicht mit Füßen, sondern komm zu ihm, damit du ihn nicht fürchtest, wenn du ihn auf dem Thron siehst.

Ich könnte wohl noch mehr Fragen aufwerfen, aber ich will mit diesen beiden schließen. Einer der besten Wege herauszufinden, was jenseits unser Teil sein wird, ist zu erforschen, was hier auf Erden unser Teil ist. Habt ihr jetzt Leben, Geliebte, ich meine geistliches Leben, das Leben, das um die Sünde trauert, das Leben, das auf den Heiland baut und ihm vertraut? Dann wirst du gewiss die Auferstehung zum Leben haben. Doch stehst du jetzt noch unter dem Zorn Gottes? Wer nicht glaubt, ist ja schon verdammt. Bist du ein Ungläubiger? Dann bist du jetzt schon verdammt und es wartet die ewige Verdammnis auf dich. Wie könnte es auch anders sein! Suche danach, dass du jetzt durch den Glauben das Leben Gottes besitzt, so wirst du es dort für immer haben. Entfliehe der Verdammnis jetzt, so wirst du ihr auf ewig entflohen sein!

Gott wolle euch alle segnen durch den Reichtum seiner Gnade, um Christi willen. Amen.

Der zuletzt vernichtete Feind[35]

„Der letzte Feind, der vernichtet wird, ist der Tod."

1. Korinther 15,26

Wie sich unser Heiland zu den tiefsten Tiefen der Erniedrigung herabgelassen hat, so wird er auch zur allerhöchsten Herrlichkeit erhoben werden. „Er entäußerte sich selbst und nahm Knechtsgestalt an, ward den Menschen gleich und der Erscheinung nach als Mensch erkannt. Er erniedrigte sich selbst und ward gehorsam bis zum Tode, ja zum Tode am Kreuz. Darum hat ihn auch Gott erhöht und hat ihm den Namen gegeben, der über alle Namen ist" (Phil 2,7.8.9). Unser Herr wurde von den Menschen mit Füßen getreten, es wird aber der Tag kommen, an dem alles unter seine Füße getan werden wird. So sehr er sich erniedrigt hat, so sehr wird er erhöht werden; wir können also von der Größe seiner Leiden auf den unaussprechlichen Glanz seiner Herrlichkeit schließen. Die Sünde liegt schon zu seinen Füßen, der Satan, der alte Drachen, ist auch schon gebunden. All die Formen des Götzendienstes, die zu jener Zeit die Oberhand hatten, hat er schon wie mit einer eisernen Rute zerbrochen. Wo sind die Götter Roms und Griechenlands? Wo sind Jupiter, Diana und Merkur? Maulwürfe und Fledermäuse mögen antworten. Zwar müssen noch all die mächtigen Ausprägungen des Götzendienstes, die heute den Sinn der Menschen beherrschen, gestürzt werden. Doch die Wahrheit, wie sie in Jesus offenbart ist, wird sich über kurz oder lang gegen all diese alten Dynastien des Irrtums durchsetzen, denn Jesus, unser Herr, muss vom Meer bis an die äußersten Enden der Erde herrschen.

In der letzten Zeit, wenn die Sünde in jeglicher Gestalt und der Teufel mit all seiner Macht und List überwunden sein werden, wird auch der Tod selbst, der unüberwindliche Tod, der unersättliche Verschlinger des menschlichen Geschlechts, dessen Sense die Menschen weggemäht hat wie Gras – dann wird auch der Tod, der Gefürchtete, der sich vor keines Menschen Angesicht gefürchtet, der in seiner Wut unzählige Heere zu Boden geworfen hat, völlig vernichtet, völlig überwunden und aufgehoben

[35] Gehalten am Sonntagmorgen, den 18. November 1866, im Metropolitan Tabernacle, Newington.

werden. Er, der die Unsterblichkeit und das Leben ist, wird den Tod zu Tode und das Verderben zu Grabe bringen, und ihm, dem Überwinder, werden auf ewig Loblieder erschallen.

Erwarte also die Herrlichkeit deines Herrn und Meisters, du, der du an ihn glaubst. Von dem Fundament der Pyramide in tiefer Finsternis steigt er zu der höchsten Spitze der Herrlichkeit, von den tiefsten Abgründen des Leides springt er auf die Bergspitzen der Freude. Vergegenwärtige dir im Glauben seinen Triumph, an dem auch du teilhaben wirst. So gewiss du teilhast an seiner Erniedrigung, so gewiss sollt du auch teilhaben an seiner Herrlichkeit, ja, je mehr du ihm in seinen Leiden ähnlich wirst, desto mehr wirst du auch mit ihm teilhaben an der Herrlichkeit, die offenbart werden wird.

Aus unserem Text lernen wir, dass der Tod selbst endlich von Christus überwunden, oder vielmehr völlig aufgehoben wird, sodass er aufhören wird, zu existieren. In der Erklärung des Textes fallen uns *vier* Dinge auf. Erstens: *Hier ist der Tod ein Feind*; zweitens: *er ist der letzte Feind;* drittens: *er ist ein Feind, der vernichtet wird;* und viertens: *er ist der letze Feind, der vernichtet werden wird.*

Zuerst also gibt es für dich bei unserem Empfang an diesem Morgen als erste Speise *bittere Kräuter*, Wermut mit Galle vermischt; ist doch der Tod *unser Feind.* Es fällt nicht schwer, zu entdecken, in welcher Hinsicht er ein Feind ist. Betrachtet ihr ihn einmal abgesehen von der Auferstehung, losgelöst von den köstlichen Verheißungen, die wie lieblich duftende Blumen von himmlischer Hand auf die schwarze Erde des Grabes gesät werden, so ist der Tod ein unübertroffener Feind. Er ist ein Feind, weil er immer *unvereinbar bleibt mit der Natur von lebendigen Geschöpfen,* die sterben sollen. Fleisch und Blut können sich mit dem Tod nicht anfreunden. Gott hat in seiner Weisheit den Trieb der Selbsterhaltung zu einem der ersten Gesetze unserer Natur gemacht. „Haut für Haut! Und alles, was ein Mann hat, lässt er für sein Leben“ (Hiob 2,4). Das Leben wegzuwerfen durch einen Selbstmord, ist ein Verbrechen; das Leben in Torheit und mit nichtigen Dingen zu vergeuden, ist keine geringere Sünde. Wir sind verpflichtet, das Leben hoch zu achten, und es ist ein menschlicher Naturtrieb, es zu tun. Wem das Leben gleichgültig wäre, der wäre nicht größer, sondern weniger als ein Mensch. Der Tod muss also von lebenden Geschöpfen stets als *Feind* angesehen werden.

Der Tod mag wohl als Feind betrachtet werden, denn er kam durch unseren ärgsten Feind in die Welt und wurde dadurch Herr über Adams Geschlecht, nämlich durch die Sünde. Er kam nicht dem Lauf der Natur gemäß, sondern dem Lauf des Bösen gemäß. Er kam nicht durch die Türe, sondern stieg auf einem anderen Weg herein; wir können deshalb ganz sicher sein, dass er ein Dieb und Mörder ist. Es lag nicht in der natürlichen Beschaffenheit der Menschheit, dass der Mensch sterben sollte; wurde doch der erste Mensch, Adam, als eine lebendige Seele geschaffen. Berühmte Naturforscher haben behauptet, im menschlichen Organismus sei keine besondere Ursache dafür zu finden, weshalb der Mensch nach achtzig Jahren sterben müsse. Dieselben Räder, die zwanzig, dreißig, vierzig Jahre lang in Bewegung gewesen sind, hätten, soweit ihre eigene selbst erneuernde Kraft in Betracht komme, hundert Jahre, ja, Jahrhunderte in Bewegung fortsetzen können. Im menschlichen Körper gibt es an und für sich keinen Grund, aus dem er unvermeidlich zum Staub zurückkehren müsse, von dem er genommen wurde; doch wenn es jetzt einen solchen Grund gibt, so wäre er auf die Krankheit zurückzuführen, die die Sünde in unsere Beschaffenheit gebracht hat. Ursprünglich hingegen war der Mensch zur *Unsterblichkeit* geschaffen. Wenn im Garten Eden die Blätter welk geworden wären, *er* wäre nicht verwelkt; wenn die Tiere starben (was meiner Meinung nach geschehen ist), wäre es durchaus nicht notwendig gewesen, dass auch Adam starb. Er hätte wie ein Adler seine Jugend erneuern und unter der Sterblichkeit unsterblich bleiben, auf ewig ein König und Priester sein können, wenn Gott es gewollt hätte. Stattdessen musste er aufgrund der Sünde, obwohl er auch jetzt noch ein Priester war, wie Aaron auf der Spitze des Berges seine priesterlichen Gewänder ablegen und sein Leben ausatmen. Die Sünde brachte den Tod, und nichts, was durch die Sünde veranlasst wird, kann des Menschen Freund sein. Der Tod, das Kind der Sünde, ist des Menschen Feind.

Dass diese Wahrheit zutrifft, ist vielen aus bitterer Erfahrung bekannt; *verbittert sie ihnen doch das Dasein.* Manchen ist sie der eine Tropfen Galle, der ihnen das Leben bitter macht. Der Gedanke, dass sie sterben müssen, beschattet sie wie mit Rabenflügeln. Durch die Furcht vor dem Tod sind sie im ganzen Leben Knechte. Wie Uria, der Hethiter, tragen sie die Botschaft, die ihren Tod verordnet, mit sich, aber im Unterschied zu ihm wissen sie, dass diese das verhängnisvolle Urteil enthält. Ihre Befürchtungen und Ahnungen nähren den gefürchteten Wurm, wie das Tuch die Motten nährt, die es verzehren. Wenn ihr Becher am lieblichsten schmeckt, denken sie an den Todestrank; wenn ihre Gerichte am feinsten sind, fällt ihnen der schwarze Diener ein, der mit dem Festmahl aufräumen wird. Sie können sich über nichts freuen, weil die Finsternis der Todesschatten die Landschaft verhüllt, das Gespenst des Todes sie verfolgt, das Gerippe an ihrem Tisch sitzt. Sie sind in beklagenswerter Weise mit dem Totenkleid, mit Sarg und Grab vertraut, nicht wie mit freundlichen Vorbereitungen zu einer guten Nachtruhe, sondern als grausame Zeichen eines gefürchteten Feindes. Dies macht den Tod ausdrücklich zu einem Feind, wenn die Angst vor ihm unser Leben verdirbt.

Wenn der Tod sein fahles Ross mit scharfen Hufeisen über die irdischen Freuden reitet, lässt er uns fühlen, dass das Leben ein armseliges Ding ist, weil der Lebensfaden so schnell durchgeschnitten werden kann, und weil wir nur blühen wie das grüne Kraut, um plötzlich abgehauen und in den Ofen geworfen zu werden. Viele andere haben den Tod als ihren Feind angesehen, aber nicht, weil sie durch den Gedanken an ihn niedergedrückt wurden, sondern deshalb, weil der *große Feind in ihren geregelten Alltag eingebrochen ist.* O, ihr Trauernden, eure Trauergewänder verraten es, dass der rücksichtslose Zerstörer in euren Familienkreis eingedrungen ist! Die Witwe hat ihren Trost und ihre Stütze verloren; die Kinder sind unversorgt und vaterlos geworden! O, Tod, du bist der grausame Feind unseres Hauses und Herdes! Der jugendliche Geist hat sich ja selbst halb verloren, wenn der Geliebte ihm entrissen wird; und Männer glichen seelischen Krüppeln, wenn die bessere Hälfte ihres Herzens ihnen genommen wurde. Hoffnung schaute nicht aus dem Fenster, „denn die Klageleute gehen umher auf der Gasse“ (Pred 12,5). Freude trank nicht mehr, „denn die goldene Schale zerbricht und der Eimer zerschellt an der Quelle und das zerbrochene Rad fällt in den Brunnen“ (Pred 12,6). Wie oft haben die unsichtbaren Pfeile des Todes unsere Familien heimgesucht und gerade die getroffen, die wir am wenigsten entbehren konnten! Die grünen Früchte wurden ebenso hinweggenommen wie die reifen; der Tod hat die Hoffnung und Freude von Vater und Mutter zerstört, ja, was noch schlimmer ist, er hat erbarmungslos dem Haus die stärkste Säule genommen und den Eckstein aus der Mauer gerissen. Der Tod kennt kein Erbarmen; sein steinernes Herz hat für keinen Mitgefühl; er schont weder Jung noch Alt. Tränen können unsere Freunde nicht zurückhalten, unsere Seufzer und Gebete vermögen nicht, den Staub wieder zu beleben. Ja, wahrlich, er ist ein grausamer Feind, und schon allein der Gedanke an seinen rücksichtslosen Raub unserer Lieben lässt uns weinen.

Er ist uns ein Feind, *weil er den hinweggenommen hat, der uns lieber ist als alle anderen.* Der Tod hat sogar *den* zu seiner Beute gemacht, der die Unsterblichkeit und das Leben ist. Seht dort am Kreuz das schrecklichste Werk des Todes! Hätte er ihn nicht schonen können? Waren wir ihm denn nicht genug? Weshalb musste er unseren David treffen, der mehr wert ist, als zehntausend von uns? Hätte es nicht genügt, dass wir, die gewöhnlichen, von Sünde befleckten Menschen, einem Gericht verfielen, das unserer Sünde angemessen ist, doch musste auch der, in dem keine Sünde war, der fleckenlose Heiland, sterben? Ja, die Rache des Todes war noch nicht befriedigt, bis er aus seinem Köcher den verhängnisvollen Pfeil gezogen hatte, der das Herz des Sohnes Gottes durchbohren sollte. Seht, er stirbt! Die Augen, die über Jerusalem geweint hatten, sind mit tiefer Finsternis umhüllt. Die Hände, mit denen er wohlgetan und gesegnet hatte, hängen leblos an seiner blutbefleckten Seite. Der Leib wird in Leinen mit Spezereien gewickelt und ins stille Grab gelegt. Weine, Himmel, trauere, Erde! Denn euer König ist tot, der Fürst des Lebens und der Herrlichkeit ist ein Gefangener im Grab! Tod, du alles überwindender Tyrann, du bist wirklich ein Feind, denn du hast unseren Liebsten getötet und in die finstere Zelle gebracht.

Die Feindschaft des Todes trifft uns auch *persönlich.* Er ist uns ein Feind, denn *er wird, wer weiß, wie bald, uns allem, was uns lieb und teuer ist, entreißen.* „Dies alles", sagte einer, als er durch seine prächtigen Gärten spazierte und auf seine Wiesen, Parkanlagen und seine schöne Wohnung blickte, „dies alles macht das Sterben schwer." Die schönen Güter und Besitztümer der Erde zu verlassen und nackt, wie wir zur Welt gekommen sind, wieder in den Leib der Mutter zurückzukehren, sich die Krone vom Haupt und den Hermelin von der Schulter nehmen zu lassen, um mit dem ärmsten Bettler auf dieselbe Stufe gestellt zu werden, ist wahrlich keine Kleinigkeit.

Der Tod ist auch dem Christen ein Feind, weil *er ihn aus liebgewordener Gemeinschaft reißt.* Liebt er doch die, die mit ihm eins sind im Herrn; sind doch Kinder Gottes seine liebsten Freunde. Wie gerne geht er mit ihnen zum Hause Gottes, aber er muss sich von ihnen trennen. Ja, noch mehr, auch von denen, die ihm die Liebsten und Teuersten auf Erden sind: von Frau und Kindern trennt ihn der unerbittliche Tod. Er muss sich von allen Lieben verabschieden, um *allein* den Weg in das Land zu gehen, von dem keiner zurückkehrt.

Der Tod ist ein Feind, *weil er alle Freuden stört.* Kein fröhliches Geläute der Sabbatglocken ist für sein Opfer da, kein Hinaufgehen zum geliebten Gotteshaus, wo er auf das Wort Gottes gelauscht hat, sich hat erbauen und trösten lassen, bis er wieder aufblühen konnte wie eine Rose, auch hat er keine Gemeinschaft mehr am Tisch des Herrn. An der Todestüre müssen wir uns von allen Sabbatfreuden verabschieden.

O, du Feind, du zwingst uns auch, all unseren *Beschäftigungen* ein letztes Lebewohl zu sagen! Der ernsthafte, erfolgreiche Seelsorger muss seine Herde verlassen, die vielleicht von gierigen Wölfen zerstreut und zerrissen wird. Gerade, wenn er anscheinend am wenigsten entbehrt werden kann, fällt der Führer, wie eine Schar erst vor kurzem angeworbener Rekruten sich zerstreut, wenn sie den Hauptmann verliert, dessen Tüchtigkeit sie zum Sieg geführt hat, gerade dann, als es notwendig schien, sie zu vereinigen und ihnen voran in den Kampf zu gehen. Die, die ihre Kinder in der Furcht Gottes erzog, wurde ins Grab gelegt, als die Kinder die Mutter am nötigsten hatten. Der Vater, der sich des Zeugnisses für seinen Heiland nicht schämte, der eine Säule im Haus Gottes war und treu in seinem Dienst – auch er wurde hinweggenommen. Er kann nicht mehr die Hungrigen speisen, die Nackten kleiden, die Unwissenden unterweisen und die Schwachen stärken und trösten! Er ist hinweggenommen von dem Weinberg der Gemeinde, die ihn so sehr brauchte zum Beschneiden der Weinstöcke, vom Haus Gottes, wo er als weiser Baumeister zu dessen Erbauung unentbehrlich war. Wer anders als ein *Feind* hätte ihn wegnehmen können zu einer solchen Zeit, hinweg aus solcher Tätigkeit!

Der Verstorbene ist auch aus all seinem *Erfolg* herausgerissen, liebe Freunde. Wie „Mutherz“ in „Bunyans Pilgerreise“ hat er viele Pilger zum Kreuz und zur ewigen Gottesstadt geführt – jetzt hat er selbst den Jordan durchqueren müssen. Was für ein Glaubensheld er auch gewesen sein mag, die Todesfluten müssen über sein Haupt rollen, auch er muss aus dem schwarzen, bitteren Strom trinken, und das wahrscheinlich bald, nachdem Gott ihn hoch geehrt hatte und Aussicht auf noch mehr Erfolg vorhanden war.

So, liebe Brüder und Schwestern, mag es vielleicht auch bei euch sein: Wenn ihr emsig an der Arbeit seid, stark im Geist und dem Herrn mit großer Freude dient, wenn eure Garben voll und schwer sind und ihr jubelnd Erntelieder singt, dass gerade dann der unwillkommene Feind euch dem Feld eures Triumphes entreißt, um anderen die Arbeit, die euch so ans Herz gewachsen war, zu überlassen.

Das ist aber noch nicht alles. Der Feind ist uns auch besonders deshalb ein Feind, weil wir es gewohnt sind, den Gedanken an sein Kommen *mit vielen Schmerzen, mit manchen Gebrechen in Verbindung zu bringen.* Vor allem, da Verwesung und Auflösung des Leibes an sich schon etwas Schreckliches sind, erfüllt uns die Aussicht auf den Tod mit Grauen. Schmerzen, Seufzer und Todeskampf treiben uns vom Grabesrand weg und wecken das Verlangen in uns, noch länger in unserem Gefängnis und

Staub zu bleiben. Wegen der grimmigen Wächter, Schmerz und Krankheit, die an seinem Tor sitzen, fürchten wir uns, durch das eiserne Tor zu gehen. Für viele ist das Sterben wirklich nichts Leichtes. Wenn das Leben noch kräftig ist, will es nicht ohne Kampf der Herrschaft des Todes nachgeben.

Es gibt andere Fälle, bei denen das Alter den Weg geebnet hatte und Brüder und Schwestern wie im Schlaf hinübergegangen sind, sodass man nicht genau sagen konnte, wann sie jene geheimnisvolle Linie überschritten haben, die das Reich des Lebens von dem Herrschaftsbereich des Todes trennt. Nicht immer begleiten körperliche Schmerzen den Tod, aber er kommt so oft umgeben von Wolken und Finsternis, dass man ihn an seiner feindlichen Aufmachung auf einen Blick als einen Feind erkennen kann. Er *ist* ein Feind, ja, *der* Feind, der schlimmste Feind, den man sich denken kann. Mag auch der Christ in der Kraft des Herrn wider den Teufel kämpfen und ihn überwinden – wer aber könnte es mit dem *Tod* aufnehmen! Wir können durch das kostbare Blut Jesu Christi die Sünde überwinden und weit mehr als Sieger über all unsere Furcht sein – müssen uns aber dem eisernen Zepter dieses Tyrannen beugen. Wir müssen ins Grab hinabsteigen, müssen in den Gräbern schlafen (wenn nicht der Herr plötzlich wiederkommt), denn es ist dem Menschen gesetzt, einmal zu sterben.

Nachdem wir lange genug bei diesem Thema verweilt haben, nehmen wir das Gericht der bitteren Kräuter weg, um dafür ein *wenig Salz* aufzutragen, indem wir uns zweitens damit beschäftigen, dass DER TOD DER LETZTE FEIND ist. Ich sage *Salz*, weil es nicht nur süß ist, da ist eine gewisse Schärfe dabei und ein Beigeschmack.

Der Tod ist der letzte Feind, ich will ihn *die gefürchtete Reserve der Höllenscharen* nennen. Wenn der Teufel alle anderen Widersacher hat aufziehen lassen und diese alle überwunden wurden durch das Blut des Lammes, dann wird uns unter dem Kommando des „Königs der Schrecken“ der letzte, der stärkste, der wütendste, der schrecklichste Feind, die Leibgarde der Hölle, angreifen. Große Kriegsführer pflegen zum entscheidenden Angriff eine Schar geübter Kriegsleute in Reserve zu behalten. Gerade, wenn ein Bataillon nach dem anderen wie weggefegt worden ist und die Hauptarmee wankt, gerade dann, wenn beinahe der Sieg in Feindeshand ist, lässt der fast besiegte Befehlshaber seine mächtigsten Legionen sich auf den Feind stürzen und macht mit der alten Garde, die niemals geschlagen wurde, einen so gewaltigen Angriff, dass er vielleicht im letzten Augenblick dem Feind den Triumph entreißt.

Oh Christ, der letzte Angriff kann möglicherweise der heftigste sein, den du je kennengelernt hast; du wirst vielleicht in deinen letzten Augenblicken erfahren, dass es all deiner Kraft bedarf, mehr noch, du wirst dich gezwungen sehen, nach machtvollerer Kraft zu schreien, du wirst zu deinem Beistand um himmlische Verstärkung bitten und flehen müssen. Niemand darf denken, er sei am Ende des Kampfes, ehe er durch die Perlentore gegangen ist. Denn, auch wenn nur noch fünf Minuten zum Leben bleiben, wird der Teufel sie, wenn möglich, für sich ausnutzen. Der Feind stürmt vielleicht noch gerade dann wie eine Flut herbei, wenn du hoffst, schon im Lande Beulah zu wohnen und unter den sanften Tönen der himmlischen Chöre einzuschlafen. Es ist nicht immer und nicht oft so, die gewöhnliche Erfahrung eines Christen ist eher, dass es „um den Abend licht sein wird", aber manchmal ist es so; es ist auffälligerweise bei denen so, deren vorangegangenes Leben sehr friedlich verlief; ein ruhiger Tag endet mit einem stürmischen Abend, eine hell leuchtende Sonne geht hinter dunklen Wolken unter. Einige, deren Licht vorher niemals verlosch, sind dann in tiefe Dunkelheit gebettet. Die Kämpfer für das Kreuz sind bis an die Stadtmauern hinauf von dem Feind verfolgt worden, als ob der Herr zu den Kämpfern sagen wollte: „Es gibt noch mehr Lorbeeren zu gewinnen, siehe, ich gebe dir noch eine Gelegenheit, meinen Namen unter meinen Streitern zu verherrlichen."

Brüder, wenn der Tod der *letzte* Feind ist, so – glaube ich – sollten wir nicht jetzt mit ihm kämpfen. Wir haben andere Feinde, die heute unsere Kraft und Wachsamkeit in Anspruch nehmen. Wir brauchen uns jetzt noch nicht mit Verteidigungsplänen gegen einen Feind auseinander zu setzen, der uns bis jetzt noch nicht angegriffen hat. Unsere Aufgabe in diesem Leben ist der heutige Dienst für Gott und sein Werk, das ist für uns die Hauptsache. Darin treu zu sein, ist für den Christen die beste Vorbereitung zum Sterben. Zu Gottes Wohlgefallen zu leben, ist der Weg, wohl zu sterben. Der Tod ist nicht unser *erster* Feind, sondern der *letzte*. So lasst uns also unsere Widersacher in der richtigen Reihenfolge bekämpfen und überwinden in der Hoffnung, dass er, der bisher mit uns gewesen ist, bis ans Ende bei uns bleiben wird.

Beachtet, liebe Freunde – denn hierin liegt das Liebliche des Gedankens –, *der Tod ist der letzte Feind.* Malt euch im Geist unsere tapferen Soldaten auf dem Schlachtfeld bei Waterloo aus. Stundenlang standen sie von Angesicht zu Angesicht dem Feind gegenüber. Der Kampf hatte so lange gedauert und war so häufig wieder aufgenommen worden, dass sie anscheinend auf siegreiche Heere stießen, die sich ein Dutzend Schlachten geliefert hatten. Sie hatten wie Mauern einem Ansturm nach dem anderen widerstanden. Nun denkt euch, dass der Befehlshaber ankündigt, es sei nur noch *ein* Sturm auf den Feind zu machen. Wie freudig schließen sich die Reihen! Wie rasch werden die Karrees gebildet! Wie fest sind die Füße gestellt! „Jetzt", sagen die Todesmutigen, „wollen wir stehen wie eine Felswand. Keiner möge auch nur für einen Augenblick wanken: Ist es doch das Letzte, was der Feind zu tun vermag. Er wird bestimmt die äußersten Anstrengungen machen, aber bald wird er nichts mehr tun können, als zum Rückzug zu blasen und uns das Feld zu überlassen!"

Der *letzte* Feind! Christen, belebt euch nicht dieses Wort? Mut gefasst! Mut! Danach *muss* sich die Flut wenden, es ist die höchste Woge, die jetzt über dich stürzt. Mut gefasst! Die Nacht muss enden, du bist bis an seiner finstersten Stunde angekommen, der Morgenstern geht schon auf! Jetzt, wo du im Sterben liegst, fängt dein Leben an. „Der letzte Feind, der vernichtet wird!" Treibt es dir nicht Tränen in die Augen, wenn du an deine letzte Versuchung denkst? Es kümmert uns wenig, wer der Feind sein mag, wenn er nur ein überwundener und der letzte ist, denn sind wir nicht durch eine Reihe von Feinden erschreckt worden? Haben wir nicht einen Feind überwunden, um gleich darauf auf einen anderen zu stoßen? Ist nicht unser Weg von einer Versuchung in die andere geführt worden, von einer Prüfung, von einer Trübsal in die andere? Wie bei den alten Kriegsleuten wird unser Arm müde, aber – Dank sei der göttlichen Gnade! – unsere Hand hält am Schwert fest; wir sind matt, geben aber den Kampf nicht auf, doch was für eine gute Nachricht wird das sein, wenn wir hören, dass der jetzige Feind der *letzte* ist! Wenn es auch der Tod sein mag – wir freuen uns!

O, Christ, dann wird keine Armut mehr da sein, die dich zum Murren versucht, kein Verlust, kein Kreuz wird deinen Geist mehr niederdrücken, keine anklebende Sünde dich in deiner Andacht stören und dir den Glaubenssieg streitig machen – keine äußere Versuchung; keine leichtfertigen Reden, keine Lästerungen werden dich quälen, weder körperliche Schmerzen noch innere Qualen werden dich mehr belästigen! Der Höllenhund ist auf ewig zum Schweigen gebracht. Es sind keine Kanaaniter mehr aus dem Land zu vertreiben, das Geschlecht Amaleks wird dann völlig vernichtet sein. Und wo wirst *du* sein? In *dem* Land, wo Milch und Honig fließen, in dem Friedensheim, der Wohnung der Freude, weit, weit weg von der Welt voller Schmerz und Sünde – bei dem Herrn allezeit! Solltest du denn nicht den Tod willkommen heißen? Lass ihn kommen in dem feurigen Wagen und dich zu Elias' Gott tragen!

Lass ihn dir Schwert und Schild nehmen und mit wütenden Blicken auf dich stürzen – er trägt dich nicht *in* die Gefangenschaft, sondern befreit dich *aus* derselben. Mag auch bei seinem Nahen dein Himmel verdunkelt sein, mag auch der Donner rollen, mögen auch die Säulen deines Hauses erzittern – es ist die *letzte* Erschütterung und deshalb ein Zeichen für die ewige Ruhe. Nach Überwindung des Todes wird der Friede verkündigt, das Schwert in den Schaft gesteckt, die Fahnen flattern und du hast auf ewig mehr als überwunden durch ihn, der dich geliebt hat.

Wir gehen jetzt einen Schritt weiter. Der Tod ist ein Feind, der letzte Feind, er ist aber drittens *ein Feind, der vernichtet wird.*

Jetzt nehme ich das Salz weg und bringe *Milch und Honig*, gibt es doch wahrlich hier für ein Kind Gottes viel von ausgezeichneter Süßigkeit und wahrer geistlicher Nahrung. Der Tod ist ein Feind, der vernichtet wird. Die Vernichtung des Todes wird in der Auferstehung vollkommen ausgeführt werden. Ist doch dann die Burg des Todes, das Grab, vollständig zerstört, sodass kein Stein auf dem anderen bleiben wird. Alle Gefangenen des Todes müssen frei ausgehen; nicht ein Bein der Entschlafenen wird dem Erzfeind als Trophäe gelassen werden; nicht einmal ein Atom ihres Staubes wird er als behaltenen Raub aufzuweisen haben. Er muss *alle*s herausgeben, was er geraubt hat; die Beute wird dem Mächtigen entrissen; der gesetzmäßig Gefangene wird frei. Von Land und Meer werden die, die vor kurzem gestorben sind und die, die schon jahrhundertelang im Grab liegen, auferstehen. Die Posaune wird ein Werk ins Leben rufen, das nicht weniger groß ist als das der Schöpfung. Die Stimme Gottes, die sprach: „Es werde Licht!“ und es wurde Licht, wird rufen: „Es werde Leben!“ und es wird Leben da sein; wie es der Prophet in einer Vision schaute, wird Gebein zu Gebein gefügt, das Fleisch wird über die Gebeine wachsen, und es wird Leben in sie kommen, sodass sie lebendig werden. Dieselben Leiber werden wieder auferstehen, wenn auch nicht mit denselben Eigenschaften. Dieselben, aber wie verändert! Als der Tod sie in die Erde säte, waren sie wie ein eingeschrumpfter Same, wenn aber die Frühlingszeit der Auferstehung sie ruft, blühend aus dem Grab hervorzugehen, werden sie wie völlig entfaltete Blumen sein. Wenn Christus ihnen Leben gibt, werden sie, angetan mit dem Tau der Jugend, hervorgehen.

O, *welch ein Gewinn ist dem Gotteskind der Tod*! „Es wird gesät verweslich, und wird auferstehen unverweslich. Es wird gesät in Niedrigkeit und wird auferstehen in Herrlichkeit. Es wird gesät in Armseligkeit und wird auferstehen in Kraft. Es wird gesät ein natürlicher Leib und wird auferstehen ein geistlicher Leib" (1.Kor 15,42-44). O, Tod, bei uns bist du nicht der Gewinnende, vielmehr sind *wir* es, die durch dich unendlich viel gewinnen. Denn obwohl dieser armselige Leib Fleisch für die Würmer wird und die Leibesfäule sich durch und durch ihre Tunnel und eigenen Wege frisst, obwohl Auge und Arm, Hand und Gehirn, zurückgekehrt zum Staub, verfaulen müssen, so wird dieser ganze Bau doch nicht verloren, ja in keinerlei Weise beschädigt sein, sondern wie gefiltert, gereinigt durch das Grab, wird der herrliche Leib wieder auferstehen. Das Grab wird den Gläubigen wie ein Bad mit Spezereien sein, in dem Esther badete, um sich für das Erscheinen vor dem König bereitzumachen. Durch die Verwesung wird der Leib nur verfeinert und gereinigt, bis wir auf göttlichen Ruf hin aufs Neue mit ihm angetan werden. Wir legen das Alltagskleid beiseite und freuen uns, dass es Abend geworden und die Zeit gekommen ist, die zerrissenen Kleider abzulegen, werden aber beim Erwachen wunderbar veränderte Gewänder vorfinden. Der Vater hat das alte Kleid zu einem Gewand gemacht, wie das, das Mose und Elia auf dem Berg Tabor trugen. Wie prächtig werden unsere königlichen Gewänder, da wir Priester und Könige Gottes sind, denen angemessen sein, die durch die Perlentore eingehen und wandeln in dem himmlischen Jerusalem, in der Stadt mit den goldenen Gassen, die umhergehen in dem goldenen Licht der Stadt, „die einen festen Grund hat, deren Baumeister und Schöpfer Gott ist" (Hebr 11,10). So wird der Tod durch die Auferstehung des Leibes aufgehoben sein, wenn der Herr unter dem Schall der Posaune vom Himmel kommen wird, durch eine Auferstehung, durch die vor der ganzen Erde offenbar werden wird, dass denen, die in Christus Jesus sind, „Sterben *wirklich* Gewinn ist".

Liebe Freunde, wenn dies auch im Blick auf die Zukunft eine erhebende Wahrheit sein mag, so möchte ich euch doch noch einige Augenblicke über den Weg führen, auf dem in Wirklichkeit der Herr Jesus den Tod schon überwunden hat. Zuerst hat er *die Schande des Todes hinweggenommen.* Es war schmachvoll, zu sterben. Angesichts der Engel, die nicht sterben, musste der Mensch tief beschämt das Haupt sinken lassen; musste er doch daran denken, dass er der „Bruder der Würmer" und dass Verwesung seine Schwester sei. Jetzt aber dürfen wir, selbst in Gegenwart von Erzengeln, ohne Scham über den Tod reden, denn Jesus ist gestorben. Hinfort ist es für den Menschen keine Erniedrigung mehr, zu sterben, in dem Bett zu schlafen, in dem der Sohn Gottes ruhte. Es ist vielmehr eine Ehre, und die Engel mögen es fast bedauern, dass sie nicht die Fähigkeit besitzen, in dieser Hinsicht dem Herrn der Engel gleich zu werden. O Christ, du musst nicht flüsternd vom Tod sprechen, sondern du kannst dich vielmehr freuen, dass du Gemeinschaft mit Jesus in seinem Grab hast und als eins der Kinder der Auferstehung Gemeinschaft mit ihm haben wirst.

Außerdem hat der Herr Jesus den *Stachel des Todes hinweggenommen*. Dieser Stachel lag darin, dass wir gesündigt hatten und aufgefordert werden, vor dem Gott zu erscheinen, gegen den wir uns versündigt haben. Dies ist für euch, ihr Unbekehrten, der Stachel des Todes, nicht das Sterben selbst, sondern dass dem Tod das Gericht folgt und ihr vor dem Richter der Lebenden und Toten stehen müsst, um das Urteil über die Sünden zu empfangen, deren ihr euch in eurem Leben schuldig gemacht habt. Dies macht den Tod zum Tode, dies behängt das Sterbebett mit schwarzen Vorhängen und lässt das Licht im Krankenzimmer erlöschen: der andere, der zweite Tod, macht den Tod zum Tode.

O Jesu, Gekreuzigter, dir jauchz ich zu!
Mein Heiland, mein Gott und Herr, in dir ist Ruh;
mit dir überwind ich weit des Todes Macht.
O Wort voller Seligkeit: „Es ist vollbracht!“

Wem aber die Sünde vergeben ist, bei dem hat der Tod seinen Stachel verloren. *Christmas Evans* stellt den Tod als ein Ungeheuer dar, das so sehr auf die Vernichtung des Herrn Jesus aus war, dass es den Pfeil aus seinem Schwanz direkt durch den Heiland stieß, bis er an der anderen Seite des Kreuzes stecken blieb, und das Ungeheuer war nie imstande, ihn wieder herauszuziehen. Christus am Kreuz hat den Stachel des Todes hinweggenommen, sodass er hinfort keine Macht mehr hat, die Seinen zu verletzen. „Der Stachel des Todes aber ist die Sünde, die Kraft aber der Sünde ist das Gesetz. Gott aber sei Dank, der uns den Sieg gibt durch unseren Herrn Jesus Christus“ (1.Kor 15,56.57).

Unser göttlicher Herr hat dem Tod die Macht genommen, *seine Knechtschaft auszuüben*. Die Knechtschaft des Todes entsteht aus der Angst des Menschen vor dem Sterben. Dieser hat manchem Menschen Fesseln um Hals und Gürtel gelegt und treibt ihn durch die Welt, Jesus aber hat den Seinen diese Fesseln abgenommen. Der Christ fürchtet sich nicht vor dem Sterben, er sieht dem manchmal mit Gelassenheit und nicht selten sogar mit Erwartung entgegen. Hunderte von Gläubigen konnten vom Sterben sprechen, als wäre es nichts anderes als Alltägliches, und weitere Hunderte haben auf ihren letzten Tag mit so viel Freude und großer Hoffnung gewartet, wie auf ihre Hochzeit. Wie viele denken mit Freude an den Tag der Auferstehung, an dem sie den Heiland sehen werden, wie er ist und sie eingehen dürfen in die Freude ihres Herrn!

Ferner, Christus hat auch darin den Tod überwunden, dass er *die größten Schmerzen*, die er verursacht, *hinweggetan* hat. Wie wir vorher gehört haben, reißt uns der Tod aus der Gemeinschaft derer, die uns auf der Erde lieb und teuer sind – aber führt er uns nicht in viel edlere Gesellschaft ein? Auf Erden haben wir zwar nur eine unvollkommene Gemeinde, wir sind aber Glieder der vollkommenen Gemeinde im Himmel; wir werden selige Glieder der triumphierenden Gemeinde sein. Wir sehen auf der Erde vielleicht nicht die verehrten Männer, die jetzt im Dienst Christi stehen, wir werden aber Abraham, Isaak und Jakob sehen, die edle Schar der Märtyrer, die lange Reihe der Propheten und die herrliche Gesellschaft der Apostel. Im Blick auf die Gesellschaft werden wir wahrlich nichts verlieren, sondern nur gewinnen, wenn wir in die allgemeine heilige Versammlung und Gemeinde der Erstgeborenen eingeführt werden, zu denen, deren Namen im Himmel aufgeschrieben sind.

Ich sagte vorhin, dass wir von so manchen Freuden hinweggenommen würden. Ich sprach von Sabbatglocken, die nicht länger läuten, von der Gemeinschaft am Tisch des Herrn, an dem wir nicht mehr sitzen würden, von den Lobgesängen, in die wir nicht mehr einstimmen könnten. Doch ist das alles nicht etwas Geringes im Vergleich zu dem unaussprechlichen Gewinn? Denn wir werden Himmelsglocken den nicht endenden Sabbat einläuten hören, wir werden einstimmen in die Loblieder, die nie ein Ende nehmen und keinen Misston haben; wir werden an der Festtafel sitzen, wo der König selbst anwesend ist, wo Symbole und Zeichen verschwunden sind, weil die Gäste die Substanz gefunden haben und der ewige, unsterbliche König sichtbar in ihrer Gegenwart ist. Geliebte, wir verlassen die Wüste, um uns auf grüne Auen niederzulegen; wir verlassen die dürftigen Rinnen, um in dem bodenlosen Freudenstrom zu baden, wir verlassen die Wasserbrunnen Elims, um sie mit dem Land zu vertauschen, in dem Milch und Honig fließt.

Habe ich von Besitztümern gesprochen, die wir verlassen müssen? Was sind sie denn? Nichts anderes als Kleider, von Motten gefressen, als vergängliches Gold und Silber, als Dinge, die der Rost zerfrisst und die die Diebe stehlen. Wir ziehen aber ein in ein Land, in dem nichts verwest und verdirbt, wo die Blumen nicht verwelken und der Reichtum nicht auf Flügeln davonfliegt. *Verlust?* Mag uns auch die Erde verloren gehen – wir erlangen durch den Tod unendlich viel mehr, als was er uns nimmt. Ich sprach von dem Tod als dem Feind, denn er reißt uns aus gottgefälliger Tätigkeit heraus. Ja, das tut er – aber führt er uns nicht zu noch viel höheren Beschäftigungen? Vor dem Thron an dem gläsernen Meer zu stehen, sich zu verneigen vor dem König der Könige, die über alle Maßen gewichtige Herrlichkeit zu schauen und den König, der vorher geschlagen war, in seiner Schöne, mit vielen Kronen geschmückt, in den Gewändern seiner Herrlichkeit, seine Wundmale wie funkelnde Juwelen zu sehen – wie wird das sein! O, unsere Kronen ihm zu Füßen zu werfen, vor dem Ewigen in Nichts zu versinken, an Jesu Brust zu fliehen, die Schönheit seiner Liebe zu schauen und seinen Liebeskuss zu fühlen, im Paradies zu sein, in unaussprechlicher Freude versenkt zu sein, weil wir die innigste, vollste Gemeinschaft mit ihm pflegen – o, meine Lieben, wer möchte nicht gern diesen Leib verlassen, um solche Wonne zu erlangen? Wer möchte nicht angesichts einer solchen auf uns wartenden Herrlichkeit singen:

> Lasst mich gehn, lasst mich gehn,
> dass ich Jesus möge sehn!
> Meine Seel ist voll Verlangen,
> ihn auf ewig zu umfangen
> und vor seinem Thron zu stehn.

Wenn uns der Tod dahin führt, dass wir Jesus erblicken und es für immer unsere Freude ist, zu seinem Lob zu singen, und für immer sein Wesen vor Augen zu haben, an seiner Brust zu liegen – dann mag er kommen, wann er will; wir können ihn kaum wieder einen Feind nennen. Ein derart vernichteter Feind wird zu einem Freund. Der Stachel ist dir genommen, du Hornisse, du wirst zu einer Biene, die uns süßen Honig sammelt. Der Löwe ist geschlagen, und wie Simson sammeln wir Hände voll Süßigkeit von ihm.

Ich sollte mich hier nicht länger aufhalten, obwohl ich in höchstem Maße dazu geneigt bin, doch möchte ich nur noch dies eine sagen, nämlich, dass uns auch die Furcht vor dem Tod, die durch die Erwartung von Schmerzen und Leiden entsteht, durch den Herrn Jesus genommen worden ist, als er uns daran erinnert, dass er in unseren letzten Augenblicken bei uns sein will. Er will das Sterbebett weich machen und in der Mitte des Flusses wird er sagen: „Fürchte dich nicht, ich bin mit dir!“ So ist in jeder Hinsicht der Tod vernichtet.

Die Zeit mahnt uns, die Tafel aufzuheben und die Gäste mit dieser Überlegung nach Hause zu entlassen: *Der Tod ist der letzte Feind, der vernichtet werden soll.*

Darum schenke dir selbst nicht so viel Beachtung, wenn du im Augenblick den Tod in dir nicht vernichtet fühlst. Angenommen, dass er Sorge und Furcht in dir auslöst, erinnere dich daran, dass die Gnade zum Sterben in der Zeit deines Lebens keinen Wert für dich haben würde. Erwarte, wenn dein Glaube zum Sterben noch nicht stark genug ist, dass er doch, auch wenn er nur wie ein Senfkorn ist, wachsen und im Wachsen sich immer mehr entfalten wird, und wenn die Sterbestunde kommt, dich stärken wird, dem Tod getrost und freudig entgegenzugehen.

Als ich das Buch der Märtyrer ansah und all die schrecklichen Bilder von ihren Todeskämpfen sah, fragte ich mich unwillkürlich selbst: „Könntest du das auch alles für Christus erdulden?“, und ich war genötigt zu sagen: „Nein, so wie ich jetzt bin, könnte ich es nicht.“ Aber angenommen, ich würde zum Märtyrertod gerufen, würde ich es können? Ich dachte dann, ich könnte ohne Vermessenheit Ja sagen, weil Christus mir Gnade schenken würde, wenn ich diese benötige.

Nun, *der Tod soll vernichtet werden, aber erst zuletzt.* Ihr habt viele Feinde, die noch nicht überwunden, anklebende Sünden, die noch nicht getötet sind. Habt ein Auge auf sie, bis ihr sie alle los seid, erwartet nicht, dass der Tod aufgehoben sein wird; ist er doch der *Letzte*, der stirbt. Lass es mich dir also ins Ohr sagen, lieber Freund, sei darauf gefasst, dass dir deine Lieben genommen werden, denn der Tod ist noch nicht aufgehoben. Siehe keinen deiner Freunde in der Gewissheit an, dass er morgen noch bei dir sein werde, denn der Tod ist noch nicht aufgehoben. Das Wort „sterblich“ ist jedem auf die Stirn geschrieben. Wie oft stirbt der, von dem man es am wenigsten erwartet, zuerst!

Als ich im Lauf der vergangenen Woche von mehreren lieben Freunden hörte, die abgerufen worden waren, hätte ich viel eher glauben können, dass an ihrer Stelle der Ruf an andere ergangen wäre. Es hat aber Gott gefallen, manche aus unserer Bekanntschaft zu sich zu nehmen, die im besten Sinne des Wortes ein gutes Leben führten. Sie waren eben reif, darum rief Gott sie heim. Nun bedenke, dass all die Deinen, deine Frau, deine Kinder und Verwandten, sterblich sind. Das macht dich traurig. Es mag dazu dienen, dass du nicht noch trauriger bist, wenn einer oder der andere dir genommen wird. Halte sie mit loser Hand; sieh nicht das als dein Eigentum an, was dir nur geliehen ist. Wenn etwas Geliehenes wieder zurückgefordert wird, gibst du es willig zurück, wenn du aber der Meinung bist, dass es dir geschenkt wurde, gibst du es ungern wieder ab.

Bedenke wohl, der Feind ist noch nicht vernichtet und wird immer noch Einbrüche in deinen Familienkreis machen. Vor allem vergiss nicht, dass auch du sterben musst. Vergiss es nicht, lieber christlicher Freund! Keiner weiß, ob sein Glaube zu etwas nütze ist oder nicht, wenn er nicht häufig diesen Glauben auf die Probe stellt dadurch, sich selbst am Rande des Grabes zu sehen. Stelle dich selbst als Sterbender vor, der dabei ist, den letzten Atem auszuhauchen, und sieh, ob du dann ohne Entsetzen dem Tod ins Angesicht schauen und von Herzen sagen könntest: „Ja, in Jesus habe ich Ruhe gefunden, ich bin gerettet, mit ihm will ich durchs finstere Todestal gehen. Er ist bei mir, deshalb fürchte ich kein Unglück."

Wer noch keine gute Hoffnung hat, dem möge Gott Gnade geben, in diesem Augenblick seine Zuflucht zu Jesus zu nehmen und ihm zu vertrauen. Wer auf ihn sein Vertrauen setzt, dem wird der Tod ein vernichteter Feind sein. Möge Gott euch diesen Segen verleihen um Jesu willen! Amen.